図解 現代中国の軌跡
中国経済

趙春明 他 編著
三潴正道 監訳
高崎由理 訳

SP TOKYO

出版にあたって

　習近平総書記は、「全面的に対外開放するという状況において重要な任務は、人々がより全面的、客観的に現代中国を認識し、外部の世界を見るよう導くことである」と指摘した。全面的、客観的に現代中国を認識するには、中国の基本的状況を理解し、国情を掌握するのが基礎であり、それは我々が中国独自の社会主義の道を確固たる足取りで歩む前提条件であり、主要条件でもある。このため、我が社は特にこの『図解現代中国叢書』の出版を企画した。

　このシリーズの最大の特徴は、要点を押さえた文章説明と図解による相互補完方式を通して、わかりやすく具体的に内容を示すことにより、読者がマクロ的、視覚的に、かつ素早く手軽に国情の基本的な側面とポイントをつかむことができ、同時により全般的に深く現在の中国を理解できるよう導いていることである。このシリーズは、我々が読者に提供する新しい試みであり、至らぬ点については、ご叱正賜るようお願い申し上げる。

人民出版社
2013年9月

日本語版に寄せて

　このたび、『図解現代中国叢書　中国経済』の日本語版が出版されるという知らせに接し、大変喜ばしく思います。中国と日本は一衣帯水の隣国であり、文化・社会には長い交流の歴史と伝統があります。また、両国は社会制度が異なるとはいえ、実は経済発展の面には多くの共通点があるといえましょう。

　第二次世界大戦終結後、日本は30年に近い経済の高度成長期を経験し、それは中国に多大かつ有益な示唆を与えました。そして中国もまた、改革開放政策の実行後、30年以上にわたる経済の急速発展期を迎え、それは日本の経済にも参考とする価値がありました。したがって、本書の日本版発行には大きな意義があると考えられます。

　あらかじめご説明したいことは、本書の中国語版は2011年に完成したものなので、本書を構成する多くの資料は、ほとんど2011年までの情報だということです。中国経済はその後も大きく変化し、今や世界から、「中国の高度」、「中国の深度」、「中国のスピード感」、「中国モデル」、「中国の構想」として称えられるまでに成長しました。本書で述べた内容は、基本的に中国の改革開放以来の輪郭と概観を網羅しており、中国経済発展の歴史を理解していただくために、極めて価値あるものと自負しております。

　最後に、本書の翻訳出版にあたられた人民出版社および関係各位に心から感謝し、翻訳の苦心と真摯な働きに対し、深く謝意を表します。

趙春明
2017年12月

監訳者序文

　今般、科学出版社東京より、人民出版社の図解現代中国叢書（国防・経済・教育・政治）計4冊を翻訳刊行することになった。これらはいずれも2011年から2014年にかけて中国国内で出版されたものである。したがってこの出版が、2012年の18全大会で党総書記が胡錦濤から習近平へバトンタッチされたことを受けたものであることは想像に難くない。

　18全大会以後、習近平体制の下、今日まで様々な改革が行われた。国務院の機構改革は過去何度も行われ、例えば、2003年に温家宝首相が誕生した時には、2001年のWTO加盟に合わせて大幅な機構改革が行われたが、2013年も李克強首相の登場とともに主要機構が25に統合され、「市場に権限を、社会に権限を、地方に権限を」というスローガンが打ち出された。すなわち、政府と市場の関係、政府と社会の関係に目が向けられたと言えよう。

　このところ、2017年の19全大会、年明け後の二中全会・三中全会、そして3月の全人代と経過する中で、習近平政権の基盤構築が急速に進み、それとともに、今後へ向けた様々な経済改革の方針も打ち出されている。供給側の改革、金融システムの改革、国有企業の株式化と混合所有制の推進、企業に対する減税措置、人民元の国際化などどれをとっても極めて重大な変革である。これらの改革がなぜ今必要なのか、それを知るためには目前の変化にのみ目を奪われることなく、建国以来の諸問題の経過を綿密かつ十分にトレースすることが、正しく把握する上で不可欠となる。

　本書を日本で刊行する主要な目的の一つは、過去、日本においては、ともすれば一方的な対中観によるネガティブキャンペーンの影響で、中国のこれまでの発展プロセスをきちんと分析せずに、中国をことさらにライバル視し、甚だしきは政治的・経済的に敵視するような論調で事を済ます風潮が蔓延し、それが正確な把握と理解を阻害していた点を是正することである。もちろん日本社会に、領土問題や、これまでの中国ビジネスで経験した中国政府や相手企業の応対に対するトラウマが作用していることは否めない。しかし、上記のネガティブキャンペーンに含まれているもう一つの要素、すなわち、中国を見下す日本人の傲慢、中国

に追いつき追い越されつつあるところから生まれる焦慮、ほぼ単一民族であるが故の"夜郎自大"的な偏狭な島国根性と異文化理解能力の欠如にも目をそらさず、もう一度謙虚に事実の経過を見つめる必要がある。

　中国を客観的かつ正確に分析するにはそのたどった道とそこで遭遇した様々な問題をしっかり把握することが大前提になろう。その意味で、本書が上記4つの分野で新中国が建国以来歩んできた道を豊富な図解を添えて提示したことは、甚だ時宜を得た企画であった。

　今行われている改革はまさにその道の上に行われているのであり、このプロセスに対する深い認識がなければ、耳に入る豊富な情報も却って誤った判断を生んでしまうだろう。

　振り返れば、1989年の天安門事件、90年代末の朱鎔基の三大改革、中国の地域発展の動向、リーマンショックの影響、知財権政策、都市化の方向性、習近平の評価、自由貿易区への見方、国有企業改革に対する分析、いったい、日本人はどれくらい的をはずれた評価や予測を繰り返してきたことだろうか。急がば回れ、まず、本シリーズによって中国のこれまでの軌跡と内部組織のメカニズムを理解する事から始めるべきであろう。

三潴正道
2018年7月

目　次

出版にあたって .... *iii*
日本語版に寄せて .... *iv*
監訳者序文 .... *v*

第 1 編　経済体制編

第 1 章　経済発展の道のり *2*
　1.1　1949 ～ 1978 年　改革開放前期 *2*
　1.2　1978 ～ 1991 年　改革開放初期 *4*
　1.3　1992 ～ 2000 年　南巡講話 *6*
　1.4　2001 ～ 2006 年　WTO 加盟 *8*
　1.5　2007 ～ 2010 年　世界金融危機 *10*

第 2 章　経済発展の主体 *12*
　2.1　国有経済 *12*
　2.2　外資経済 *14*
　2.3　個人経営 *16*
　2.4　私営経済 *18*
　2.5　郷鎮企業 *20*

第 3 章　中国主要経済政府部門 *22*
　3.1　国家発展改革委員会 *22*
　3.2　中国人民銀行 *24*
　3.3　商務部 *26*
　3.4　財政部 *28*
　3.5　国家外貨管理局 *30*

第 4 章　世界の主要な経済機構および組織 *32*

図解　現代中国の軌跡　中国経済

- 4.1　国際通貨基金（IMF）　　　　　　　　　　　　　32
- 4.2　世界銀行グループ　　　　　　　　　　　　　　34
- 4.3　世界貿易機関（WTO）　　　　　　　　　　　　36
- 4.4　アジア太平洋経済協力（APEC）　　　　　　　　38
- 4.5　G20　　　　　　　　　　　　　　　　　　　　40

第1編　訳注　　　　　　　　　　　　　　　　　　42

第2編　経済成長編

第5章　改革開放と中国の奇跡　　　　　　　　　　46
- 5.1　改革開放以前の中国経済　　　　　　　　　　　46
- 5.2　改革開放の30年　　　　　　　　　　　　　　48
- 5.3　中国経済の奇跡、その要因　　　　　　　　　　50
- 5.4　中国経済の地位　　　　　　　　　　　　　　　52
- 5.5　国際経済組織における中国の役割　　　　　　　54

第6章　経済成長のエンジン　　　　　　　　　　　56
- 6.1　工業化の進展　　　　　　　　　　　　　　　　56
- 6.2　都市化の進展　　　　　　　　　　　　　　　　58
- 6.3　市場化の進展　　　　　　　　　　　　　　　　60
- 6.4　国際化の進展　　　　　　　　　　　　　　　　62
- 6.5　現代化の進展　　　　　　　　　　　　　　　　64

第7章　部門経済の発展　　　　　　　　　　　　　66
- 7.1　農業の発展　　　　　　　　　　　　　　　　　66
- 7.2　工業の発展　　　　　　　　　　　　　　　　　68
- 7.3　サービス業の発展　　　　　　　　　　　　　　70
- 7.4　ハイテク産業の発展　　　　　　　　　　　　　72
- 7.5　新興産業の発展　　　　　　　　　　　　　　　74

第8章　地域経済の成長 — 76
- 8.1　東部開放戦略 — 76
- 8.2　西部開発戦略 — 78
- 8.3　東北振興戦略 — 80
- 8.4　中部勃興戦略 — 82
- 8.5　県域経済の発展 — 84

第9章　苦境に陥った経済成長 — 86
- 9.1　技術水準の低さ — 86
- 9.2　「三農」問題 — 88
- 9.3　人民元為替レートの問題 — 90
- 9.4　不動産価格高騰の試練 — 92
- 9.5　低炭素経済の試練 — 94

第2編　訳注 — 96

第3編　財政と課税編

第10章　財政制度 — 98
- 10.1　財政制度変遷の歩み — 98
- 10.2　財政部門の体系 — 100
- 10.3　財政政策目標 — 102
- 10.4　財政政策の手法 — 104
- 10.5　中央と地方の財政関係 — 106

第11章　財政収支 — 108
- 11.1　中国財政収支改革の歩み — 108
- 11.2　財政収支の原則と指導方針 — 110
- 11.3　財政収入の財源と構成 — 112
- 11.4　財政支出の流れと構造 — 114
- 11.5　財政黒字と財政赤字 — 116

第12章　財政政策 — 118
- 12.1　財政政策のコントロール領域 — 118
- 12.2　財政移転支出 — 120
- 12.3　財政の重点（地域・産業・対象者） — 122
- 12.4　財政モデルの変更 — 124
- 12.5　財政政策による住民収入の分配調節措置 — 126

第13章　租税制度 — 128
- 13.1　租税制度変遷の歩み — 128
- 13.2　課税部門の体系 — 130
- 13.3　税の役割 — 132
- 13.4　租税の種類 — 134
- 13.5　国税と地方税 — 136

第14章　注目すべき税目 — 138
- 14.1　個人所得税 — 138
- 14.2　企業所得税 — 140
- 14.3　物業税と不動産税 — 142
- 14.4　たばこ税・酒税と奢侈品税 — 144
- 14.5　輸出税還付 — 146

第3編　訳注 — 148

第4編　金融・通貨制度編

第15章　通貨制度 — 150
- 15.1　通貨制度の変遷 — 150
- 15.2　通貨制度体系 — 152
- 15.3　金融政策の目標 — 154
- 15.4　金融政策機関 — 156
- 15.5　金融政策の手法 — 158

第16章　人民元の金利 — 160

16.1 中国の金利政策 — 160
16.2 金利調整に影響する因子 — 162
16.3 金利の分類 — 164
16.4 金利の機能と役割 — 166
16.5 「マイナス金利」とは何か — 168

第17章　人民元為替レート — 170

17.1 中国の為替管理制度 — 170
17.2 人民元為替改革の道のり — 172
17.3 「為替操作」をめぐる対立 — 174
17.4 中国の外貨準備 — 176
17.5 人民元の国際化 — 178

第18章　金融部門とその手法 — 180

18.1 中国の金融市場 — 180
18.2 金融部門　銀行業・株式市場・保険業 — 182
18.3 農村金融システムの成立と発展 — 184
18.4 伝統的金融商品　株式・債券・投資信託 — 186
18.5 新たな金融商品　QFⅡ・ベンチャーボード・株価指数先物 — 188

第19章　金融リスクの回避 — 190

19.1 中国の金融管理システム — 190
19.2 地下金融を監督下に入れる — 192
19.3 「熱銭」による経済秩序の混乱を防ぐ — 194
19.4 不動産価格高騰下での、「不動産による銀行人質化」に警報 — 196
19.5 個人信用情報システムの成立と改善 — 198

第4編　訳注 — 200

第5編　対外開放編

第20章　中国における貿易発展の歩み ― 202
- 20.1　改革開放以前の対外貿易 ― 202
- 20.2　全方位対外開放のスタート ― 204
- 20.3　大規模経済貿易構造の形成 ― 206
- 20.4　WTO加盟 ― 208
- 20.5　貿易体制と貿易法規の変遷 ― 210

第21章　貿易の現状 ― 212
- 21.1　貿易の全体的規模 ― 212
- 21.2　輸出品の構成 ― 214
- 21.3　対外貿易における地域構造 ― 216
- 21.4　対外貿易の主体 ― 218
- 21.5　貿易方式の構造 ― 220

第22章　貿易が直面する困難 ― 222
- 22.1　中国、貿易摩擦の経験が最も多い国に ― 222
- 22.2　貿易摩擦に遭遇する地域関係 ― 224
- 22.3　貿易障壁の種類 ― 226
- 22.4　中国が貿易摩擦に遭遇する外的要因 ― 228
- 22.5　中国が貿易摩擦に遭遇する内的要因 ― 230

第23章　中国における外資導入の歴史と現状 ― 232
- 23.1　外資導入政策の歴史的変遷 ― 232
- 23.2　外資導入総額の絶えざる増加 ― 234
- 23.3　外資導入の構造は日増しに合理的に、投資元は世界中に広がる ― 236
- 23.4　中国経済に対する外資の貢献 ― 238
- 23.5　外資の独資化傾向が明瞭に ― 240

第24章　外資導入における重要ポイント ―― 242
- 24.1　超国民待遇の終了 ―― 242
- 24.2　外資系 M&A のメリットとデメリット ―― 244
- 24.3　外資が中国国民経済に与える打撃 ―― 246
- 24.4　「市場を技術に換える」メリットとデメリット ―― 248
- 24.5　ニセ外資の危険性 ―― 250
- 24.6　外資拠点と地域経済 ―― 252

第5編　訳注 ―― 254

第6編　発展のトレンド編

第25章　経済発展全体のトレンド ―― 256
- 25.1　経済成長の将来と展望 ―― 256
- 25.2　経済成長方式に対する評価と改良 ―― 258
- 25.3　経済発展方式の転換と変革 ―― 260
- 25.4　経済発展の不均衡とその是正 ―― 262
- 25.5　経済のグローバル化と中国の経済発展 ―― 264

第26章　経済発展における新たな試練 ―― 266
- 26.1　エネルギーの安定供給 ―― 266
- 26.2　地政学リスク ―― 268
- 26.3　環境保護 ―― 270
- 26.4　気候変動 ―― 272
- 26.5　社会保障 ―― 274

第27章　国内経済発展の行方 ―― 276
- 27.1　内需拡大 ―― 276
- 27.2　技術革新の加速 ―― 278
- 27.3　産業構造の調整 ―― 280
- 27.4　増大する個人・民営企業への支援 ―― 282

 27.5 地域経済の協調的発展 —————————————————— *284*

第28章 財政・金融の重点的トレンド ————————————— *286*
 28.1 財政収入高成長の未来 ——————————————————— *286*
 28.2 外貨準備増大の困惑と将来 ————————————————— *288*
 28.3 人民元切り上げに関する論争 ———————————————— *290*
 28.4 「ホットマネー」問題と対応 ————————————————— *292*
 28.5 資本逃避とその抑制 ———————————————————— *294*

第29章 対外経済協力の発展トレンド ————————————— *296*
 29.1 質の高い外資を導入する —————————————————— *296*
 29.2 対外投資を強化 —————————————————————— *298*
 29.3 貿易構造の最適化 ————————————————————— *300*
 29.4 地域経済緊密化への協力を加速 ——————————————— *302*
 29.5 人民元地域通貨化の進展 —————————————————— *304*

第6編 訳注 ————————————————————————— *306*

あとがき ———————————————————————————— *307*

訳者あとがき —————————————————————————— *308*

第 1 編
経済体制編

- 第 1 章　経済発展の道のり
- 第 2 章　経済発展の主体
- 第 3 章　中国主要経済政府部門
- 第 4 章　世界の主要な経済機構および組織

図解　現代中国の軌跡　中国経済

1.1　1949～1978年　改革開放前期

　中国の経済発展と制度の変遷は、1978年末に行われた第11期3中全会[注1]を境に概ね2期に分かれる。1949～1978年には、中国共産党の指導の下、国民は非常な努力をもって工業化を推進した。経済発展の加速のため、経済制度の面でも改革が頻繁であった。この期間を、以下ではさらに2期に分けて論じる。

● 1949～1957年　工業化の基礎を固めた時期

　この8年間は歴史上、経済発展と制度変化の両者が、ともに最も急速だった時期である。新中国建国からわずか3年で国民経済は戦後の廃墟から奇跡の回復を遂げ、貧しく遅れた状態から大規模な経済建設に取りかかり、驚くべき成功を収めた。第1次五か年計画[注2]の完成により、中国大陸における工業化の基礎が固められ、工業化における先進国との発展レベルの差も大きく縮まった。

　1949年から1952年の経済回復期においては、国が国民経済の命綱を握り、金融・市場・重工業をコントロールし、単一的な公有制と計画経済へと向かっていく上で良好な基礎が築かれた。1953年からは、工業化を急ぐとともにソ連モデルの社会主義経済路線を採り、重工業を優先的に発展させる戦略を選んだ。しかし、社会主義改造の進め方が性急すぎ、方法が粗雑で変化を急ぎすぎ、形式的にも過度に単純で画一的だったため、長期にわたるいくつかの問題が残された。

● 1958年～1978年　工業体系の確立

　1958年、中国は第2次五か年計画を実施し、ソ連にならった経済建設モデルを漸次脱して、中国独自の経済建設路線を歩み始めた。この期間は、社会主義改造の成功と「1五」計画成就の喜びに始まり、「文化大革命」後の苦い反省や社会主義経済体制への困惑に終わった20年だったといえよう。

　だが、この20年においても経済建設の面では大きな成果が得られた。西側の経済封鎖や中ソ関係悪化の中でも、独立した工業体系をほぼ確立し、国防工業や先端科学技術を大きく進展させたほか、基礎インフラの改善や、沿海と内陸との格差縮小も進んだ。ただし、この成果は高貯蓄・低消費によって維持されたものであり、国民の収入増加ペースは遅く、生活水準の改善も不十分であった。総じていえば、この時期の経済建設は、労多くして功少なく、失敗からの教訓が成功の経験よりも多かった。

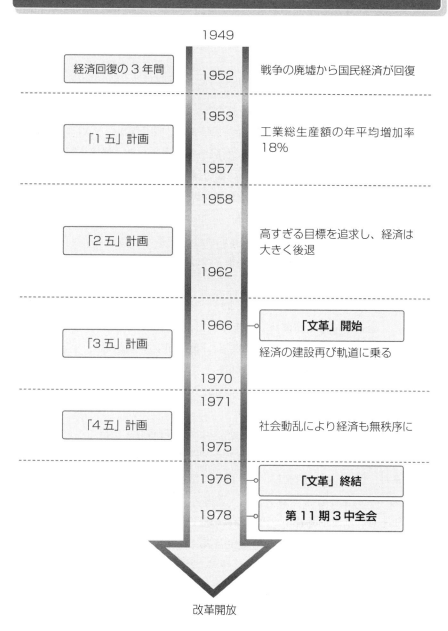

1.2　1978 〜 1991 年　改革開放初期

　第 11 期 3 中全会後、次第に国情に合った発展の道筋が見い出され、国民経済は急速かつ全面的に発展した。1984 年、「6 五」計画を 1 年前倒しで達成、新中国成立以来最も実り多い五か年計画となり、改革開放の成果が明らかになった。

● 1978 年の第 11 期 3 中全会

　第 11 期 3 中全会は中国経済の転換点であった。まず、左派の過ちが訂正・清算され、国情に基づいた社会主義建設の道が改めて模索された。次に、国民経済の整備が始まり、GDP 4 倍増を目標に新戦略が策定された。経済体制改革では、「農村から都市を包囲する」[注3] という、農村経済を突破口とした改革モデルが功を奏し、沿海部では経済特区が設立されて対外開放の率先実行が始まった。

● 農業生産責任制　中国改革の突破口

　「文化大革命」終結後、都市における改革は意のままにならなかったが、農村では農業生産責任制〔右頁参照〕が始まって成果を挙げ、中国の改革は農村に突破口を見い出した。

　1978 年、安徽省鳳陽県小崗村の農民 20 戸が農村基本制度改革の先鞭を付けた。自発的に「農家単位の生産請負い」を行ったのである。1982 年には正式に中央の「1 号文献」[注4] で認可を得て、これ以後、「農民が生産を請負い、一定量の農作物を国家に上納するほかは自由に売り買いしてよい」ことを主要形式とする農業生産責任制が広がり、農村には喜ばしい変化が現れた。

● 経済特区の創建　対外開放の先駆け

　国民経済の調整期間において、中央は輸出により外貨収入を得ることを奨励し、計画的・選択的に先進技術を取り入れるなど一連の措置を実行して対外開放を進めた。また、経済特区を創設し、対外開放に新たな道を開いた。

　1979 年、中央工作会議[注5] は、深圳・珠海・汕頭(スワトー)・厦門(アモイ)それぞれの一部を個別管理対象とし、華僑や香港・マカオからの投資を受け入れた。1980 年には、「輸出特区」を「経済特区」と改名、上述の 4 都市を指定した。こうして、深圳・珠海など、かつては寂れた漁村だった場所が、わずか 4、5 年間でそれなりに現代的な都市へと変化し、外資と先進技術の最先端地域となった。

改革開放初期の経済発展

1978年
第11期3中全会
新たな発展戦略を制定、改革開放を開始

1979年
沿海部経済特区を設立
深圳・珠海・汕頭・厦門

1982年
農業生産責任制の展開
「包産到戸、包干到戸」

1988年
価格改革
商品価格を開放、市場原理に任せる

厦門
汕頭
珠海
深圳

農業生産責任制
　中国の農村で現に行われている、経済上の基本的制度。農家が家庭を単位として集団経済組織〔郷鎮政府〕と請負契約をし、土地などの生産手段に割り当てられる生産任務を請け負う。具体的な形式は「包干到戸」、「包産到戸」（国に農業税を納付し、契約に従って生産物を政府に売り渡し、集団への上納金や公益金を支払った後、余った生産物はすべて農民自身の所有物になる）である。

1.3　1992〜2000年　南巡講話

　1992年の鄧小平の南巡講話と14全大会によって、経済発展と改革開放についての認識が党全体で統一され、社会主義市場経済の建設を目標とする改革方針が制定された。この段階で、中国は基本的に社会主義市場経済体制を確立、国有企業改革の難関を突破し、経済発展も「温飽〔衣食が足りる〕」段階から「小康〔いくらかゆとりのある〕」状態へと向かった。

●南巡講話で示された中国改革の方向とモデル

　1992年1月〜2月、鄧小平は武漢や深圳などで視察と調査を行うとともに、一連の重大な問題に対して重要な談話を発表、数年来人々を悩ませていた理論上の大きな問題の多くに、明確に回答した。その要点は以下のとおりである。

　第1　「1つの中心、2つの基本点」〔右頁参照〕路線を改変してはならない。
　第2　改革開放への邁進を妨げているのは、「資本主義なのか社会主義なのか」[注6]という論争である。
　第3　「3つの有利」〔右頁参照〕を改革開放の基準とする。
　第4　経済発展の機会を逃さず、数年ごとに1ランクずつステップアップする。
　第5　改革の目標を社会主義的市場経済に置く。

　鄧小平の南巡講話は改革の方向性を明らかにした。こうして、試行錯誤が続いていた中国経済体制改革の最終的目標モデルが、1992年、ついに確定した。

● 1997年、中国経済の大きな成果

　1997年には、「2000年までに中国GDPを4倍増」という目標を前倒しで達成、長らく続いていた供給主導型の経済を基本的に脱却した。15全大会で国有企業改革は根本的な問題を解決し、西部大開発戦略が内陸部発展の幕を開けた。

　このほか、香港とマカオが円満に中国に回帰し、一国二制度が中国地域経済発展の成功モデルとなり、「大一統」[注7]体制を打ち破った。

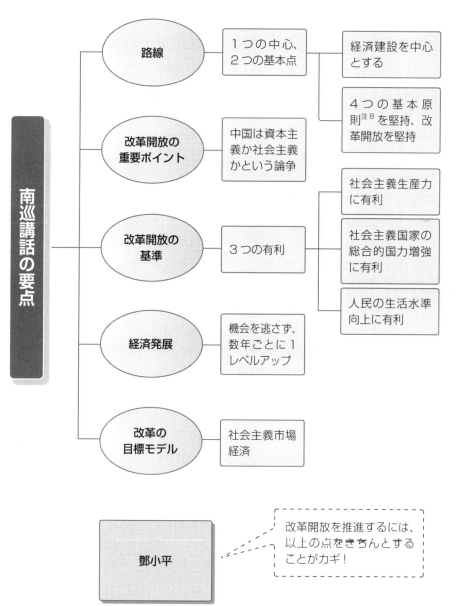

1.4　2001〜2006年　WTO加盟

　21世紀に入ると、中国では対外開放の拡大が一層顕著になり、対外開放地域も急速に拡大、対外経済協力と貿易にめざましい成果が挙がった。外資導入が成熟に向かい、経済のグローバル化と地域一体化も加速した。15年間の長い交渉を経て、2001年12月11日、中国は正式にWTOに加盟、全方位で多層的かつ範囲の広い対外開放の枠組みが築き上げられた。

●対外貿易の画期的な発展

　WTO加盟後、中国の対外開放レベルは一層向上、貿易額が急速に増加し、改革開放以来、対外経済発展の最も急速な時期となった。

　対外貿易の規模が大きく拡大すると同時に、対外貿易構造も一層向上した。輸入では、一次産品の輸入割合が増加し、工業製品の輸入割合の減少が続いた。反対に、輸出では一次産品の輸出割合が減り、工業製品の輸出の増加が続いた。

●多角的貿易関係と地域経済の協力が全面的に発展

　中国と各国との経済貿易関係は、WTO加盟以後、一層大幅に進展した。2004年にはEUが中国の最大の貿易パートナーとなり、EUにとっても中国が第2の貿易パートナーとなった。第2・第3の貿易パートナーはそれぞれ、アメリカと日本であった。周辺のほかの国や地域との経済貿易協力が深化を続ける一方、香港・マカオ地域との経済協力も緊密化されていった。

　地域経済協力の面で中国は、2001年にAPEC中国年を成功させ、上海協力機構[注9]で投資手続き簡素化交渉を開始した。2002年、ASEANとの「中国・ASEAN全面的経済協力枠組協定」に署名、2003年には最初のFTA協定をパキスタンと結んだ。2004年、さらに南アフリカ関税同盟・湾岸協力会議とFTAに関する交渉開始に合意した。

　2007年までに中国は、129の国や地域、13の組織との間に、180以上の二国間または多国間の貿易協定を結び、123の国との二国間投資保護協定に調印して、次第に全方位で多層的かつ重点を踏まえた地域経済協力の枠組を形成した。

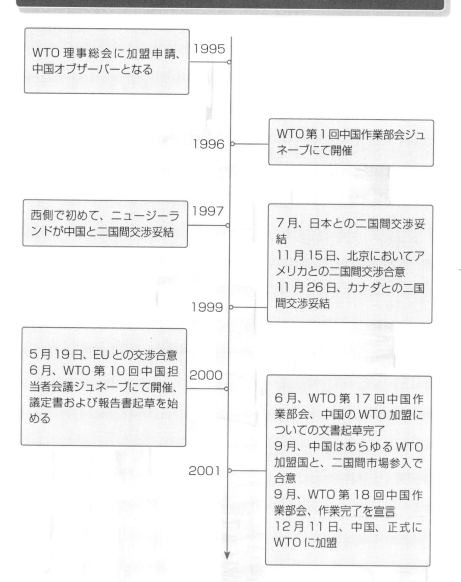

1.5　2007～2010年　世界金融危機

　2007年、国際金融市場に嵐が巻き起こり、世界は1929年の大恐慌以来最も深刻な金融危機または経済危機に陥った。

● 金融危機の始まり

　世界金融危機はアメリカの「サブプライムローン危機」に始まった。「サブプライムローン」は「最優遇金利よりも高い金利で提供される住宅ローン」で、信用や収入の低い人々に提供され、借り手の信用力や返済能力の審査が甘かった。このローンで住宅購入後、住宅価格が下落すると抵当価値も不十分になり、収入の少ない借り手の返済違約率が上昇、サブプライム危機が誘発された。

● 世界金融危機が中国経済に与えた影響

　最も直接的な影響は、海外投資と外貨準備上の損失である。しかし、西側諸国の金融機関に大規模な破綻や国有化があったのに比べ、中国の金融システムがこうむった直接的影響は限られていた。中国の銀行がサブプライム関係の資産に深入りしておらず、長期にわたる対外黒字の蓄積により、中国国内金融市場に十分な流動性があったからである。

　だが、金融危機が中国の実体経済に与えた影響は大きい。まず、貿易ルートから、対外依存度が比較的高い地域の経済が打撃を受け、次に国際的な需要の大幅低下により国内工業全体の利潤が大きく減少した。同時に、就職難の激化や住民の消費低迷など、一連の問題ももたらされた。

● 中国の経済刺激策

　これに対する党中央のマクロコントロール目標は、過去数年の穏健な財政政策と適度な金融引き締め政策の継続であり、「経済の過熱の防止、インフレの防止」が政策の焦点であった。

　2008年11月、投資で内需を掘り起こし、経済の急激なスローダウンを防ぐため、国務院常務会議は「4兆元の経済刺激策」を打ち出した。これに合わせ、政府は「家電下郷」[注10]、「自動車の買い換え」などの内需拡大策をも実施した。

　2009年には、鉄鋼・自動車・船舶などの十大産業振興計画とその実施細則も続々発表された。この振興策は中国経済の下げ止まりと安定、発展方式の転換、今後の長期にわたる健全で持続的な発展にとって極めて重要である。

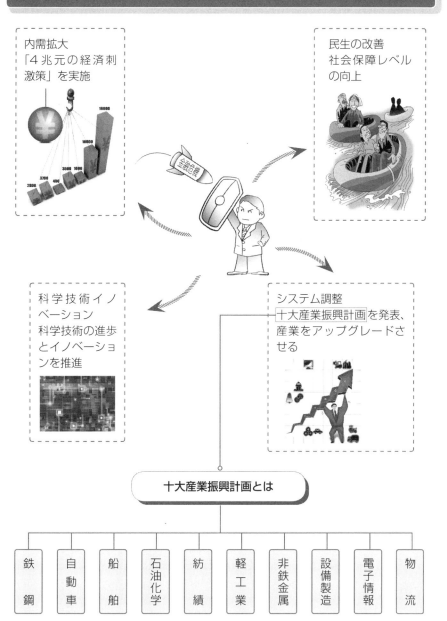

2.1 国有経済

　国有経済とは、国が生産手段を所有する経済の形態である。改革開放前、中国では国有経済が絶対的な地位を占めたが、企業は経営自主権がなく創造力に欠け、経済の市場化にも適応できず、改革が不可欠となった。国有経済体制改革の主要部分は国有企業の改革であり、以下の段階をふんでいる。

● 1979〜1984年　計画経済理論の全面的改良と企業自主権拡大の実践過程

　1978年、第11期3中全会は企業自主権拡大の試策を決めた。1979年、四川省で大企業におけるテストケースが始まり比較的良好な成果が得られたことを基礎に、1981〜1982年の間は全面的に工業経済責任制が推進され、責任・権利・利益を一体とした生産経営管理制度が始まった。1983年、国務院は国営企業利改税[注1]の実行を決定し、所得税として国庫に入れる利潤の比率を定めた。

● 1985〜1992年　計画的商品経済理論と「両権」分離の実践過程

　1984年の第12期3中全会では、中国が採るべきなのは計画的商品経済であり、すべてを市場原理に任せる市場経済ではないことが提起された。中国は市場経済体制への過渡期にあったからである。そこで、国有企業には「両権」[注2]の分離を特徴とする改革が行われた。この改革は、大中規模工業企業による請負経営制と、小規模工業企業によるリース経営方式の実行という2方面にわたる。また、条件をクリアした少数の大中企業は試験的に株式会社化された。

● 1993〜2003年　社会主義市場経済理論と現代企業制度確立の実践

　1992年の14全大会では、生産力を解放し発展させるために、社会主義市場経済の確立を経済改革の目標に置くことを明確にした。1993年の第14期3中全会はさらに進んで、現代企業制度の確立は生産力拡大と市場経済の定着のための必須条件であり、中国国営企業改革の方向性だとした。1997年、中央は現代企業制度確立のスタート段階を3年ほどでクリアすることを提起、実際、3年後にそれはほぼ達成され、改革の成果は著しいものであった。国有企業改革の継続的拡大、政府と企業の初歩的分離、企業法人財産権制度とコーポレートガバナンスの確立が始まり、投資主体も多元化が進んだ。国有資産管理の有効な方法が積極的に模索され、国有企業への監督強化が進み、企業の人事制度改革にも成果が出た。

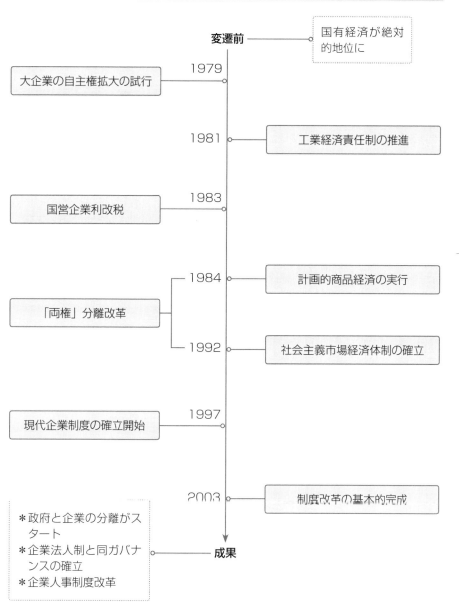

2.2 外資経済

　中国と外国の合弁、外国の独資などを外資経済と呼ぶ。1978年の改革開放から30年以上が経ち、外資経済は中国経済を構成する重要な一部分になった。その発展は概ね以下の4段階である。

● 1979～1988年　初期

　改革開放の初期においては、外資を一定区域に限定して導入する政策が模索された。経済特区と沿海開放都市の実験地域において、外資導入と地域的開放政策を効果的に結びつけたのである。この期間の外資は香港・マカオ・台湾の企業が主であり、東南沿海地域に集中していた。投資方式では合弁の割合が高かった。

● 1989～1991年　停滞期

　この期間は、外資系企業による投資の第一次低迷期であり、日米からの対中直接投資がマイナス成長となった。主因は、外資系企業が政治や社会の不安定を嫌ったこと、西側諸国の「対中制裁」[注3]が外資系企業の投資意欲を失わせたこと、緊縮に転じたマクロ経済政策が外資系企業の投資にマイナスの効果を与えたこと、国際投機資本が中国の安定した資本流動にショックを与えたことである。

● 1992～2001年　急速な発展期

　1992年以降、中国経済の発展に国際資本の注目が集まり、中国の対外貿易は成長を継続した上、黒字も持続した。一方、外国からの投資にも顕著な変化があった。例えば、投資においては依然第二次産業が主で、東部地域に集中していたこと、香港・マカオの資本が外資総額に占める割合が急激に低下したこと、外資系企業が中国の貿易に貢献する度合いが高まったこと、独資の割合が増加したことである。

● 2002～2010年　戦略調整期

　2001年末、中国はWTOに加盟し、外資導入にも新展開があった。この段階の特徴は以下のとおりである。第三次産業への投資の急速な増加。投資導入地域の集中化。投資元の多元化。外資の参入方式におけるM&Aの急増。投資する企業の市場分布に表れた、投資元の国や地域による明らかな差異性。所有権投資方式において強まった独資化の趨勢。投資産業の技術集約度の変化。急速に目立ち始めた投資企業の現地化戦略。

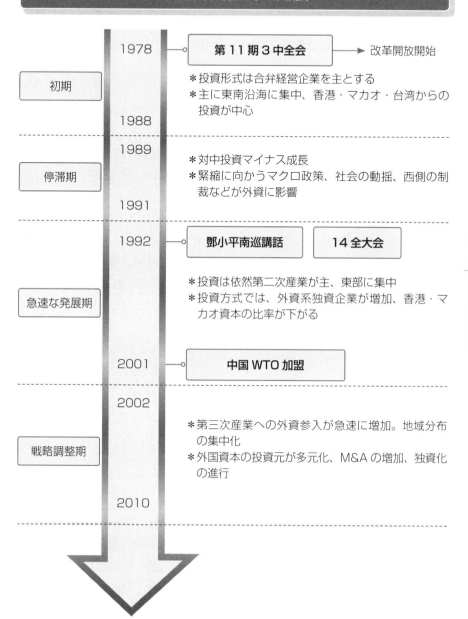

2.3 個人経営

　個人経営とは、労働者個人が生産手段を占有、個人（家族を含む）の労働を基礎に、労働所得を個別の労働者が支配する小私有経済で、民営経済を構成する重要な一部分である。

●改革開放前の個人経営　合法から違法へ

　新中国成立後の社会主義改造を経て、1956年の時点で都市部の個別商工業者は16万戸にまで減少していた。しかし同年、党の8全大会で陳雲[注4]が個人経営の位置付けを明確化した後は、国が個人経営の回復と発展に意を注ぎ、個別商工業者は一定の発展を取り戻した。1957年末には、都市部の個別商工業者が全国で104万人に増加していた。

　10年間の「文革」期間には極左思想が頂点に達し、社会主義制度下の個人経営を、資本主義の産物であり資本主義を生み出す土壌とみなして大いに批判し、「資本主義の尻尾」として鳴り物入りで否定したため、個別商工業者は打撃を受け、1976年、全国の個別商工業者数は18万戸と、消滅の瀬戸際に追い込まれた。1978年の時点で、全国の個人労働者は14万人まで減っていた。

●改革開放後の個人経営　合法化から急速な発展へ

　改革開放初期には、都市へと帰還した大量の知識青年と多数の都市部待業者が大きな就業圧力となり、1980年だけでも1200万人の就業が求められた。そこで政府は遊休労働者が修理・サービスなどの個人労働に従事することを認めたが、従業員雇用は許さなかった。これが発展へのゴーサインとなり、個人経営は1979年末には31万戸、翌年は倍増して80万戸となった。

　1982年、12全大会では個人経営が積極的に認められ、同年12月に通過した憲法において合法的地位が確立した。1982年からの4年間に、個人経営は急速な発展を遂げ、1985年には1000万戸を突破した。

　1992年、鄧小平の南巡講話と14全大会後、改革開放は新たな時期に入り、個人経営にはさらに、急速かつ安定した発展段階が訪れた。個別商工業者数は1994年で2000万戸、1998年には3000万戸を突破、2009年末には、全国で登記された個別商工業者数が累計3197万4000戸、就業者数は6585万4000人となった。

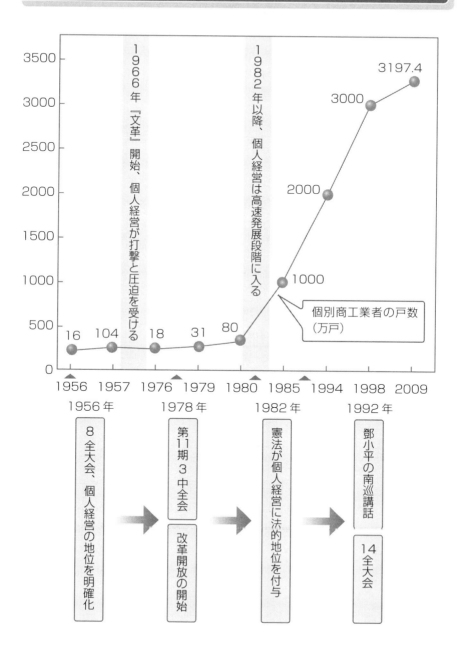

2.4 私営経済

　私営経済とは生産手段の私的占有と労働者雇用を基本とし、生産や経営の目的を利潤に置く私有制経済であり、民営経済を構成する重要な一部分である。現段階における中国の私営経済は改革開放後に振興発展したもので、概ね13全大会を境目に2段階を経て発展してきた。

● **13全大会以前の私営経済　自然発生と初歩的発展**

　第11期3中全会開催から13全大会開催前までは、私営経済が自然発生し、初歩的な発展を遂げた段階である。

　1978年に中国の改革が農村から始まったように、私営経済も農村から生まれた。私営経済を生み出す上では、農業生産責任制の推進が画期的な環境となった上、個人経営の回復と発展もやはり重要であった。個人経営の急速な発展に伴い、安徽省蕪湖市の"傻子瓜子"[注5]のように多数の従業員を雇用する大型個人企業が論争の種となったが、鄧小平を中心とする党中央は十分に慎重な態度ながらも、"三不"政策と"看一看"の方針[注6]を取り、事実上、マクロ環境において雇用を主とする私営企業の存在と発展を容認した。

● **13全大会後の私営経済　合法的かつ急速な発展**

　13全大会（1987年）から16全大会（2002年）以前の間は、私営経済が合法的かつ急速に発展した段階である。

　1987年の13全大会で、「私営経済の一定の発展は生産の促進に役立ち、市場を活性化させ、就業を拡大し、人民の多方面にわたる生活上のニーズをより良く満たすもので、公有制経済にとって必要かつ有益な補完になる」と指摘されたことにより、私営経済はついに合法的地位を得た。1992年、鄧小平の南巡講話と14全大会により私営経済の発展は初めて春を迎え、私営企業が次々と誕生した。1997年、15全大会は、私営企業に対する党の理論と政策を新段階に押し上げ、私営経済を新しく急速な発展のレールに載せた。2002年、16全大会は、さらに「いささかも動揺せず」[注7]と「統一」[注8]を堅持し、個人企業・私営企業など非公有制経済の発展環境をさらに改善し、私営経済の健全かつ急速な発展を促した。

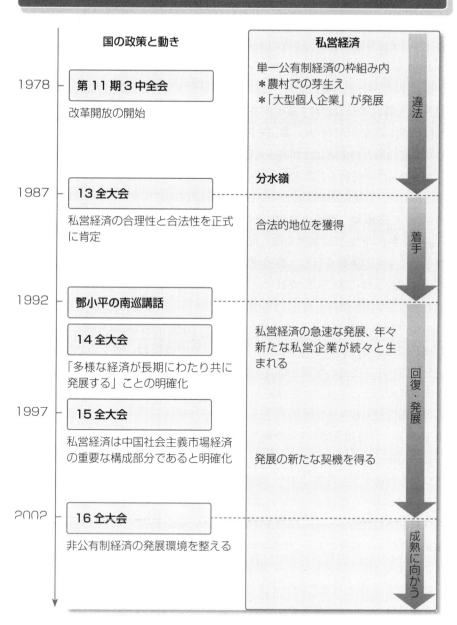

2.5　郷鎮企業

　郷鎮企業は、中国農村の歴史的条件により生まれた経済主体で、改革開放以前の社隊企業に起源を発し、農村の集団経済において大きな力を発揮している。

● **1978～1983年　郷鎮企業のスタート段階**

　第11期3中全会以後、続々と郷鎮企業が発展を始めた。最初に政策環境が改善され、社隊企業発展に対する中央の規定がさまざまな面で明確化された。また、農村経営体制改革が行われ、農民を次第に土地による束縛から解放すると、日増しに余剰労働人口が膨れ上がり、労働力の面で郷鎮企業を支えるようになった。しかも改革は農民収入の急増を力強く促し、企業の発展のため資金的支持を与えるとともに、次第に市場における需要を開拓していった。

● **1984～1996年　郷鎮企業の急速な発展の段階**

　国は1984年に正式に社隊企業を郷鎮企業と改称し、郷営・村営・連戸営・戸営という4層の連動を促し、農民が郷鎮企業を興すことを奨励した。1988年の郷鎮企業総数は1888万1600社で、1983年より1753万5200社増加し、郷鎮企業の工業生産額も毎年平均46.81％伸びた。

　1989年以降は経済の過熱に対応しようと、国が対企業投資を減らしたため、郷鎮企業は厳しい試練を経験した。しかし、1992年始め、鄧小平が郷鎮企業を十分に認めたことと、郷鎮企業側でも、企業管理・科学技術・人材育成などに力を入れ始めたことから、企業の収益は回復し、企業総数も急速に増加、輸出による外貨獲得能力もレベルアップした。

● **1997年～　郷鎮企業のタイプ転換段階**

　この段階においては、国有企業改革による国有企業の競争力の強化、WTO加盟による外資企業の増加により、郷鎮企業は激化する市場競争にさらされた。しかし、国が採った農村インフラの建設加速政策は、郷鎮企業の安定的な発展にプラスに働いた。郷鎮企業は試練にぶつかると同時にチャンスをもつかみ、「二次創業」を進め、技術の進歩、科学的かつスタンダードな管理、現代企業制度の導入、財産所有権の明確化など、広範囲に企業のモデルチェンジを成功させた。

　郷鎮企業は過去30数年間で大きな成果を収め、経済環境と政治環境の大きな変化を経験し、中国の各種所有制の中で最も活力ある主体となった。

社隊企業とは
中国における郷鎮企業の前身。1950年代末から80年代初期に、農業生産合作社・農村人民公社・生産大隊・生産隊が経営していた集団所有制企業のこと。農業・林業・牧畜業・副業・漁業・商工業などの業態があった。

3.1　国家発展改革委員会

　中華人民共和国発展改革委員会（略称、国家発改委）は、国務院に属する行政組織であり、経済と社会の発展政策を立案し、構造調整およびマクロ経済改革全体の調節を行うマクロコントロール組織である。

●沿革

　国家発展改革委員会の前身は、1952 年成立の「国家計画委員会」である。1998 年 3 月、「国家発展計画委員会」と名称変更し、主に国民経済全般に関する事柄を職務とした。2003 年 3 月、国家経済貿易委員会の機能の一部と国務院経済体制改革弁公室を取り込み、「国家発展改革委員会」と改称した。

●主な職務

　発改委の主要な職責は以下のとおりである。国民経済と社会発展に関わる戦略、中長期計画、年度計画の計画立案と組織実施、社会経済の発展の統括。マクロ経済や社会の発展をモニターし、予測と警告および情報コントロールの責任遂行。財政・金融面の情況の総括、経済体制改革の推進と総合調整。重要プロジェクトや生産力配分の企画、主体機能区［「優先開発区」「重点開発区」「開発制限区」「開発禁止区」］のプラン編制とバランスの取れた実施および評価。重要商品の総量バランスと総体的調整。持続可能な発展戦略の推進。気候変動に対する重要戦略・計画・政策の計画立案。国民経済と社会発展および経済体制改革と対外開放に関する法律法規の草案の起草。国務院が与えるその他の事項など。さらに、国務院規定に則して、国家食糧局・国家エネルギー局を管理。

●職務機構

　職務により、国家発展改革委員会内には 28 の機構が置かれている。それぞれについては右ページの図を参照のこと。

国家発展改革委員会組織機構図

〔原則的に原著の表記を使用したが、日本語の語順に合わせるなど読みやすくした〕

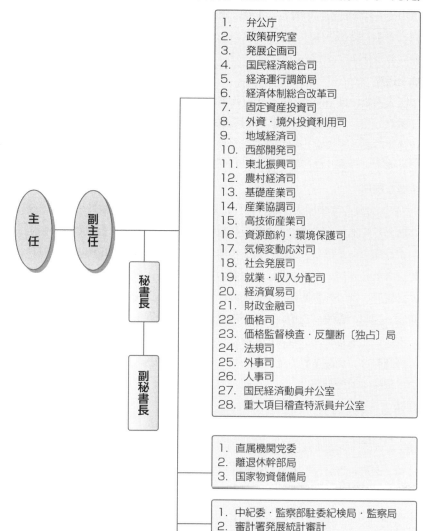

3.2　中国人民銀行

　中国人民銀行は中国の中央銀行である。国務院の一組織であり、『中華人民共和国中国人民銀行法』の規定により、国務院の指導と法の下で金融政策を独立して執行する。職務の遂行においては、地方政府、各レベルの行政部門、社会団体や個人の干渉を受けない。

●成立過程

　中国人民銀行は1948年12月1日に華北銀行・北海銀行・西北農民銀行が合併して成立した。国務院は1983年9月、国家中央銀行の機能は専ら中国人民銀行が行使することを決定した。1995年3月18日、『中華人民共和国中国人民銀行法』が第8期全人代第3回会議で採択され、法律上でも形式が整った。

●主要な職務

　『中華人民共和国中国人民銀行法』に規定される中国人民銀行の主な職務は以下のとおりである。関連する法律や行政法規の草案作成と、金融政策の制定・執行。銀行間コール市場・銀行間債券市場・外国為替市場・金市場の監督管理、金融のシステミック・リスク防止と金融の安定確保。人民元為替レートの確定、外国為替管理、国の外貨準備と金準備の保有・管理・運用。人民元の発行と、流通の管理。国庫の管理。支払いおよび決算に関する規則を、関連部門と連携して制定。支払い・清算システムの正常な進行の維持。国の反マネーロンダリング業務の計画調整と、金融業界の反マネーロンダリング業務の指導。反マネーロンダリングに関する資金監査。

●機構

　中国人民銀行内の機構には以下のものがある。弁公庁・金融政策司・金融政策二司・条法司・金融市場司・金融穏定局・調査統計司・会計財務司・支付結算司・科技司・貨幣金銀局・国庫局・国際司・内審司・研究局・征信管理局・反洗銭〔マネーロンダリング〕局など。

　中国人民銀行は銀行の銀行であり、中国商工銀行・中国銀行などほかの主な商業銀行を支配する力を持つ。また、それらの商業銀行の法定預金準備率を調節するなどの手段で、経済生活に介入する。

中国人民銀行歴代総裁

就任時期

南漢宸
1949.10〜1954.10
現代中国金融事業の基礎を築く

1949

1954

曹菊如
1954.11〜1964.10
社会主義金融システム確立に貢献

胡立教
1964.10〜「文革」期間
「文革」期間の最初の総裁

1964

1973

陳希愈
1973.5〜1978.1
「文革」期間二人目の総裁

李葆華
1978.5〜1982.5
後、IMF理事

1978

1982

呂培倹
1982.5〜1985.3
中国人民銀行機構改革を主導

陳慕華
1985.3〜1988.4
唯一の女性総裁

1985

1988

李貴鮮
1988.4〜1993.7
中国現行の金融政策を策定・執行

朱鎔基
1993.7〜1995.6
後、国務院首相

1993

1995

戴相龍
1995.6〜2002.12
2016年まで中国社会保障基金理事会理事長

周小川
2002.12〜（2008.3）

2002

〔注〕2008.3〜 易綱

＊中国人民銀行は総裁責任制を実行しており、総裁は方針決定者かつ執行者である。

3.3　商務部

商務部は国務院の一部門であり、中国内外の貿易と国際経済協力を主管する。

●沿革

1949年11月2日、中央人民政府組織法と政務院の命令に基づき、華北人民政府商工部すなわち中央商業所を基に、中央貿易部が成立した。しかし、国内外における貿易の急速な発展に伴い、対外貿易管理の強化のため、中央人民政府は1952年8月7日、中央貿易部を廃止、中央人民政府対外貿易部と中央人民政府商業部を設立した。対外貿易部は中央人民政府が統一的に対外貿易を管理指導する機構であった。1982年3月、対外貿易部・対外経済連絡部・国家進出口〔輸出入〕管理委員会・国家外国投資管理委員会が合併して、対外経済貿易部が成立した。これは、1993年に対外貿易経済合作部と改称した。国務院は2003年、『機構設置に関する国務院の通知』を発表、対外貿易経済合作部をベースに、国内貿易部を廃止し、商務部に統合した。

●主要な職務

中国内外の貿易と国際経済協力の発展戦略・方針・政策の立案および、中国国内外貿易・国際的経済協力・外国企業の対中投資に関する法律法規の起草。中国国内貿易発展プランの立案。市場の運行と流通秩序のルール化、市場独占・地元優先策の打破に関する政策の研究立案。輸出入商品管理規則と輸出入商品目録の研究・作成ならびに実施。多国間・二国間経済貿易協力政策執行の研究・提案。中国の駐WTO代表団、国連その他国際組織常駐経済貿易代表機関の活動および関連する中国駐外経済商務機構の活動の指導。外国企業の対中国投資に対するコントロール。中国の対外援助。香港・マカオ・台湾地域の経済貿易政策立案ならびに執行。国務院が委嘱するその他の事項など。

●機構の設置

商務部は弁公庁・人事司・政策研究室・総合司・条約法律司・財務司・市場秩序司・対外貿易司・反壟断〔独占〕局・服務〔サービス〕貿易と商貿服務業司・外国投資管理司・対外援助司・対外投資と経済合作司・進出口〔輸出入〕公平貿易局・亜洲司・西亜非洲司・欧州司・美洲太洋洲司・外事司などを設置、具体的業務を行う。

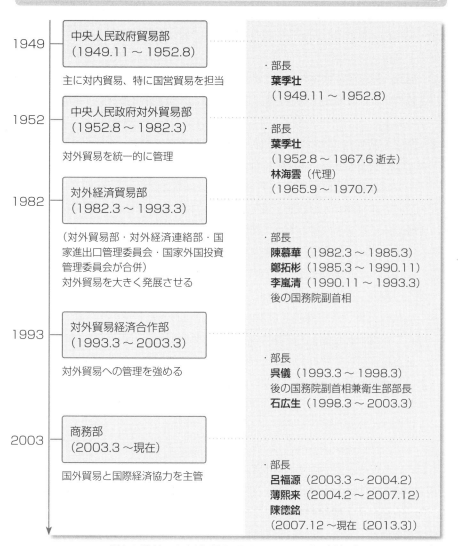

3.4　財政部

　中華人民共和国財政部は1949年10月成立。国家の財政収支を総合管理し、財政・税務政策を主管し、財政監督を実施する国務院の職務部門である。

●主な職務

① 　財政・税務発展法案の立案と実施、各種マクロ経済政策作成への参画、中央と地方および国家と企業の分配政策の立案、公益事業発展を促す財政・税務政策の整備。

② 　財政・財務・会計管理の法律や行政法規の草案の作成。対外的な財政・債務など国際交渉の遂行、関連する合意・協定の仮調印。

③ 　中央の各種財政収支管理を担当。

④ 　政府の非租税収入の管理、規定に則った行政の事業性収入の管理。財政証票管理。宝くじ管理政策と関連規則の制定、宝くじ市場の管理と資金の管理。

⑤ 　規定に則った国庫現金管理業務、政府購入制度の制定と監督管理。

⑥ 　税法、行政法規草案と実施細則、徴税管理政策方案の計画起草、対外租税交渉への参画、国務院関税税則委員会の具体的作業。

⑦ 　行政事業単位国有資産管理規則の作成。行政事業単位の国有資産を規定に則って管理。財政予算内における貿易外の外貨収支と国際収支の管理。

⑧ 　国有資本が経営する全国の企業の予算案・決算案の審査と編成。国有資本経営予算制度と規則の制定。企業財務制度の作成・計画。金融系企業の国有資産の規定に則った管理。企業の国有資産の管理に関する制度立案への参画。資産評価業務の規定に則った管理。

⑨ 　中央の建設投資関係政策の立案に参画。関連する政策性補助金と特別準備資金の財政管理業務。農業総合開発管理業務。

⑩ 　中央の財政社会保障・就業・医療衛生支出を関連部門と協力して管理。中央の社会保障予決算草案の編制。

●職務機構

　財政部の下の主な部局・機関は、弁公庁・総合司・条法司・税制司・関税司・予算司・国庫司・国防司・行政政法司・教科文司・経済建設司・農業司・社会保障司・企業司・金融司・国際司など。

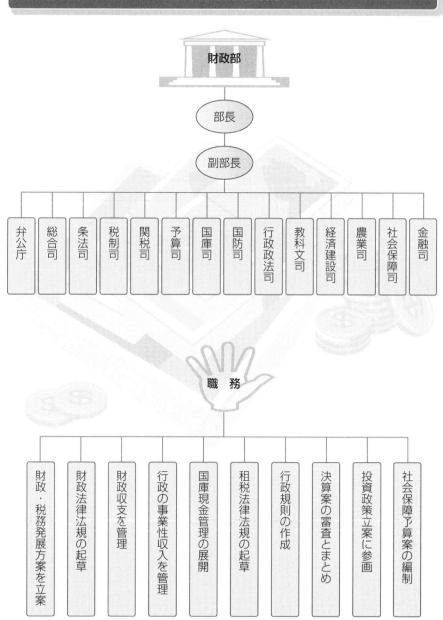

3.5　国家外貨管理局

　外貨管理とは、一国の政府が国家通貨金融管理当局またはその他国家機関に授権し、外貨収支、売買、貸借、移転および、国際間の決算、外国為替レート、外国為替市場などを管理させる措置で、国家外貨管理局は国の専門機関として外貨管理を行う。

● **中国外貨管理体制の歴史的沿革**

　改革開放以前、中国は比較的厳格な外貨統制を続けてきたが、1978年に改革開放戦略を実行して以降は、市場メカニズム育成の方向に沿い、高度に集中した外貨管理体制から、社会主義市場経済にふさわしい外貨管理体制へと段階的に移行した。1996年12月、中国は人民元の経常取引における交換性保証、資本取引に対する厳格な管理を実現し、社会主義市場経済にふさわしい外貨管理体制をほぼ構築した。2001年のWTO加盟以降の外貨管理では、積極的にWTOに順応し、経済のグローバル化に同化するという試練にも対応した上、改革をも一層深め、経常取引における交換性保証をより整備し、資本取引においても交換性保証を着実に推進し、貿易の利便化に努めた。

● **基本的機能**

　外貨管理体制改革と国際収支リスク防止の研究・提案、国際収支バランスに関する政策提言の促進。外貨管理関連法律法規起草に参画。国際収支・対外債権債務の統計と監視。全国の外国為替市場に対する監督管理業務。国の外貨準備や金準備とその他外貨資産の経営管理を担当。外貨管理情報化発展計画および基準・規範の立案と実施。関連する国際金融活動への参画。

● **機構の設置**

　国家外貨管理局は「部」に準じる国の機関[注1]である。機構は右図のとおりで、8つの下部機関を持つ。また、中央外匯〔外貨〕業務中心〔センター〕・信息〔情報〕中心〔センター〕・機関服務中心〔サービスセンター〕・雑誌社『中国外貨』の4事業単位を設置している。各省・自治区・直轄市・副省級都市に34の分局があり、2つの外貨管理部がある。その支所と地域の中国人民銀行分支店は合同で業務を遂行している。

国家外貨管理局内主要機構

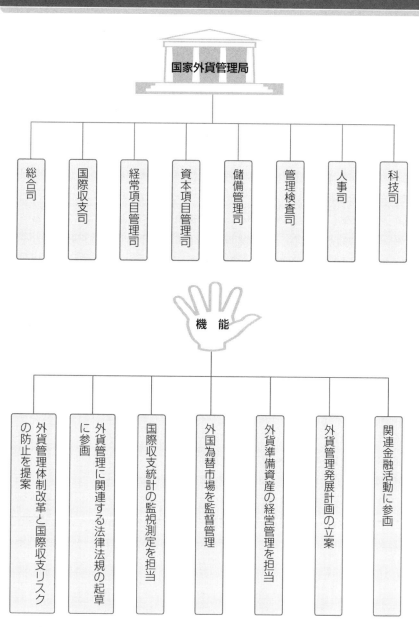

国家外貨管理局

- 総合司
- 国際収支司
- 経常項目管理司
- 資本項目管理司
- 儲備管理司
- 管理検査司
- 人事司
- 科技司

機能

- 外貨管理体制改革と国際収支リスクの防止を提案
- 外貨管理に関連する法律法規の起草に参画
- 国際収支統計の監視測定を担当
- 外国為替市場を監督管理
- 外貨準備資産の経営管理を担当
- 外貨管理発展計画の立案
- 関連金融活動に参画

4.1 国際通貨基金（IMF）

　IMF（International Monetary Fund、国際通貨基金）は、1944年7月、連合国および国際連盟諸国の国際通貨金融会議がアメリカ・ニューハンプシャー州ブレトンウッズで採択した、「国際通貨基金協定（IMF協定）」により創立された国際金融組織である。

● 成立
　1945年12月27日成立、1947年3月1日業務開始。1947年11月15日に国連の専門機構となったが、経営上は独立性がある。本部はワシントンD.C.にあり、2010年現在の加盟国は187、中国は設立当初からのメンバーである。

● IMF 設立の趣旨
　国際通貨の安定、国際貿易を妨げる外貨規制の撤廃、通貨問題における国際協力の促進、国際収支が悪化した加盟国に外貨資金を供給する短期融資などを目的とする。IMFの財源は加盟国が出資するクォータ（出資割当額）であり、割当は各国の国民所得、金と外貨の準備高、貿易額および輸出の安定性などの経済指標によって確定する。加盟国は出資額に応じて外貨の融通を受けられる。

● IMF の業務
　IMFの主要業務は、経済政策に関して全加盟国と対話と協議を行うこと、すなわち、加盟国が協定どおり経済政策を制定・遂行しているか監督するとともに国際通貨と金融システムの安定に関する重大問題を討論することである。具体的には、加盟国の経済政策の監督、加盟国への援助、貧困や債務の削減、為替政策や為替操作の監督、グローバルな資金流動性の促進、資本取引における兌換性保証の促進、国際金融システムの強化などである。

● IMF の機構
　IMFの意思決定機関は総務会で、各加盟国から派遣された正・副総務各1名によって構成される。日常業務を行うのは24か国から構成される理事会で、権限を総務会から委譲されている。歴代総裁は欧州から選ばれるのが慣例である。

〔注〕2014年、アジアインフラ投資銀行（AIIB）が中国主導により成立。

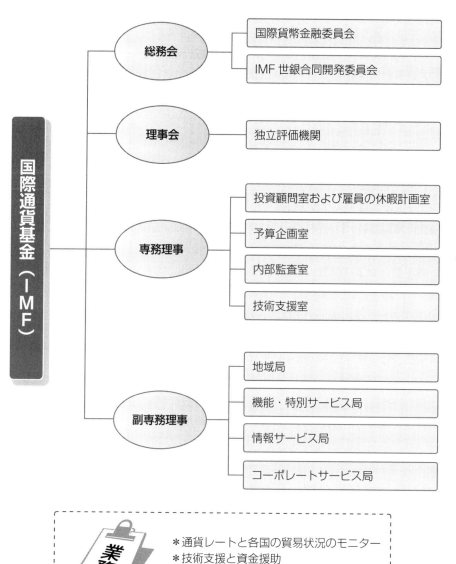

4.2　世界銀行グループ

　世界最大の多国間開発機構で、1945年成立。発展途上国の貧困を削減し、持続可能な発展を促進することを目的とする。本部はアメリカ・ワシントンD.C.にあり、国際復興開発銀行・国際開発協会・国際金融公社・多国間投資保証機関・投資紛争解決国際センターの5組織からなる。中国は1980年5月、同機構における合法的地位を回復した。

●国際復興開発銀行

　（International Bank for Reconstruction and Development、IBRD）

　IBRDは1945年成立、現在加盟国は187。2010年6月30日までに5236億ドルの融資を承認し、そのうち中国への融資額は累計378億ドル。現在IBRDの出資上位6か国はアメリカ・日本・中国・ドイツ・フランス・イギリスである。

●国際開発協会（International Development Association、IDA）

　IDAは1960年成立、現加盟国は170。2010年6月30日現在、IDAの承認した特恵借款および無償供与額は累計2215億ドル、うち中国への特恵借款は100億ドルである。議決権に基づく出資比率の上位5か国はアメリカ・日本・ドイツ・イギリス・フランス。中国は議決権41万1541を有し、占有率は2.05％、第10位である。

●国際金融公社（International Finance Corporation、IFC）

　IFCは1956年成立、現加盟国は182か国。2010年6月30日現在、承認した融資・投資額は累計約1367億3000万ドル、うち対中国は累計47億3000万ドル。議決権に基づく出資比率の上位5か国はアメリカ・日本・ドイツ・フランス・イギリス。中国は第10位で2.29％を占める。

●多国間投資保証機関（Multilateral Investment Guarantee Agency、MIGA）

　MIGAは1988年に成立、現加盟国は175。2010年6月30日現在、担保運用額は88億ドル。

●投資紛争解決国際センター

　（International Centre for Settlement of Investment Disputes、ICSID）

　ICSIDは1966年成立、加盟国は144。2009年6月30日現在の登録事案は292。

世界銀行グループ五大機構と中国

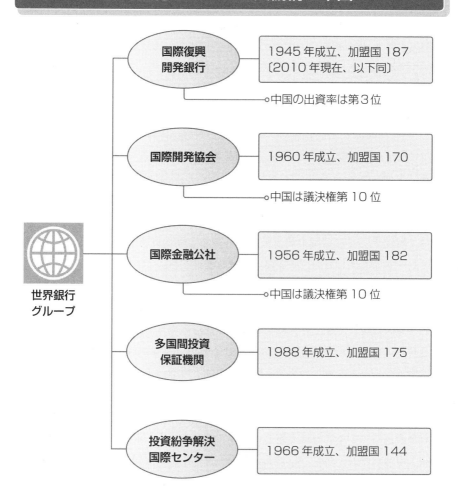

＜WORLD BANK のマーク＞
- 以上の5機構はそれぞれ異なる領域に重点を置き、各自優位性のある部分を生かしながら、協力して共同の最終目標、すなわち貧困の撲滅を実現する。
- 世界銀行グループは株式会社の原則によって形成され、加盟国はみな世界銀行株を購入する。議決権の大小は持ち株数に比例する。世界銀行グループにおける中国の議決権の増加に伴い、その影響力も増大している。

4.3 世界貿易機関（WTO）

世界貿易機関（World Trade Organization、WTO）は国連から独立した常設の国際組織で、世界の経済と貿易の秩序を管理する。本部はスイスのジュネーブ、レマン湖畔にある。WTOは1995年に正式成立し、その前身は1947年成立の、関税及び貿易に関する一般協定（GATT）である。

●目標と業務

WTOの目標は、物品の貿易、サービスの貿易、貿易に関連する投資および知的所有権などを含む、活力と持久力のある整った多角的貿易システムを打ち立て、それによりGATTとウルグアイラウンドのあらゆる成果を包括的に強化することである。主な業務は以下のとおりである。各種貿易協定を運用する。多角的貿易交渉の場を各加盟国に提供し、協議の結果に枠組みを与える。加盟国間の貿易紛争を解決する。加盟国の貿易政策と法規を定期的に審査する。IMFや世界銀行グループと協調しつつ技術支援・訓練を提供する。

●基本的原則

WTOの基本は無差別の原則で、以下のことを含む。最恵国待遇・透明度・内国民待遇の規定。予見でき、絶えず緩和される市場参入条件、主として関税に対する規定。公平な競争を促進し開放的で公平かつ競争を阻害しない「自由貿易」環境構築とルール作成への努力。発展の奨励と経済改革。

●組織機構

WTOの意思決定機関は閣僚会議であり、少なくとも2年に1回開かれ、多角的貿易合意に関するあらゆる事柄について決定を下す。閣僚会議の下には一般理事会と事務局が設けられ、日常業務を担う。また、物品貿易理事会、サービス貿易理事会、知的所有権理事会があり、貿易と開発、国際収支、運営予算の3委員会がある。事務局には事務局長1人を置く。

●中国とWTO

1986年にGATT復帰を申請して以来、中国はWTO加盟のために多年にわたり努力した。1995年、WTO一般理事会により中国はオブザーバー参加を受け入れられた。2001年12月11日、正式にWTOに加入し、143番目の加盟国となった。2010年10月時点の、加盟国は153か国。

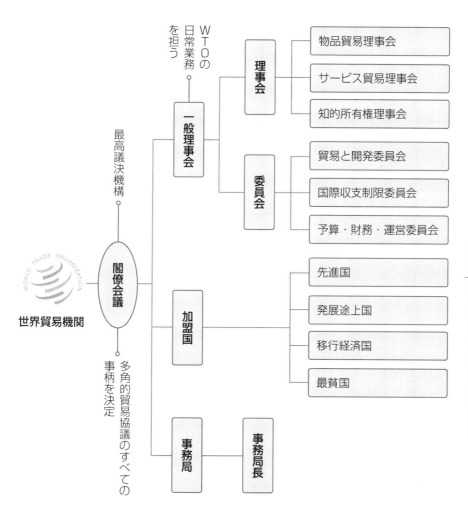

WTO加盟は、中国の競争力の低い産業にとって厳しい試練である。しかし、中国が国際経済協力および国際的分業に参画するために役立ち、技術の進歩や産業のアップグレード、経済構造調整をも促進する。また、21世紀における国際貿易ルールの決定に直接関与し、中国が他者の制定した規則の下で不利を被る状況から抜け出す上でも有用である。総体的には、WTO加盟は中国にとってマイナス面よりプラス面が大きい。

4.4　アジア太平洋経済協力（APEC）

　アジア太平洋経済協力（Asia-Pacific Economic Cooperation、APEC）はアジア太平洋地域最大の影響力を持つ経済協力の枠組み。1989年成立。初期には地域的な経済フォーラム・協議機関だったが、現在この地域の重要な経済協力フォーラムかつトップレベルの経済協力システムとなった。域内の貿易・投資の自由化を進め、メンバー間の経済・技術協力強化などの方面でかけがえのない存在である。

●趣旨と内容

　APECの目的は、経済の成長発展の保持、メンバー間の経済的相互依存関係の強化、開放的多角的な貿易体制の強化、地域の貿易・投資における障壁の削減、地域住民共通の利益の擁護である。APECは主に、グローバルな多角的貿易体制の促進、アジア太平洋地域の貿易・投資の自由化および利便化、金融の安定・改革の推進、経済技術協力・能力構築など、世界と地域経済に関する議題を話し合う。近年では、安全保障（反テロリズム・衛生・エネルギー）や、反腐敗、防災と文化協力などの議題にも踏み込んでいる。APECは話し合いによる自主的な協力方式を採用、決定には全員一致が必要である。最終決定に法的拘束力はないが、各メンバーは政治上・道義上、遂行に努力する責任を負う。

●運営システム

　APECの運営システムは多層的である。非公式の首脳会議・閣僚会議・高級実務者会合・APEC事務局、さらに、ビジネス諮問委員会・中小企業担当大臣会合・女性問題担当者会合などの分野別会合がある。構成員の範囲が広く、独特な公式経済フォーラムとして、開放性・自発性・開かれた性格などが特徴である。APECは経済協力のフォーラム兼プラットフォームで、運営の基本は非拘束性の公約・開かれた対話・各メンバー間の意見の平等な尊重であり、ほかの政府間組織とは異なっている。現在最大規模の多角的地域経済組織であるが、全世界的な組織ではない。

　1991年11月、中国は主権国家として、チャイニーズ・タイペイと中国香港は「地域経済体」[注1]としてAPECに加入した。2001年10月20日、APECの第9回首脳会議が上海で挙行され、成功に終わった。

APEC 運営の五層構造

非公式首脳会議

閣僚会議
（外交・貿易閣僚会議　分野別担当大臣会合）

高級実務者会合

委員会と作業部会
（経済・技術協力運営委員会　予算管理委員会　経済委員会　貿易・投資委員会）

APEC 事務局

　　閣僚会議は APEC 運営の中心であり、APEC の今後の活動方針を決定し、アジア太平洋地域の重要な経済貿易問題を討論する。APEC の実務は委員会と作業部会により執行されている。

4.5　G20

　G20（the Group of 20）は国際的な経済協力フォーラムで、1999年12月16日にドイツのベルリンで成立した。ブレトンウッズ体制の枠組み内にある非公式対話のメカニズムであり、構成国は、アメリカ、日本、ドイツ、フランス、イギリス、イタリア、カナダ、ロシア、実体としてのEU、オーストラリア、代表的途上国である中国、南アフリカ、アルゼンチン、ブラジル、インド、インドネシア、メキシコ、サウジアラビア、先進国の韓国とトルコ。これらの国々の国民総生産は世界の85％、人口は世界総人口の3分の2に近い。

●歴史

　G20の設立は、アメリカなど7つの工業国の財務相により、1999年6月、ドイツのケルンで提起された。目的は、アジア金融危機に類する事態の再発を防止し、国際経済や金融政策について非公式の対話を行い、国際金融と通貨システムの安定に寄与することである。当初、参加者は各国の財務相や中央銀行総裁のみだったが、2008年アメリカ発の世界金融危機で世界的に金融システムが焦点化してG20首脳会合が開かれるようになったことから、各国の発言権が拡大し、以前のG8あるいはG20財務相会議に代わる存在となった。

●成立の目的

　G20は非公式のフォーラムで、国際経済・金融政策・金融システムの重要問題に関し、先進国と新興国の建設的で開放的な対話を促進し、国際金融システム改革の協力と推進を求め、国際金融システムの枠組みを強め、経済の安定と持続的な成長を促進する。G20はさらに、発展段階の異なる主要国家に、国際経済問題を論議する共通のプラットフォームを提供し、同時に世界公認の基準を打ち立てる。例えば、透明性のある財政政策や、マネーロンダリングとテロ集団への融資の防止などの領域で、いち早く統一的基準を打ち立てた。

●主な活動内容

　成立以来の主要な活動である「財務相・中央銀行総裁会議」が毎年一度開かれている。G20には常設の事務局や職員はなく、その年の議長国が設立する臨時事務局が、グループワークや会議を取りしきる。会議では主に、正式なG20会議システムの確立や、経済危機回避の方策などを討論している。

G20と歴代財務政相会議の開催地

(1) ドイツ、ベルリン (1999)
(2) カナダ、モントリオール (2000)
(3) カナダ、オタワ (2001)
(4) インド、ニューデリー (2002)
(5) メキシコ、モレリア (2003)
(6) ドイツ、ベルリン (2004)
(7) 中国、北京 (2005)
(8) オーストラリア、メルボルン (2006)
(9) 南アフリカ、クレインモンド (2007)
(10) アメリカ、ワシントンD.C. (2008)
(11) イギリス、ロンドン (2009)
(12) アメリカ、ピッツバーグ (2009)
(13) カナダ、トロント (2010)
(14) 韓国、慶州 (2010)

* 20国とは、アメリカ、日本、ドイツ、フランス、イギリス、イタリア、カナダ、ロシア、EU、オーストラリア、中国、南アフリカ、アルゼンチン、ブラジル、インド、インドネシア、メキシコ、サウジアラビア、韓国、トルコ。

* G20には常設の事務局と職員がなく、議長国が臨時事務局を設立してグループワークと組織会議を行う。議長国は輪番制なので、財務相会議の開催地は毎回変更される。

第1編　訳注

第1章

注1　「3中全会」は中国共産党の「中央委員会第3回全体会議」の略称。通常、中国共産党の全体会議は党大会から党大会までの5年間に7回程度開催される。党大会の約1年後に開催される第3回全体会議（3中全会）では、中長期の主要政策が示される。

注2　以下「1五」などと略記。1953年からの第1次五か年計画はソ連の第1次五か年計画を模範とし、またその技術上と資金上の全面的な援助で実施され、1957年までにほぼ目標を達成した。

注3　毛沢東が主張した中国革命の方式。

注4　中国共産党中央と国務院がその年初めて発表する意見書。

注5　中央経済工作会議は、中国共産党中央と国務院が年に一度合同で開催する経済関連で最高レベルの会議。1年間の経済実績の総括、中国内外における経済状況の変化への対応、マクロ経済発展計画の制定、成長率の目標なども話し合われる。

注6　"姓社姓資論争"のこと。

注7　王朝時代から受け継がれた、中国の統治観念。広大な中国を一括統治しなくてはならないとする考え。

注8　①社会主義の路線、②プロレタリア階級の独裁、③共産党の指導、④マルクス・レーニン主義、毛沢東思想を堅持すること。鄧小平が率先して提起した。

注9　上海協力機構。中国・ロシアと中央アジア4か国で構成。

注10　「家電製品を農村へ」のかけ声で行われた消費奨励政策。

第2章

注1　1981年から試験的に行われた。企業は納税後の利潤を自由に使用でき、収益損失を自分の責任として処理できるようになった。

注2　所有権と経営権。

注3　第二次天安門事件に対する西側の制裁を指す。

注4　『鳥カゴ経済論』で知られる穏健改革派の重鎮。

注5　ヒマワリなどの種で作る副食のブランド。年広久という個人経営者が度重なる入獄に耐えて経営を続けた。この例が『鄧小平文選』中で「中国第一の商売人」と評された。

注6　"三不"とは、"不抓辮子、不扣帽子、不打棍子"すなわち他人の言葉尻を捉えない、レッテルを貼らない、暴力をふるわないということ。"看一看"は「〔なりゆきを〕見てみよう」ということで、注5の年広久が規定以上の従業員を雇っていた罪で逮捕されかけたとき、鄧小平がそれに反対した言葉。

注7　公有制経済の発展強化と非公有経済の発展促進を、動揺せずに行うこと。

注8　公有制経済が主であることを堅持しつつ非公有制経済の発展も促し、両者の対立ではなく統一によって社会主義現代化を確立すること。

第3章

注1　国務院の構成組織である部や委員会に管理が委託されている組織で、その組織の長が副

大臣級である組織。国家外貨管理局は中国人民銀行が管理。

第 4 章
注 1 「経済体」は、香港や台湾などを含む場合に「国」とまとめづらいため、中国でよく使用される語。本書では、できる限り「国や地域」という日本語に訳した。

第2編
経済成長編

- 第5章　改革開放と中国の奇跡
- 第6章　経済成長のエンジン
- 第7章　部門経済の発展
- 第8章　地域経済の成長
- 第9章　苦境に陥った経済成長

5.1 改革開放以前の中国経済

●経済状況の概観

中華人民共和国（以下新中国と略称）の経済発展は、旧中国の満身創痍の情勢下に始まった。旧中国では内戦が続き、政治は腐敗し、経済は極度に立ち遅れていた。1949 年、新中国が成立したが、重工業の基礎がなく、鉄鋼・石炭・食糧・綿花の産出量は工業生産と人民生活の需要に遠く及ばなかった。新中国成立後、毛沢東は中国共産党第 7 期 3 中全会において、3 年間で国民経済を根本的に好転させることを提起した。1952 年末までに、全国の工農業生産は基本的に回復し、解放前を上回る史上最高にも達した。その後、4 つの五か年計画（1953 〜 1957、1958 〜 1962、1966 〜 1970、1971 〜 1975）の経済建設は、立ち遅れた経済の姿を大きく変え、人民の生活水準はかなり大きく引き上げられた。統計によれば、1976 年の GDP は 2943 億 7000 万元に達し、1952 年に比べて 333.53％になった。当時の物価を参考に計算するなら、国民 1 人当たりの平均収入も倍以上になった。

●経済発展の指導的思想

改革開放以前、歴史的条件により、新中国は計画経済体制を堅持していた。全く重工業の基礎がない条件の下、比較的完全な工業体系をできるだけ早期に打ち立て、人民の日用消費物資を生産できるよう、有限な資源を特定の部門に重点的に投入することは、計画経済体制下でなければ成しえないことであった。しかし、計画経済体制そのものにインセンティブメカニズムの欠乏という弊害があった上、指導者が立ち遅れた経済を変えたいという焦りに駆られ、国民経済発展に挫折がもたらされた。1966 〜 1976 年の「文化大革命」は、新中国の経済建設にも少なからぬ損害を与えた。「文化大革命」が 1976 年に終結すると、その後 2 年間の秩序回復が行われた。1978 年には第 11 期 3 中全会が開かれ、経済発展指導思想の重大な変革について、検討が始まった。

改革開放前の国民経済状況表

年	工業農業総生産額（億元）	死亡（%）	財政総収入（億元）	国民消費水準（元）
1952	810	17.00	183.70	76
1953	960	14.00	222.50	87
1954	1050	13.18	262.40	89
1955	1109	12.28	273.00	94
1956	1253	11.40	287.40	99
1957	1241	10.80	310.20	102
1958	1619	11.98	387.00	106
1959	1960	14.59	487.10	96
1960	2094	17.91	572.30	103
1961	1631	14.24	356.10	214
1962	1504	10.02	373.60	217
1963	1635	12.11	342.50	110
1964	1884	11.50	399.50	120
1965	2235	9.50	473.30	125
1966	2534	8.83	558.10	135
1967	2306	8.43	419.40	138
1968	2213	8.21	361.30	132
1969	2613	8.03	526.80	134
1970	3153	7.60	652.90	140
1971	3462	7.32	744.90	142
1972	3615	7.61	746.60	147
1973	3967	7.04	509.70	156
1974	4007	7.34	783.00	156
1975	4467	7.32	815.60	158
1976	4536	7.25	776.60	162
1977	4678	6.87	874.50	165
1978	5634	6.25	1121.10	175

出典 『中国統計年鑑』

第5章 改革開放と中国の奇跡

第1次五か年計画 1953〜1957年 → 第2次五か年計画 1958〜1962年 → 第3次五か年計画 1966〜1970年 → 第4次五か年計画 1971〜1975年

5.2 改革開放の 30 年

●改革開放戦略

1978 〜 2008 年の 30 年間で、中国経済の発展は世界の注目を集める成果を挙げた。改革開放戦略こそ、30 年間の中国経済高度成長の根本的要因である。

鄧小平を核とする第 2 世代のリーダーたちが 1978 年に提起した改革開放戦略には、2 つの内容があった。1 つは、対内改革を実行すること、すなわち計画経済体制の指導思想を改変し、逐次市場化を進め、社会主義市場経済体制を打ち立て、市場を資源配置の基礎手段とすることであった。2 つめは、対外開放を実施し、対外経済交流を強め、外資を引き込み、外国の経済資源と先進技術を借りて国民経済を発展させることであった。改革開放戦略の提起により、「唯計画論」という経済思想が改められ、経済発展の考え方が広がり、中国と世界経済の交流が促進され、経済の急速な発展がもたらされた。

●経済発展 30 年の成果

改革開放の 30 年は、新中国の経済発展が最も速かった 30 年間である。2008 年の GDP は 30 兆 700 億元に達し、名目 GDP は 80 倍以上、都市住民の世帯平均可処分所得は 343.4 元から 1 万 5780.8 元に、農村住民の世帯平均純所得も 133.6 元から 4760.6 元に増加。国民経済全体の水準と人民の生活水準はどちらも大きく向上しており、この発展速度は「奇跡の経済発展」というに恥じない。

30 年間で、中国経済発展の質も大きく改善された。1978 年では第一・第二・第三次産業の GDP に占める割合は、それぞれ 28.2％、47.9％、23.9％であったが、2008 年には、11.3％、48.6％、40.1％になった。これは、国民経済の中で従来型産業が占める割合が次第に低下し、新興産業の重要性が増したことをはっきり表している。中国の経済発展はすでに成熟に向かいつつある。このほか、対外経済開放でも成果は顕著である。2008 年の輸出総額は 1 兆 4306 億 9000 万ドルで、世界の輸出総額の 9.07％を占め、世界第 2 位である。生産能力も大幅に向上し、多くの国が製品の生産地として中国を選び、中国は「世界の工場」となった。

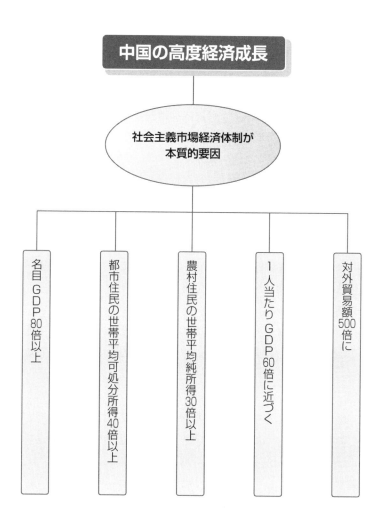

第5章 改革開放と中国の奇跡

5.3　中国経済の奇跡、その要因

中国における30年間の経済発展は「奇跡」と呼ぶに足るが、その原因を概括すれば、以下の項目が挙げられる。

●的確な政策
改革開放政策は経済の活力を引き出し、生産力を最大限解放し、人々の生産意欲を大きく向上させ、経済発展のため巨大な推進力を生み出した。市場主導による経済体制改革は生産力を最大限まで解放し発展させ、健全かつ安定した経済発展を保障した。

●政府によるコントロール
中国の経済発展はなりゆきに任せた発展ではなかった。市場の資源配置メカニズムを前提に、政府による合理的で適度な経済のマクロコントロールが実施され、安定的で健全な経済発展が促進された。経済発展にボトルネックが生じたときには、中央政府が急速に主体的なマクロコントロールを施し、市場経済がそこを突破し、成長を続ける手助けができたのである。

●豊富な労働力
中国の豊富で廉価な労働力は、中国の輸出商品に競争力を与え、中国国内の経済発展にも廉価で豊富な要素を提供し、中国が比較的低いコストで急速に経済を成長させるのに役立った。

●広い市場
中国は土地が広く人口も多い、巨大な潜在能力を秘めた市場なので、外資系企業にとって魅力がある。大量の外資が流入して中国経済の成長を促進すると同時に、広い市場は中国国内企業の生存と発展にも好環境となった。

●高い貯蓄率
中国人は堅実な節約家であり、適度の消費にいささかの余裕を持つという消費理念を守ったので、貯蓄率は長期にわたり30％以上を維持した。高い貯蓄率はインフラ建設や関連する経済投資に豊富な資金を提供し続け、中国経済の長期にわたる高度成長を支えている。

的確な政策
改革開放政策が経済の活力をかき立て、経済体制改革が生産力を発展させた。

政府によるコントロール
政府による経済のマクロコントロールが経済の安定性のある健全な発展を保証した。

中国経済の奇跡の要因

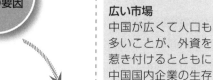

広い市場
中国が広くて人口も多いことが、外資を惹き付けるとともに中国国内企業の生存や発展にも有利だった。

豊富な労働力
豊富で廉価な労働力が中国の輸出商品に競争力を与えた。

高貯蓄率
インフラ建設と関連する経済投資に資金の提供を保証。

○ 長期にわたり30％以上を維持

第5章 改革開放と中国の奇跡

5.4 中国経済の地位

　中国経済の高度成長に伴い、国際経済における中国の地位も上昇した。2008年、中国のGDPは世界の7%以上を占め、アメリカ・日本・EUなどと並び世界の国や地域統合体の中で経済的に最も重要な地位についた。

●中国が世界経済の中で演じる役割

　経済的実力の増大に伴い、中国は積極的に世界経済の分業に加わった。特にWTO加入以来、中国は積極的に約束を果たし、農産物や金融などの分野を次第に開放し、世界経済の発展に一層深く融け込んで、経済成長のモデルとなった。2008年の世界金融危機以降、中国政府は元安を阻止し、経済成長を堅持し、全世界が金融危機の困難を克服し損失をできる限り減らしていく上で、非常に大きな貢献をした。

　中国はG20の重要構成員であり、発展途上国の利益を代表し、発展途上国が平和と恩恵を享受できるような経済的待遇を求めた。

　中国は、国際経済協力組織に参加する中で、積極的に国際経済秩序の再構築と経済協力にも参画し、すでに経済大国であることは疑いなく、世界経済の中で重要なポストを占めている。

●ほかの発展途上国との協力を強化

　これと同時に、中国はほかの発展途上国、中でも比較的貧しい国々との経済交流や協力を強め、その経済建設を助けている。中国アフリカ協力フォーラムが、中国とアフリカの集団的対話の有効なシステムかつ実務協力のプラットフォームになっているのが代表的な例で、2009年1年だけで、32のアフリカ諸国の150に及ぶ対中債務を免除し、2009年までに、「南南合作」〔発展途上国同士の経済協力〕の枠組みにおいてアフリカの53か国を援助し、500余りのプラント建設を行った。またその他の国に対する経済援助にはいかなる政治的条件をもつけず、無私かつ誠実に、私利を求めず、援助で相手の国々に圧力をかけることもせず、国内事情に干渉せず、援助を受ける国の経済発展に重大な貢献をし、大国としての風格を示した。

　中国はこうして経済大国の義務たる無私の援助を行い、さらに世界の広い称賛を得て、その経済的地位と国際的イメージを向上させた。

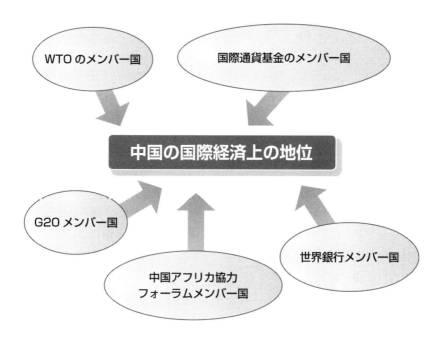

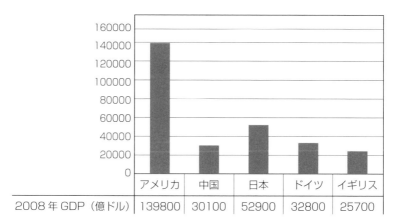

2008年　世界上位5か国のGDP比較

5.5 国際経済組織における中国の役割

　国際経済組織とは、二国以上の国の政府が、共通する経済目標を実現するために一定の協議を通じて打ち立てた、常設の組織機構と特定の経済機能を備えた組織のことである。中国は多くの国際経済組織の加盟国であり、そこで重要な役割を演じている。

●国際通貨基金（IMF）

　1945年12月27日に成立した国際通貨基金は、通貨の交換レートと各国の貿易状況をモニターし、技術と資金援助を提供し、世界の金融制度が正常に働くようにすることを職務とする。

　中国は創始国の1つであり、1980年4月17日に正式に代表権を回復した。2010年、中国が有する議決権は6.19％で、アメリカと日本に次ぐ。つまり、国際通貨基金で第3位の発言権を持つ加盟国であり、発展途上国の中では最も発言権が強い国である。

●世界貿易機関（WTO）

　前身は、関税と貿易に関する一般協定（GATT）。WTOは1994年4月15日成立。その目標は、物品の貿易、サービスの貿易、貿易に関連する投資および知的所有権などを含む多角的貿易システムを打ち立てることである。

　中国はGATT創始国の1つであった。新中国は困難な交渉を経て、2001年12月11日、WTOの143番目の正式な加盟国になった。中国はWTO加盟以来、積極的に約束を果たし、自国の貿易上の利益を守るとともに、多角的貿易システムで発展途上国が平等に恩恵を受けられる優遇条件を積極的に利用してきた。

●世界銀行

　世界銀行は1945年12月27日に成立、主に経済の復興と発展を担い、各加盟国が経済を発展させるための中長期的融資を行っている。

　中国は創始国の1つで、新中国は1980年5月15日に世界銀行における合法的な地位を回復した。2010年4月25日現在、中国の世界銀行における議決権は4.42％、アメリカと日本に次ぐ第3位の株主であり、発展途上国中最大の議決権を有する。また、国際復興開発銀行は世界銀行グループの1つで、中国は第6位の株主である。

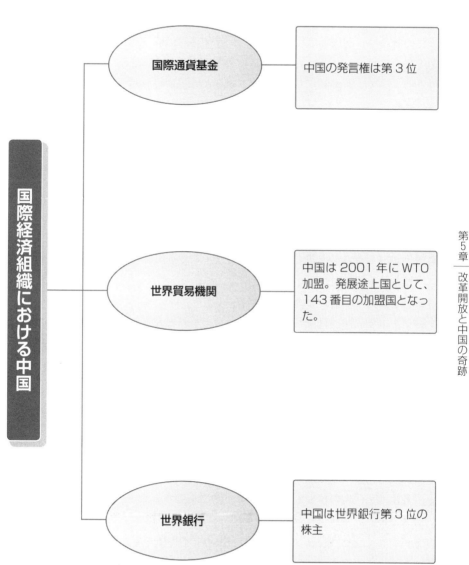

6.1　工業化の進展

　工業化の実現は、一貫して新中国歴代の指導者と全国人民の願いであった。工業化の概念は、国民経済において工業（特に製造業）の生産額の比率が増加し、総就業人口中においても工業就業人口の割合が増加することで、工業の発展自体はその一特徴にすぎず、国民経済の各業種の全面的な発展と経済構成の最適化を含みこむ。

●中国はすでに工業化の中期にある

　新中国成立以来、なかんずく改革開放以来、工業化の加速は明らかである。1952年、GDP中に工業の占める割合は19.5％であったが、2008年には42.9％に上昇した。人口中の工業従事者比率も大幅に上昇し、1978年の7.4％から2008年の27.2％に増加した。また、中国の1人当たりGDPは1978年には381元だったが、2008年には2万2698元となった。1人当たりGDP指標という工業化の進展度を測る国際的基準によるなら、2008年の中国はすでに工業化の中期に達し、まさに後期に向かって進んでいる。

●新型工業化が中国の今後の発展目標

　新型工業化の概念は16全大会で指導者により提起され、今後の中国の発展目標となった。ここでいう新型工業化とは、情報化が工業化を、工業化が情報化を促進しあうという、科学技術的要素が大きく、経済効果が高く、資源消費と環境汚染が少なく、人的資源の優位性が十分発揮されるような工業化の道筋である。従来型の工業化に比べて、新型工業化には以下に挙げる3つの明瞭な特徴がある。1. 情報化による飛躍的発展が可能なこと。2. 持続的な発展能力を強化できること。3. 人的資源の優良性を十分発揮できること。

●中国にとっての工業化の意義

　工業化は現代化の核心であり、伝統的農業社会から現代的工業社会への変化プロセスである。中国は伝統的農業大国で、現在工業化の途上だが、人口が多く、資源が少なく、かつ資源の地域的分布も極めて不均衡である。根本的な解決法は、新型工業化により人口・資源・環境のバランスを取り、ハイテクを用い、少ない資源投入で環境汚染を最低限にし、大きな生産と収益を得、そこから持続的発展を実現することである。

新型工業化とは何か

情報化

促進

工業化

先導

新型工業化

☑ 科学技術の含有量が多い

☑ 経済効果が高い

☑ 資源の消費が少ない

☑ 環境汚染が少ない

☑ 十分に人的資源の優位性を発揮できる

新型工業化は中国の今後の発展目標である。

 資源消費が大きい、成長は局部的

6.2 都市化の進展

　都市化は工業化同様、経済発展の質の指標であり、経済成長のエンジンでもある。いかなる国あるいは地域でも、経済発展が一定段階に達すると都市化が始まる。すなわち、都市化は社会的生産力が一定の程度まで発展したことの必然的結果なのである。

　都市化を定義すれば、人口と産業活動が空間上に集積することであり、農村地域が都市へと変化する過程である。社会経済の発展は都市化の主な推進力である。つまり農業生産力の発展が都市の勃興と成長の前提となり、工業化が主となって都市化を推進し第三次産業の形成と発展がそれを促進するのである。

● **中国における都市化の発展状況**

　新中国成立期、都市の配置には比較的明確なプランがあった。しかし、改革開放以前における都市化の進行は極めて緩慢で、「反都市化」現象さえ現れ、その典型例が知識青年の"上山下郷"[注1]運動であった。だが改革開放以降、特に1990年代以後、中国の都市化は大幅にスピードアップし、大規模かつ広がりのある都市の様相が現れてきた。

　一般に、国や地域の都市化状況は都市化率によって測られる。『中国都市発展報告』によれば、1978年の中国における都市化率はわずか17.9％だったが、30年余りの発展を経て、2009年には46.59％に達し、年平均都市化進行率は同時期における世界平均の2倍以上になっていた。同時に、総人口中に都市人口が占める割合も、1978年の17.92％から2008年には45.68％に増加した。国連人口基金の『世界人口白書』によれば、中国の都市化率は2020年には60％以上に達して都市化がほぼ実現され、2050年にはさらに75％まで達して高度な都市化の段階に入るという。

● **都市化の問題**

　都市化の進展は大きな恩恵をもたらすと同時に、問題をも生み出す。例えば、都市と農村の発展の不均衡、都市の環境汚染、地域ごとの発展の不均衡、資源的制約などである。中国が高度で合理的・協調的な都市化水準に達するまでには、まだ遠い道のりが待ち受けている[注2]。

中国の都市化の情況

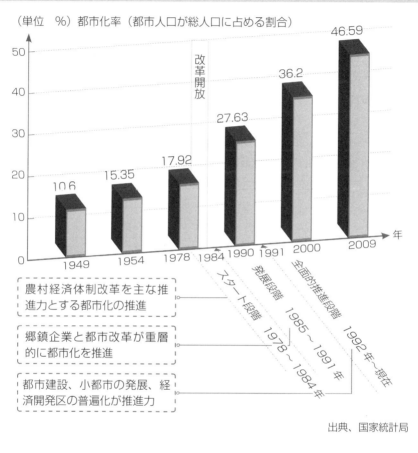

出典、国家統計局

都市化率は、ある国または地域の都市化の進展度を測る基準である。中国は現在まだ農業大国で、都市化率は50％に満たない。都市化率の低さは中国経済の全体的な成長を大きく制約している。2020年、中国の都市化率は60％を超え、都市化がほぼ実現されると予測される。

6.3　市場化の進展

　市場化は、中国の経済改革の重要な内容である。それは経済が市場の需要に伴って発展することであり、市場メカニズムを主なコントロール手段として資源を合理的に配分、経済効率の最大化という目標を達成する。市場化に対する認識は改革開放以来次第に深まり、漸進的に市場化が進められてきた。

●中国市場化の発展

　改革開放以前の経済体制は市場メカニズムを排斥していたが、新中国政府は12全大会で、「計画経済を主とし、市場経済を従とする」方針を確立し、初めて市場の調整力が社会主義経済においても利用しうることを認め、市場化への道をひらいた。1984年の第12期3中全会では、さらに「計画に基づく商品経済」モデルが確立され、商品経済と社会主義は相容れないという観念を根本的に克服、市場化を大規模に進める上でのイデオロギー上の壁が消え去った。正式に社会主義市場経済理論が提起された1992年の14全大会以降、中国の市場化は全面的な高成長期に入った。

●市場化のものさし

　市場化を測る基準はやや複雑で、現在でも統一的な基準はない。簡便に用いられるのは非国有経済に関連する指標で、社会全体の固定資産投資における非国有経済の割合や、総就業人口中における非国有経済就業人口の割合などを含む。統計によれば、非国有経済が社会の固定資産投資中に占める割合は2008年に71.82％に達した。非国有経済就業人口が総就業人口に占める割合は同年91.68％に達したが、1978年のこの数値は81.44％にすぎなかった。こうした指標からは、中国の市場化が改革開放以来急速に進展しており、すでに比較的高度な市場化を遂げていることがわかる。

　中国の市場化には、いくつかの避けがたい問題があった。例えば、市場メカニズムが不完全で市場の調整力があまり機能していないことなどである。アメリカはじめ多くの西側諸国は依然として中国の市場経済の地位を認めていない。このことは中国の対外貿易にマイナスの影響を与え、市場化への道のりも、やはりまだ遠いといえる。

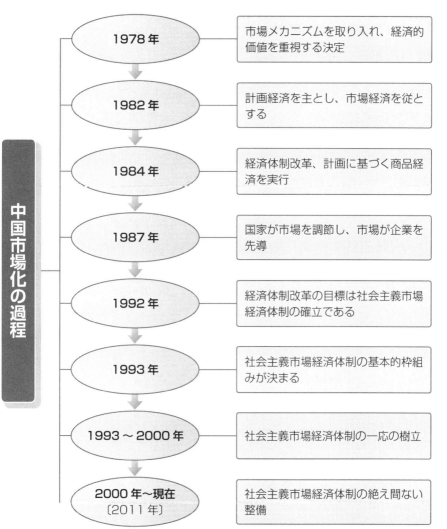

6.4　国際化の進展

　経済のグローバル化は現代社会の顕著な特徴で、どの国も経済を発展させたいなら、世界経済の潮流に融け込む必要がある。したがって、国際化の度合いは一国の経済発展の質と潜在能力をかなりの程度示すことができる。

●国際化とは

　経済学において、国際化とは企業が意識的に国際市場を追い求めることであり、生産物の国際的流動と、生産要素の国際的流動とを含む。つまり、経済学上の国際化とは、主に個々の企業についてのミクロな概念である。一方、国の国際化という場合には、その国の企業が国際市場に参入している程度、国の経済が世界経済に融け込んでいる程度という2つの意味をもっている。

●中国における国際化の発展

　改革開放前の中国における国際化の遅れ、対外経済交流の貧弱さは、貿易規模の小ささから明らかであった。1978年の貿易輸出額は97.5億ドルにすぎず、輸入額もわずか108.9億ドルであった。輸出額のGDPに占める割合(輸出依存度。一国の経済が対外貿易に依存する度合いを示し、間接的にその国の経済が国際市場に依存する度合いをも反映する)は3.63%であった。改革開放以来、政府の支持と奨励の下、対外貿易は急速に発展した。2009年の輸出額は1兆2000億ドル、世界一の輸出国(WTOの統計による)であり、輸出依存度は24.48%となった。

　このほか、対外経済交流の規模も年ごとに拡大した。2008年、中国の対外直接投資は559億700万ドルと世界第12位で、前年に比べ111%伸びた。同年、中国に流入した外資は1083億ドルで、世界第4位、前年比29.7%の伸びであった。中国の対外経済協力も急速に発展した。2008年の対外経済協力(請負工事、労務協力と設計コンサルティングを含む)の契約額は合計1130億1500万ドルに達し、その規模は1976～1988年の総額の10倍以上となった。

　だが、中国の国際化はまだ発展初期にあり、依然、輸出品の付加価値が低い、企業のイノベーション能力が弱い、国際的ブランドが少ないなどの問題がある。

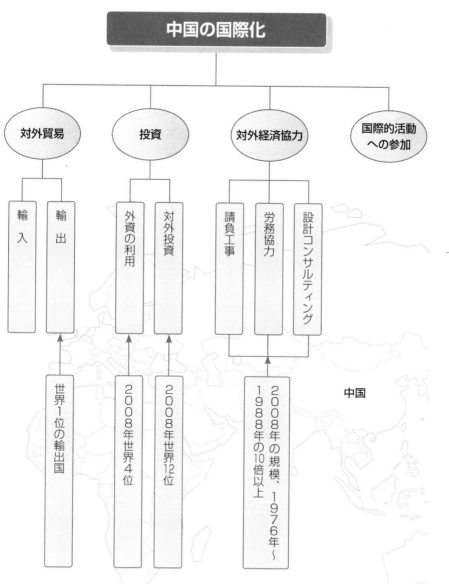

6.5　現代化の進展

　現代化の実現は数世代にわたる中国人の夢であり、経済発展の重要な目標であり、民衆の生活水準を向上させるために必ずたどるべき道でもある。

● **現代化とは**

　現代化はさまざまな内容を含む概念で、技術の発展、農業の発展、工業化、都市化という4つの領域からなる。ある国が現代化を実現したか否かは、各方面の経済発展状況から総合的に考察しなくてはならない。

　中国は、現代化について時間をかけて考えを深めてきた。新中国第1世代の指導者たちは現代化を4つの面に総括した。すなわち、工業・農業・交通運輸業・国防である。しかし、そのような認識にはいささか限界がある。現代化を国内産業部門の技術水準向上としてだけ捉えると、都市化を含む経済構造の向上が見落とされてしまうからである。そこで1987年以降は、「社会主義現代化」が「4つの現代化」に取って代わった。社会主義現代化の概念が内容的に一層広がったことは、現代化への認識が一歩深まったことを示す。

● **中国現代化の発展**

　普遍的な考えでは、現代化の程度をはかる重要な指標には、都市化率・農業就業人口比率・第三次産業就業人口比率などがある。改革開放30年余りの発展により、これらの面には大きな進歩があったが、まだ現代化を実現したとはいえない。

　2009年の都市化率は46.59％で、1978年の17.9％より大幅に向上したが、すでに現代化されている西側諸国の75～80％に比べてまだ大きな差がある。2008年の農業就業人口は39.6％で、1978年より31ポイント減ったが、現代的農業就業人口比率（5％）と比べ、まだかなり大きな開きがある。2008年の第三次産業就業人口は33.2％に達し、1978年の12.2％の3倍近くになったが、西欧諸国の80％前後に比べて比率が低いことは明らかだ。

　以上のことから、まだ中国には社会主義現代化の実現という目標を掲げる必要があり、全国人民が奮闘努力し、現代化の目標に向かい引き続き邁進する必要があるといえる。

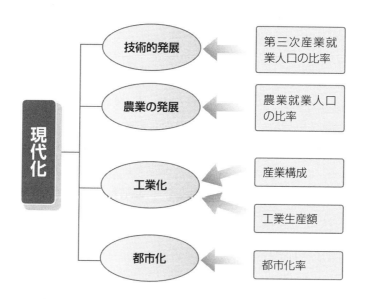

現段階における中国の主要指標と西側諸国との比較

都市化率		農業就業人口比率		第三次産業就業人口比率	
中国	西側諸国	中国	西側諸国	中国	西側諸国
46.59%	75%	39.60%	5%	33.20%	80%

7.1　農業の発展

　改革開放以来、中国政府は農業を特に重視してきた。また、改革の第1歩である農業責任生産制は農業部門から始まった。農業の改革は中国の改革開放の起点といってよい。

●中国農業の現状

　農業は国の基幹産業であり、民衆生活の基本的な需要に密着している。それゆえ、農業の発展をこそ常に経済発展のキーと考えるべきなのである。改革開放以来、歴代の指導者は農業を極めて重視してきた。政府の支持の下、多くの農民たちの努力により中国農業は急速に発展し、農業の産業化水準もかなり向上した。中国国内農業総生産額は、1978年にはわずか1027億5000万元だったが、2008年には3兆4000億元と、30倍近くに達した。1人当たりの生産量もかなり増加し、それに伴い農民の生活水準も大きく様変わりした。1978年、農村住民の1戸当たり平均純収入はわずか133.6元であったが、2008年には4760.6元と、30倍以上になった。

●新農村建設

　農業が急速に発展したとはいえ、農業の産業化の遅れ、農村住民の生活水準の低さ、インフラの不足など、いくつもの問題も残された。そこで、農民の生活水準と農業の質をさらに向上させるため、2005年10月の第16期5中全会では『第11次五か年計画綱要の提案』により新農村建設を確実に推進することが決定され、中国の農業は新たな時代に踏み込んだ。

　会議では新農村建設の要点を、「生産が発展し、生活が豊かで、気風が改善され、美化され、民主的に管理された」社会主義新農村の建設であるとし、特に、生産の発展がその中心であり、生活を豊かにすることがその目標だとした。これにより、中央は数回にわたり新農村建設専用資金を交付し、2006年だけでも397億元もの交付を行った。ここには、新農村建設を支えようという政府の決意が垣間見える。同時に、2006年には全国的に農業税が免除となり、農民の生産意欲を一層かき立て、新農村建設推進が力強く推進された。

1978〜2008年、中国農業発展を示す2つの指標

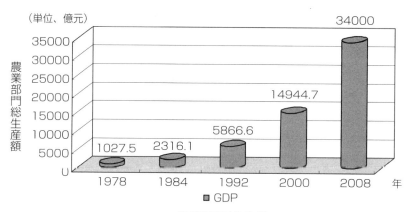

農業部門総生産額

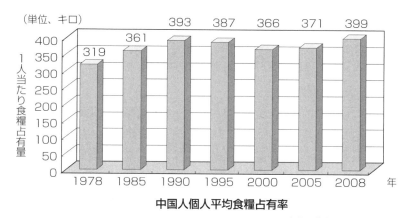

中国人個人平均食糧占有率

出典 『中国統計年鑑』

7.2　工業の発展

　工業は国の経済発展の支柱であり、生産手段を生産しうる唯一の産業でもある。国民経済現代化の速度・規模・水準を決定し、世界各国の国民経済に主導的な役割を果たしている。工業は、工業自身とほかの各産業に原材料・燃料・エネルギーを提供、民衆には生活物資としての工業製品を提供し、国の経済的自立、政治的独立、国防の現代化を根本から保証する。それゆえ、新中国の歴代指導者は工業の発展を特に重視してきたのである。

●中国工業の現状

　新中国における工業の発展は、新中国成立初期の、手工業および資本主義的商工業の改造を起点とする。計画経済体制が持つ資源集中機能を利用し、国の力を借りることで短期間のうちに独立した工業体系が立ち上がり、国民経済の基本的需要を満たした。改革開放以降においては、工業発展の制度的基礎が計画体制から市場体制に変わり、経済効率も次第に向上、工業は高度成長期に入った。1978年に1607億元だった工業総生産額は、2008年には12兆9100億元と、30年の内に80倍近くに伸びた。同時に、工業部門の収入も大きく増加した。従事者の平均給与の面では、2008年に、製造業従事者の平均給与2万4192元、建築業従事者の平均給与2万1527元と、それぞれ1978年の40倍と30倍になった。このように、工業の経済的発展に伴い、従事者の生活水準も大きく向上した。

●工業発展における問題

　工業発展には依然として、膨大なエネルギー消費、深刻な環境汚染、技術革新の不足など少なからぬ問題がある。そこで16全大会が提起したのは、新型工業化の道、工業とほかの産業の協調的発展、情報化による工業発展の推進の堅持であった。すなわち、従来の意味での工業化という発展段階を乗り越える努力をし、先進国が達している産業発展段階と水準に、一足飛びに到達するという画期的な発展である。こうして工業の持続可能な発展を実現し、エネルギー消費と汚染を減らし、工業の質を保証し、工業発展の構造を最適化し、さらに国全体の工業の水準を向上させる。

中国工業化の発展における問題点と対策

 問題点

膨大なエネルギー消費

深刻な環境汚染

技術革新の不足

 解決

- ☑ 工業の持続的な発展を実現
- ☑ エネルギー消費と汚染を抑制
- ☑ 工業発展の質を保証する
- ☑ 工業の発展構造を最適化する

 新型工業化への道

7.3 サービス業の発展

　厳密には、中国の第三次産業にはサービス業と流通業がある。しかし、流通業にはサービス業と同様に生産物を貯蔵できないという特徴があることから、習慣上サービス業に含めることがあり、ここではサービス業と習慣上の意味での第三次産業を等しいものと考える。

●**サービス業の地位**

　サービス業とは、商品生産や商品交換の発展に伴い商業が発展した結果生まれ、農業や工業から独立した業種である。サービス業が生産するのはモノではなく、流通あるいは生活のため提供されるサービスである。一般に、サービス業の発展レベルはその国の経済と社会の先進性の表れだとされ、GDP 中にサービス業の占める割合が高ければ高いほどその国の経済発展度は高く、経済システムもより成熟しているとされる。例えば、アメリカなどの先進国では GDP 中にサービス業の占める割合が 80％以上となっている。

●**中国のサービス業の現状**

　改革開放以降、政府はサービス業発展を重視し始めた。特に、都市化の進展が速まると、客観的にもサービス業発展の加速により生産と生活の需要を満たすことが求められた。この 30 年間、中国のサービス業の発展は急速であった。1978 年には GDP 中に第三次産業の占める割合が約 23.9％であったが、2008 年には 40.1％に増加した。欧米先進国の水準とはまだ大きな距離があるが、発展は速く、潜在力は大きい。また、中国における第三次産業の対 GDP 貢献度から見ると、1990 年時点でわずか 17.3％だった第三次産業の対 GDP 貢献度が、2008 年までの 20 年足らずで 42.9％に伸びている。すなわち、中国の GDP の 40％以上がサービス業の貢献によるということで、大きな成果であることは疑いない。成長率の面では、2008 年に中国 GDP が 9％成長したうちの 3.8％は、サービス業の成長が牽引したものであった。以上の数値からわかるように、サービス業は次第に中国の経済成長を牽引する重要業種になり、サービス業の国民経済における地位も日に日に高まっている[注1]。これらは、中国の経済発展が成熟に向かっていることを意味している。

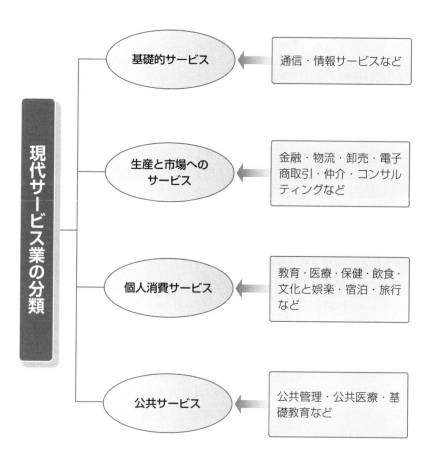

現在中国では、GDP中にサービス業の占める割合が50%に満たないが、欧米先進国では80%以上である。中国の現代サービス業発展の道のりはまだ遠い[注1]。

7.4　ハイテク産業の発展

　ハイテク産業とは、ハイテクの利用を基礎および拠り所として、一種あるいは多種にわたるハイテク、またそれが生み出す製品の研究・開発・生産・技術サービスに従事する産業である。

●ハイテク産業における経済効果と社会収益の大きさ

　ハイテク産業における基幹技術の開発は大変難しいが、一旦開発に成功すれば、一般的な経済効果や社会的効用をはるかに超えるものとなる。そこで、中国を含む多くの国、特にヨーロッパ先進国においてハイテク産業の発展に注目が集まった。

　現在ハイテク産業には、IT・バイオ・新素材という3つの主要領域がある。そこから生まれる製品には技術革新度の高い先端技術が多いため、ハイテク産業の発展は、国民経済の発展や民衆の生活水準向上ばかりでなく、国防や先端技術研究開発などの領域でも大きな意義をもつことになる。

●中国ハイテク産業の現状〔2010年頃まで〕

　1998年8月、中国国家ハイテク技術産業発展計画——たいまつ計画が始まった。中でも、ハイテクパークとハイテクサポートセンターの創立は重要視された。1991年以来、国務院は50か所以上のハイテクパークを次々と認可した。知力の結集と開放された環境に依拠し、中国国内の先進科学技術とともに外国の技術をも導入することで、科学技術の成果を最大限生産力に変えた。国のハイテクパーク建設は、中国ハイテク産業発展の最も際立った特徴であり、国全体のハイテク産業を推進する役割を果たした。

　2008年、中国のハイテクパークとハイテク企業総数は5万2632社で、2007年に比べて8.58％増加した。ハイテクパークの総生産額は5兆2700億元で、2007年に比べて18.72％増加し、ハイテク製品の輸出総額は2015億ドルと、2007年に比べ16.61％伸びた。1995年の中国ハイテク製品の輸出額は輸出総額のうち4％にも満たなかったが、2008年にはこの割合が29.09％に達した。

　だが、先進国に比するならば、当時の中国のハイテク産業は端緒についたばかりで、まだまだ道は遠かった[注2]。

中国ハイテク産業の発展

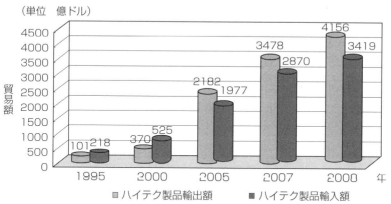

中国ハイテク製品対外貿易額

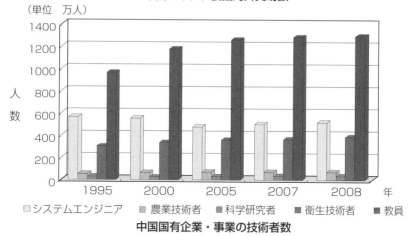

中国国有企業・事業の技術者数

中国国有企業・事業の技術者類型と人数

人数（万人）	1995年	2000年	2005年	2007年	2008年
システムエンジニア	562.585	555.1098	479.1227	501.7747	517.6798
農業技術者	53.5731	67.0105	70.572	70.1481	71.5774
科学研究者	30.2879	27.4506	31.1166	34.9208	36.8655
衛生技術者	303.5335	337.1966	358.1181	364.0554	388.8273
教員	963.4039	1178.313	1258.939	1283.612	1294.938

出典　国家統計局

7.5 新興産業の発展

　新興産業とは、主に電子・情報・バイオ・新素材・新エネルギー・海洋・空間などの新技術の発展により生まれ、発達し始めた一連の産業である。

●新興産業≠ハイテク産業

　新興産業＝ハイテク産業ではない。新しい技術で水準も高いことがハイテク産業の特徴であるが、新興産業はそれ自体が、科学技術水準の先進化に伴い従来型の産業とは別個に誕生したのである。新興産業は、実際の供給を増やすだけでなく、世に高まる物質文化的ニーズや社会全体の生産効率向上ニーズ、総合国力の増強ニーズをも満たすので、政府はその発展を相当重視している。

●中国新興産業の現状

　中国では、欧米先進国に比べて新興産業の勃興が遅かった。それは主に、中国が3回の技術革命の成果をさまざまな原因から享受できなかったためである。しかし、党と政府は新興産業育成における後発者利益とチャレンジ精神を極めて重視し、新興産業の飛躍的発展を求めた。

　20年余りの発展を経て、中国の新興産業には数部門で比較的良好な基礎が築かれた。例えば環境保護、省エネルギー、資源利用などの領域で、いくつかの技術はすでに世界のトップレベルに近いか、それに達している。風力発電・太陽エネルギー利用・新エネルギー自動車などの領域でも、喜ばしい成果がある。2009年現在、中国の省エネ・環境保護産業の総生産額は1兆7000億元、従業員数2700万人以上、イノベーション能力も向上し、技術水準の向上が続く。しかし、中国の新興産業はまだ発展にかけた期間が短く、多くの領域ではまだ遅れている。イノベーションや設備の遅れといった難関が依然、産業の発展を妨げている。

　そこで、2010年に北京で開かれた「中国グリーン工業フォーラム」では、戦略的新興産業が再び焦点となり、関連指導者から、「党中央と国務院は戦略的新興産業育成発展のスピードアップを特に重視している」という指摘があった。政府はこれを機にその全体構想とプランの提案に力を入れる予定である。省エネや環境保護などはこの段階における新興産業発展の重点となるだろう。このことは新興産業の発展が中国の国民経済発展の日程に上ったことを示している。

```
                      ┌─ 効率の良い省エネ
        省エネと環境保護 ─┼─ 先進的環境保護
                      └─ リサイクル

                      ┌─ 次世代通信ネットワーク
        新興情報産業 ───┼─ IoT
                      └─ 衛星テレビネット、インターネット、電信ネットの融合

                      ┌─ バイオ医薬
        バイオ産業 ─────┼─ バイオ農業
                      └─ バイオ製造

                      ┌─ 原子力
七大新興産業 ─          ├─ 太陽エネルギー
        新エネルギー ───┤
                      ├─ 風力エネルギー
                      └─ バイオマス

        新エネルギー    ┌─ ハイブリッド車
        自動車 ────────┴─ 電気自動車

                      ┌─ 航空・宇宙
        ハイエンド     ┼─ 海洋プロジェクト設備
        製造業         └─ AI設備

        新素材 ──────── 特殊機能と高性能複合材料
```

8.1 東部開放戦略

東部沿海地域は中国改革開放の先行地帯である。

● 歩み

対外開放の起点としての東部沿海経済特区は、内部改革の起点である農村責任生産制の実施に連動し、ほぼ同時に設立された。

1979年7月15日、中共中央と国務院は広東省共産党委員会と福建省共産党委員会に対し、対外経済活動において特殊な政策と柔軟な措置を行うことを承認、深圳・珠海・汕頭・厦門を試験的な特区と定め、1980年5月16日には、正式に「経済特区」と名付けた。経済特区設立は東部開放戦略開始を示すとともに、対外開放戦略全体への号砲であった。

1984年、中国国内で特区の発展について議論が起こったとき、鄧小平は自ら特区を視察し、喜びをもってこう記した。「深圳の発展と経験は、我々の経済特区政策の正しさを証明している」「珠海経済特区は良い」。厦門では、また「経済特区をもっと良く、もっと速く建設すべきだ」と述べた。その年、国はさらに天津・大連など14の沿海港湾都市を開放し、続いて「長三角〔長江デルタ〕」「珠三角〔珠江デルタ〕」、福建省の「厦漳泉〔厦門・漳州・泉州の三都市〕」という3つの沿海経済開放区を拓いた。1988年に海南経済特区を加えた上、1990年4月には、上海浦東の開放・開発という重大な決断が下された。1992年、鄧小平は特区を再訪し、特区の成果とその社会主義的性格を評価し、特区経済の発展加速におけるバリアの除去をさらに推進した。2003年4月には、胡錦濤総書記が深圳を訪れ、深圳が「より速く、先頭に立って、協調しつつ発展し、全国の先頭を走り続ける」よう促した。同年10月、第16期3中全会は、改革開放における特区の窓口効果と試験田的役割には、なお牽引作用があることを指摘した。これは東部開放戦略が当時もなお、国の経済戦略上重要であることを示している。

● 意義

東部開放戦略の順調な進展は、鄧小平が提起した「一部の人を先に豊かにする」目標と、改革開放初期に提起された「2つの大局」[注1]構想を実現し、中西部の経済発展を支え、最終的にともに豊かになるための堅固な基礎となった。

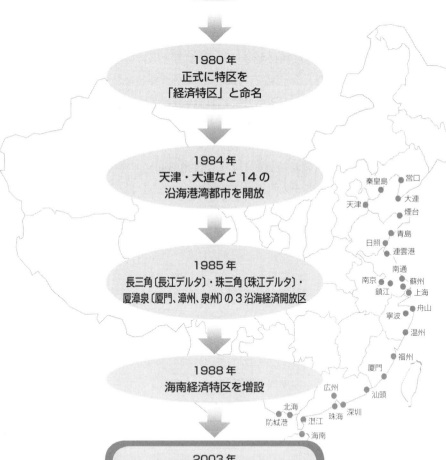

東部開放の歩み

1979年
深圳・珠海・汕頭・厦門で試験的に特区を実施

↓

1980年
正式に特区を「経済特区」と命名

↓

1984年
天津・大連など14の沿海港湾都市を開放

↓

1985年
長三角〔長江デルタ〕・珠三角〔珠江デルタ〕・厦漳泉〔厦門、漳州、泉州〕の3沿海経済開放区

↓

1988年
海南経済特区を増設

↓

2003年
第16期3中全会、改革開放における特区の窓口効果と試験田的役割には、なお牽引作用があると指摘

第8章 地域経済の成長

8.2 西部開発戦略

中国西部地域の相対的な遅れは中国の長い歴史の中で形成されたものであり、特に近代的商工業において、中部・東部地域に比べ遅れが目立っている。

● 背景

1949年の新中国成立時、国土面積の31％と23％を占める西北・西南地域の工業生産額は、全国のわずか2％と6％にすぎなかった。そこで、新中国成立以降、中央政府は「地域均衡発展戦略」を採り、重点的に中西部に投資した。20年余りを経て、西部の経済は順調に発展したが、依然として生産効率の低下など、さまざまな問題が残った。改革開放以降、東部地域が急速に発展すると、社会の各界、特に西部地域から、西部地域発展の加速を求める声が高まった。

● 戦略の決定プロセスと内容

これを背景に、1999年、中央は西部大開発戦略を打ち出した。2000年初め、国務院は当時の首相、朱鎔基を長とする西部地域開発領導小組を立ち上げ、『西部大開発実施に関する若干の政策措置の通知』により、西部大開発を正式に打ち出した。同年10月の第15期5中全会で採択された『中共中央の国民経済と社会発展第10次五か年計画制定に関する提案』は、「西部大開発戦略の実施、中西部地域の発展の加速は、経済の発展、民族の団結、社会の安定に関わり、地域の協調的発展と、最終的にともに豊かになることに関わる、戦略目標第3段階を実現する重大な措置」だと強調した。2006年12月8日、国務院常務会議は基本的に『西部大開発「11五」計画』を承認、西部大開発に一層明確で詳細な目標を提示、その後の西部大開発戦略の道筋を明らかにした。2010年4月7日、国務院常務会議は西部大開発戦略を深めるための重点任務と政策の実施を研究、以後10年が西部大開発全体の最重要期間だと強調した。同年7月5日には、発展改革委員会が2010年中に西部大開発で23の新重点プロジェクトを着工する計画を公表した。その投資総額は6822億元にのぼり、西部大開発にかける中央の決意と注力度を示している。

10年を経て、西部大開発戦略には大きな収穫があり、西部地域の各事業にも明瞭な進展があり、東部・中部と肩を並べるまでの発展を可能な限り速く実現する足がかりとなっている。

西部大開発の範囲と効果

西部大開発の範囲
陝西省・甘粛省・青海省・寧夏回族自治区・新疆ウイグル自治区・四川省・重慶市・雲南省・貴州省・チベット自治区・内モンゴル自治区・広西壮族自治区

中国西部の面積は685万平方キロで全国の71.4％。2002年末の人口は3億6700万人、全国の28.8％。

成果

- ☑ 農村の置かれている状況の普遍的な改善
- ☑ インフラ建設の改善
- ☑ 生態建設の明らかな効果
- ☑ 特色ある優良産業の成長
- ☑ 東部と西部の協力の深化

8.3 東北振興戦略

　新中国成立期、東北地域は重工業の集中地域として重要で、重工業の半分以上が東北に集中していたほどであった。

●東北振興の背景

　改革開放後、東北の旧工業基地は全国の改革速度に追いつけず、計画経済体制が残した病弊の累積から抜け出せなかった。そこで、東北の旧工業基地を、中国の経済成長における珠江デルタ・長江デルタ・環渤海経済区に次ぐ「第四極」にするため、中央は東北振興戦略の実施を決意した。

●戦略決定の過程

　2003年、温家宝首相主宰による、東北の旧工業地帯振興に関する国務院最高会議が長春市で開かれた。温首相は東北地域などの旧工業基地の調整・改造を加速するよう促した。同年10月、党中央と国務院は『東北地域など旧工業基地の振興戦略実施に関する若干の意見』を下達し、東北振興戦略を正式に打ち出した。2005年、中央は、農業を一層強化し、産業構造のアップグレードを進め、体制・メカニズムの刷新を速め、内外に向けた開放の拡大を続けるなど8項目の措置を再度提起し、東北振興戦略をさらに進めた。2006年2月28日、国務院東北振興弁公室と国家発展改革委員会は、東北地域振興計画の第1回実務者会議を開き、『東北地域振興計画実行方案』を承認、その後の手はずを整えた。国務院の、東北地域など旧工業基地振興領導小組は2007年6月12日に第4回全体会議を開き、『東北地域振興計画』を審議、同年8月2日に回答、東北振興戦略の実施は新段階に入った。2008年3月9日、温家宝首相は11期全人大第1回会議で吉林代表団の審議に参加、東北工業基地振興の実務をおろそかにすることはありえず、今後についても重要な手配を行うことを強調した。政府と民衆がともに努力した結果、東北工業基地振興戦略は順調に進行した。

●問題点

　しかし、依然として過度に国有経済の割合が多く、産業構造の合理化も不十分であるなどの問題をも顧慮しなくてはならないので、東北振興戦略は今後も長期にわたり推進するべきであるし、まだまだ多くの改善と発展が求められている。

東北振興戦略の区域

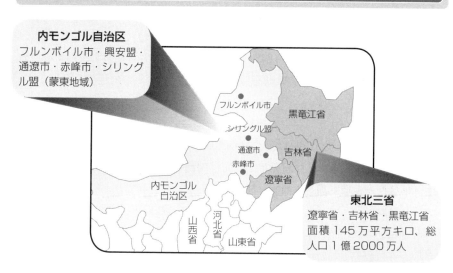

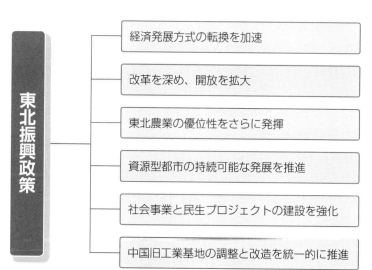

8.4 中部勃興戦略

　東部地域の全国に先駆けた発展に続き、西部大開発戦略が中国共産党中央によって提出されると、中部地域はほぼ「忘れられた地域」となってしまった。東部沿海地域に比べて中部地域経済が大幅に立ち後れている状態を改善するため、党中央は「中部勃興」の重大戦略を打ち出した。

●戦略の提起とその内容

　温家宝首相は2004年3月の政府活動報告において、初めて中部地域振興促進を明確に提起した。党中央政治局会議は2006年3月27日、中部地域振興促進を検討、中部勃興戦略を正式に日程に上げた。国務院常務会議は2009年9月23日、『中部地域振興促進計画』を討論、原則認可した。同会議では、同計画の2015年までの目標として、中部地域の経済発展水準の顕著な向上、発展の活力の一層の増強、持続可能な発展への大幅な実力向上、調和の取れた社会への新しい展開を挙げた。国務院発展改革委員会は2010年8月25日、『中部地区振興促進計画実施に関する意見』を発表、中部6省が同年末までに具体的行動プランを完成させ、重点分野・個別計画を編制するよう求めた。また同日、武漢都市圏・中原都市群・長株潭都市群・皖江都市ベルト・環鄱陽湖都市群・太原都市圏など6大都市群の建設計画を発表した。中部6省の1人当たり地域GDP 3万6000元、都市化率48％、都市住民の1人当たり可処分所得2万4000元、農村住民の1人当たり純収入8200元などと、中部勃興戦略の2015年までの目標が明確化され、中部勃興戦略は新たな局面を迎えた。

●戦略の成果と不全

　中部勃興戦略実施以後、中部6省（右ページ参照）すべてで地域GDPは毎年平均11％以上増加、都市住民の可処分所得増加率も9％以上となった。農民の1人当たり現金収入の年平均増加率はほぼ20％以上と、一層急速に増加した。ほかに、固定投資・地方財政収入・海外輸出の増加率などの項目も、どれも大きく向上した。

　しかし、いまだ不足な部分もあった。インフラ建設強化が遅れ、ハイテク人材を惹き付ける魅力が薄いため、中部では現代的設備製造業の専門的人材が不足していた。外向性経済発展も遅れ、産業構造にもアップグレードが待たれる。

中部勃興戦略の六大都市圏

（山西省）太原都市圏
1核・1圏・3群

（河南省）中原都市群
土地面積5.87万平方キロ、人口3872万、中国で人口と都市が最も密集した都市群。

（湖北省）武漢都市圏
湖北省総面積の33%。

（安徽省）皖江都市ベルト
面積7.6万平方キロ、人口3058万。

（湖南省）長株潭都市群
長沙・株洲・湘潭で構成、人口は湖南省の13.3%。

（江西省）環鄱陽湖都市群
全30県（市・区）

戦略の成果
＊経済全体と1人当たりGDPの急速な発展
＊固定資産投資・社会消費と貿易がともに経済成長を促す
＊さまざまな社会事業が急速に発展

8.5　県域経済の発展

　改革開放以後、中国には経済発展の進展を具体化させた県がいくつも現れた。これらの県は各地において、それぞれの自然環境により、さまざまな経済発展モデルを形成しており、その発展は、ほかの地域をリードする役割をもっている。

●県域経済

　県域経済という地域経済の特色は、地理上の県ランク行政区画が県ランク政府に指導され、市場を指針にし、資源の配置が整備されており、地域の特色を備え、各種機能を完備していることである。2002年11月、16全大会の報告では初めて、「農産物加工業を発展させ、県域経済を発展させよう」と提起された。このとき、党の文献に初めて「県域」「県域経済」という概念が書き込まれた。以後、「県域経済」は国の経済成長と経済体制改革に正式に組み込まれている。

●全国百強県

　中国の県域経済は数年間で急速に発展し、特徴も鮮明化した。2010年の全国百強県は18の省・自治区・直轄市に分布しており、その数は江蘇省28（最多）、浙江省25、山東省27、福建省7、河南省8、遼寧省7、河北省4、湖南省4、陝西省3、山西省1、江西省2、広東省2、内モンゴル自治区2、吉林省1、黒竜江省1、上海市1、四川省1、新疆ウイグル自治区1である。中でも、江蘇省江陰市・崑山市・張家港市・常熟市の4県級市は「地域経済強力県発展統括グループ」を形成、「全国百強県」のトップでもある。統計によれば、全国の県域経済百強県（市）の規模は平均して、人口83万4900人、地域GDP 407億1000万元、地方財政における一般予算収入22億9300万元、地区1人当たり地域GDP 5万4350元、都市住民1人当たり可処分所得約1万9750元、農民の1人当たり純収入約9240元で、それぞれ前年比プラス0.76％・14.15％・20.86％・13.31％・12.57％・10.99％である。中国の県域経済の発展は、すでに概ね形になった。

　近年中央が提起した新型県域経済の発展とは、県域経済発展を新農村建設と結び付けたものであり、必ずや県域経済の発展を一層推進するであろう。

2010年中国強県分布状況

百強県を最も多く擁する8つの省と市

2010年全国百強県

| 江蘇省 28 | 山東省 27 | 浙江省 25 | 河南省 8 | 福建省 7 | 遼寧省 7 | 河北省 4 | 湖南省 4 |

2010年中国十強県

1	江蘇省	江陰市
2	江蘇省	崑山市
3	江蘇省	張家港市
4	江蘇省	常熟市
5	江蘇省	呉江市
6	浙江省	慈渓市
7	江蘇省	太倉市
8	浙江省	紹興県
9	江蘇省	宜興市
10	福建省	晋江市

第8章 地域経済の成長

9.1 技術水準の低さ

　改革開放以降における中国経済の成果には疑いの余地もないが、一方、ほかの多くの国々、特に先進国の工業化初・中期の経験同様、中国でも経済発展に伴い、とりわけ経済体制がやや未熟な段階において、問題が浮彫になった。中でも、科学技術水準の低さとイノベーション力の弱さは大きな問題点である。

●イノベーションがますます重要に

　改革開放初期、中国は豊富で廉価な労働力に頼り、国際市場における輸出製品の競争力を上げることで、緊急に必要な外貨を得た。当時の国力を考えればそれ以外の選択はなかったが、改革開放が深まり、国際市場の情況も変わると、安い価格に頼る中国製品は国際市場での競争力を次第に失ってしまった。特に21世紀に入ると、一国の経済発展にイノベーション能力が果たす役割がさらに増大し、必然的に自主イノベーション力の向上と全国民のイノベーション意識向上が強く求められるようになった。これなしには、経済発展の持続性も、国際競争での常勝も手に入らないであろう。

●相対的に低い中国の技術水準

　技術水準の低さという事実は、簡単なデータからもわかる。2008年、中国のハイテク製品輸出額は4156億ドル、輸出総額の約29％であった。この割合は2004年の27.87％よりはやや上がっているものの、欧米先進国さらには新興工業国（韓国・シンガポールなど）、あるいはインドなどの発展途上国と比べても、依然大きく水をあけられている。ほかに、科学技術に投入する研究開発費や獲得した特許数、科学研究関連人材などでも、先進国に大きな遅れを取っている。技術水準の相対的な遅れ、イノベーション力の不足、科学技術の独創的研究成果の不足は、経済のさらなる高度成長の阻害要因になっている。

●いかに改善するか

　このため、中央は科学技術水準の向上を強く重視している。2004年、党中央と国務院が発表した『イノベーションを強化し、ハイテクを発展させ、産業化を実現することに関する決定』は、中央が税の減免や特別資金の割り当てなど、各方面で科学技術研究開発とイノベーター養成への支持を強め、できる限り速く技術水準の相対的な遅れを克服すべきことを明確に指摘した。

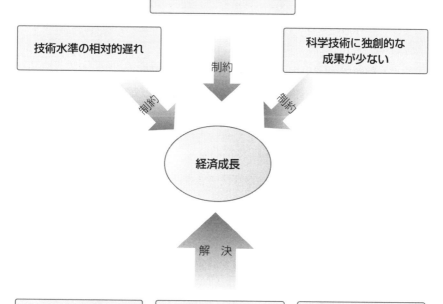

9.2 「三農」問題

　「三農」問題とは、「農業・農村・農民」という3つの問題である。このうち、農業問題とは主に農業の産業化という問題、農村問題とはおおまかにいって戸籍制度改革問題で、本質的には都市と農村という二元経済の矛盾を指す。農民問題は主として、文化の普及と農民の負担軽減の2つである。「三農」問題は、従事する産業、居住地域、身分が三位一体となった問題であり、総合的に解決することが不可欠である。

● 「三農」問題解決は中国の現代化建設上の重要な任務

　改革開放以後、農業生産責任制により、比較的短い時間で「食」の問題が解決できたが、改革の深化とともに、農村と農業にはほかにも多くの問題があることがわかり、それが「三農」問題として集約された。中国の農村は広く、人口が多い上、農業は国民経済の基礎産業である。ゆえにある意味では、中国の社会主義現代化建設の成否は「三農」問題が解決できるかにかかっているともいえ、その解決は中国現代化建設の重要な任務である。

　党中央は三農問題を特に重視し、2008年10月12日、第17期3中全会で『党中央の農村改革発展推進の若干の重要問題に関する決定』を採択し、農村改革発展基本目標を提起した。これは「三農」問題がすでに中国改革の焦点になったということである。

● 「三農」問題解決の重点

　「三農」問題の重点は5つある。第1は食糧など主な農産物の供給の確実な保障。第2は農民の増収の持続的な促進。第3は農村のインフラ建設強化。第4は都市化と新農村建設の協調推進。第5に農村改革の深化の継続である。したがって、「三農」問題を解決するには、それに応じた以下の5点を確実に行う必要があった。第1は発展観念の転換、第2に農業の産業構造調整、第3に労働者派遣業の大幅な発展、第4に都市と農村の協調的発展関係の適正な整理、第5に科学教育農業振興戦略の加速である。

　「三農」問題は一朝一夕に解決できるものではない。政府と国民がともに重視し、努力することを必要とする、長期にわたる困難な任務である。

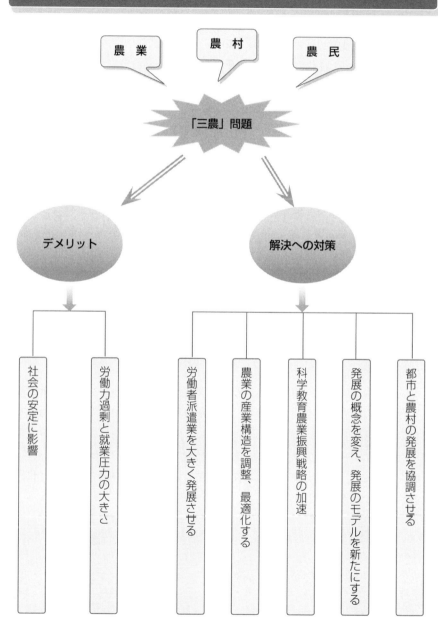

9.3　人民元為替レートの問題

　一国の通貨の為替レートのもつ意義とは決して、どれだけの外貨と替えられるか、どれだけの外国商品を買えるかということに止まらない。経済がグローバル化する今日、それは輸出商品の国際競争力や、国の金融管理能力に強く影響する。

● 2005年の為替制度改革後、元高に

　改革開放、特に1994年の為替制度改革以後、中国はかなり長期にわたり人民元為替レートを一定にしていた。だが、2005年7月21日、中国人民銀行は国務院の認可を経て、社会主義市場経済体制を確立・整備し、資源配置において市場の基礎的な役割を十分発揮させ、市場の需給を基礎とする管理変動相場制を確立・整備するため、市場の需給を基礎とし、通貨バスケットを参考にして調節する管理変動相場制の実行を宣言した。この為替改革の目標は、それまでのドルペッグ制を改め、より柔軟な為替体制を構築することだった。2005年の為替制度改革から2008年7月までの3年間、人民元は米ドルに対して急速に値上がりし、2008年7月人民元の対米ドル公定レートは1ドル6.84元となり、累計で17.36％上昇した。その後、人民元は米ドルに対し相対的な安定を維持し、基本的に6.83〜6.84元程度を維持した。実勢レート（通貨の購買力を考慮したレート）は2005年以来大きく上がった。

●元高の結果

　元高の原因は中国国内市場にもあるが、アメリカをはじめとする欧米先進国による絶えざる圧力による面が大きい。元高が急激すぎれば中国の輸出に極めて不利なことはまぎれもない事実であるとともに、元高への予期は、国外から中国への「ホットマネー」流入を招き、金融管理の難度を引き上げ、国内のインフレをも招くであろう。以上のように、人民元為替レート問題は経済発展過程において極めて重視すべき問題なのである。

元高への歩み

1994年

為替制度改革

人民元為替レートは基本的に安定を保持

2005年

為替制度改革
管理変動相場制を実行

元高が始まる

アメリカを主とする西側先進国の圧力

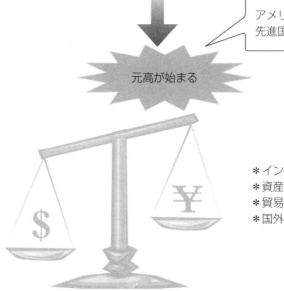

＊インフレ
＊資産価格の値上がり
＊貿易黒字の減少
＊国外のホットマネー流入

9.4 不動産価格高騰の試練

　衣食住と移動は人の生活の必須条件だが、近年中国経済発展において深刻な問題になっているのは、住居の問題である。

●**不動産価格の全面的かつあからさまな上昇**

　2003年末、中国の不動産価格は全面的かつ顕著に上昇を始め、不動産市場に再回復の兆しが見えた。2007年、月別不動産価格上昇率はピークに達し、平均毎月10％上昇、不動産価格全体の急速な上昇傾向が見られるようになった。2008年から2009年の値上がり幅は過去10年の最高だったが、高騰は2010年も継続、全国70の大中都市で、1月には前年同月比9.5％、7月には10.3％も上昇した。かくて不動産価格の急騰は、中国マクロ経済に関わる大問題となった。

●**不動産価格上昇が中国経済に与える悪影響**

　不動産価格高騰により、ますます国民の住宅需要は満たされにくくなるが、不動産価格はマクロ経済の連動システムを通じ、国民経済のほかの面にも悪影響をもたらす。例えば、不動産価格高騰によりバブル経済が起こると、人々は物価上昇への勝手な予期を抱くが、その予期は自ずと実現してインフレを起こす。これはすでに事実となった問題で、2010年7月、中国の消費者物価指数は3.3％上昇し、2010年最高の上げ幅を記録した。また、不動産価格高騰による投機的需要が増加して、一層不動産価格をつり上げるという悪循環も生じた。総じて、不動産価格高騰は中国のマクロ経済のさまざまな側面にかなり大きな問題をもたらした。

　政府は不動産価格高騰問題をきわめて重視し、多くの政策や規定を打ち出した。例えば、不動産の又貸し・三次貸しの制限、購入時の頭金比率の引き上げ、土地供給と購買への管理と制限などだが、それでも不動産価格は依然高止まりしている。ある専門家の分析では、中国の住宅価格は「ヒートダウンしない」状態、すなわち「企業の過剰融資借り入れ→その金で土地を高く買う→地価が住宅価格を押し上げる」という連鎖に陥り、中国の銀行は大量の資金を不動産かそれに直接関わる形で持っている。銀行は不動産向け貸付けへの引締めを強化してはいるが、一旦不動産価格が下落すれば、銀行には巨額の不良債権がのしかかるのであり、銀行もやはり住宅価格の「人質」なのである。

不動産価格高騰の原因と結果

不動産価値が上がり、投機的需要を誘う

都市化による需要の上昇

過度な融資の拡張

不動産価格高騰

土地の不足

収入の増加

第9章 苦境に陥った経済成長

投機的需要の増加

経済発展の不均衡

インフレ期待の発生

9.5 低炭素経済の試練

　世界経済の発展には常に、資源の浪費や環境汚染、生態系の破壊が伴ってきた。それは、工業革命以来の科学技術の多くが、高汚染と高エネルギー消費を免れないものだったからである。中国でも改革開放以来の急速な経済発展の中で環境汚染問題が目立ち始め、かつ、ますます激しくなっている。環境汚染と経済の二律背反関係は、具体的には二酸化炭素放出量に表れていることから、「低炭素経済」という言葉が注目を集めた。

● **低炭素経済の内容と意義**

　いわゆる低炭素経済とは、持続可能な発展という理念の下に、技術刷新、制度改革、産業転換、新エネルギー開発など多くの手段で、できる限り石炭や石油など高炭素エネルギー消費を抑制、温室効果ガスを削減、経済や社会を発展させつつ生態環境をも保護するという、一挙両得の経済発展方式である。低炭素経済を発展させるには、一方では積極的に環境保護への責任を担い、国のエネルギー消費削減指標をクリアし、また一方では経済構造を見直してエネルギー効率を高め、新興工業を発展させ、エコ文明を築く必要がある。これはかつての、汚染が起こってから対策を講じ、ローエンドを先にしてハイエンドを後にし、粗放を先にして集約を後にする発展モデルを捨て去る、現実的かつ必然的な選択である。

● **中国が建設する低炭素経済とは**

　近年、政府は低炭素経済構築を特に重視している。2009年温家宝首相は、コペンハーゲンの国連気候変動枠組み条約会議で、排出量削減目標を実現、さらには上回る努力を約束した。2010年8月10日、国家発展改革委員会は、広東・遼寧・湖北・陝西・雲南の5省と天津・重慶・深圳・厦門・杭州・南昌・貴陽・保定の8市において、低炭素産業の発展、低炭素都市の建設、低炭素生活の奨励の3つを試行すると決めた。このように、中国は低炭素経済の試練に立ち向かい、低炭素経済の要請に応える努力をしている。

　低炭素経済は高度経済成長の必要条件で、経済の持続可能な発展と、子孫の生活の恒久的な安定を保証する重要なニーズであり、中国の質の高い経済成長を実現するため必ず通らなければならない路なのである。

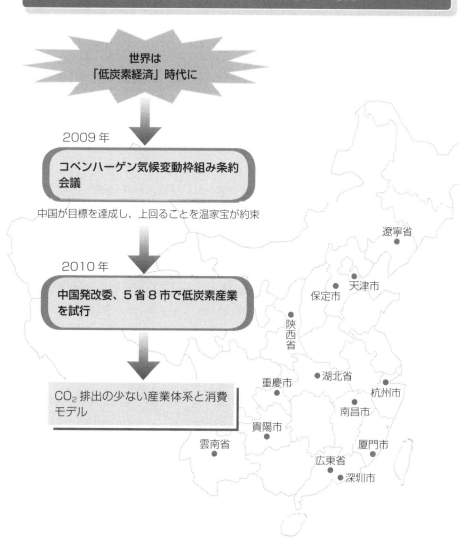

第2編　訳注

第6章
注1　文革後期、都市の学生たちを農村や山村に送って労働させた運動。
注2　中国国家統計局は、2017年末に中国の都市化率は58.52%に達したと発表した。

第7章
注1　中国国家統計局は2018年4月、中国の第三次産業のGDPは42兆7032億元に達し、全体の51.6%に占めるに至ったと発表した。
注2　中国のハイテク産業は2010年代に急成長を遂げた。2018年には世界をリードする地位にまで上りつめたとする観測もあり、アメリカとの貿易摩擦の一因となっている。

第8章
注1　先に条件の整った沿海部を発展させ、その後、そこで貯えた資金・技術・人材などを内陸部に振り分け、発展を促す二段階戦略を指す。

第 3 編
財政と課税編

- 第 10 章　財政制度
- 第 11 章　財政収支
- 第 12 章　財政政策
- 第 13 章　租税制度
- 第 14 章　注目すべき税目

10.1　財政制度変遷の歩み

中国財政制度の変遷は、大きく3段階に分けられる。

● 1950～1979年　「中央による統一的指導と地方による分級管理」の財政制度

この段階の中国財政制度には数度の改革があった。1950年には、極度に集中した「統収統支」注1の財政管理制度を施行し、1951～1957年は中央と地方が「収支分割、級別管理」注2する財政管理体制を行った。1958年には「収入によって支出を定め、5年間変更しない」財政管理体制、1959～1970年は「総額を分け、1年ごとに変更」する財政管理体制、1971～1973年は地方の「収支請負」財政管理体制、1974～1975年は地方が「収入を一定の比率で留保、超過支出は別途配分比率を定め、指標に順って支出を請負う」財政管理体制、1976～1979年は「収支をリンクさせ、総額を分ける」財政管理体制を行うとともに、「収支をリンクさせ、増収分を分ける」方式を試行した。

● 1980～1993年　「級別請負」の財政制度

1980年から、中国では一連の財政制度改革が進められた。まず1980～1984年は「収支分割、級別請負」の財政管理体制であり、1985～1988年は「税目分割、収支査定、級別請負」の財政管理体制を行い、1988～1993年に財政請負体制が確立した。

この段階の財政体制改革においては、中央から地方への権限と収益の譲渡とともに、財政体制にも調整、移譲が行われ、「大一統」と呼ばれる極端な中央集権的構造が打ち破られ、地方の資源配置の権限が拡大された。

● 1994年以降の「分税制」

1994年、中国は分税制への改革を進めた。財力と支出責任の一体化を原則に、税目を統一的に区分し、中央税、地方税、中央と地方の共有税に分け、中央と地方が税を分ける枠組みをほぼ確定した。これ以降、国は従来の税制を逐次調整した。例えば、証券取引印紙税における中央と地方の税収分配比率、および金融保険営業税の税収入区分の調整、所得税収入分割の改革、輸出税還付メカニズムの改革、内外資企業における所得税比率の統一などである。

中国財政制度変遷の歩み

中央による統一的指導と地方による分級管理の段階

1950年	集中的「統収統支」
1951～1957年	「収支分割、級別管理」
1958年	収入によって支出を定め、比率は5年間不変
1959～1970年	総額を分け、1年ごとに比率を変更
1971～1973年	収支請負制
1974～1975年	収入を一定の比率で留保、超過収入は別に分配比率を定め、指標に順って地方が支出を請負う
1976～1979年	支出と収入を一定に、収支をリンクさせ、総額を分ける。1年に一度比率を変更。一部の省や市では「収支をリンクさせ、増収分を分割」する試み

財政請負制段階

1980～1985年	収支を分割、級別請負
1985～1988年	税目を分割、収支を査定、級別請負
1988～1993年	財政請負制

分税制段階

1994～現在〔2011年〕	中央と地方の職権に基づき相応の財政支出範囲を確定し、税目によって中央と地方の収入を分割。中央財政から地方財政への税還付制度を実行、中央の補助、地方の上納、および関連する決算事項を制度化。

第10章　財政制度

10.2　財政部門の体系

●財政部
　財政部は国務院の構成部門。財政収支、財政・税務政策、国有資本金基礎業務を主管する国のマクロコントロール部門であり、地方財政部門の業務を指導する立場であり、具体的には、予算・決算の編制と執行、財政・税務政策のコーディネート、財政・税務法規・政策の執行状況に対する監督などを主として行う。

●省ランク財政部門
　中国の省以下の地方には、各ランクごとに財政機関が設立されている。それらは地方政府中の一組織で、所属する地方政府の指導を受け、地域の財政業務を主管、具体的には当該地方政府予算の編制と執行を担う。各ランクにおける地方財政機関の設置・人員編制・職能配置については、各機関の編制管理部門が当該ランクの政府に報告、同意を得て確定させる。

●財政監管弁事処
　財政管理強化のため、中国財政部は1994年、各省・自治区・直轄市（チベット自治区を除く）および大連・青島・寧波・厦門・深圳の5都市に35か所の財政監察要員弁事処を設立、中央の財政監督機能を代行させた。

●国家会計学院
　経済管理の専門的人材の養成を強化するため、財政部が国務院と中央機構編制委員会弁公室の認可を得て、北京・上海・厦門の3か所に設立した国家会計学院。主要な職責は、国のため経済を管理する専門的人材、特に財務・会計・監査における専門的人材の養成である。

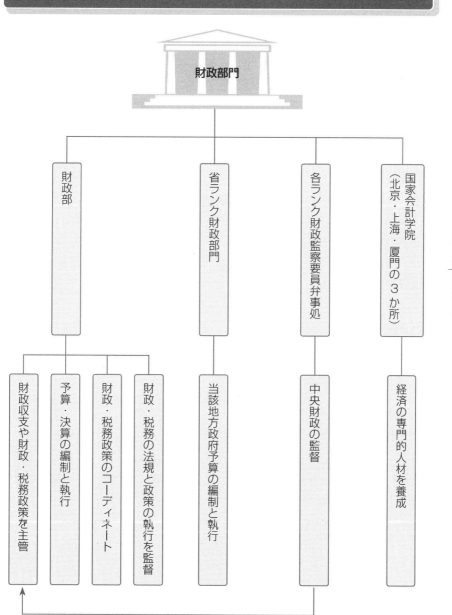

10.3　財政政策目標

　財政政策目標は、社会・政治・経済・文化などの環境と条件に制約を受けつつ、民衆の期待と政府の行動によって決定される。中国の財政政策の主要目標は、経済成長、物価の安定、就業促進、公平な分配の4つである。

●経済成長

　中国財政政策目標の1つは、経済の周期的変動の抑制と有効な資源配置を基礎に、経済の適度な成長を促進することである。適度な成長とは国力に合っているということで、財力や物量から判断して可能な成長速度を決定することである。

●物価の安定

　中国財政政策のもう1つの目標は物価の安定である。インフレは経済システムの不安定さの表れであり、社会における富の再分配を偏らせ、資源配置の不均衡を招き、商品生産、サービスの創出に大きな悪影響を及ぼす恐れがある。2010年は、消費者物価指数上昇率を3％前後に抑制することが目標とした。

●就業促進

　失業率のコントロールも、主要目標の1つである。2010年には、新たに900万人を就業させて失業率を4.6％以内に収める目標を立てた。政府はそのためにさまざまな財政的関与を行った。すなわち、財政・税務優遇政策により自主的創業を促し、リストラで失業した人々に再就職訓練を施し、政府の投資で公的ポストを提供し、労働集約的な中小企業の発展をサポートするなどであった。

●公平な分配

　財政政策を通じて公平な分配を実現するため、中国では以下のような措置を採った。税による調節の強化。独占的企業の給与の監督管理。公務員の給与秩序の規範化。農村への財政的投入の増加。農村の経済的社会的発展を促進。社会保障制度の整備。労働者の報酬の引き上げ。

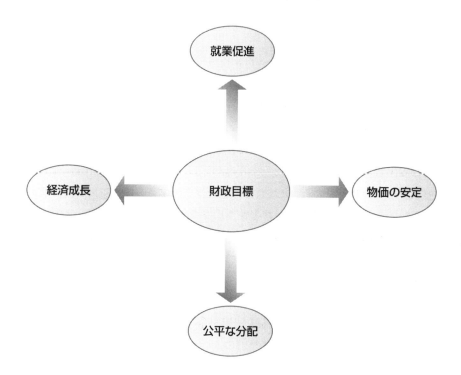

第10章 財政制度

10.4 財政政策の手法

　中国の財政政策の手法は、財政収入（主として税）・財政支出・国債・政府投資を主としている。

●**財政収入（主として税）**

　税は国家が政治権力により社会の生産物分配に介入する重要な方式で、無償性・強制性・固定性・権威性などの特徴がある。中国では、税率の調整や税目の増減によって産業構成を調節、資源の配置を改善し、累進的個人所得税や財産税などの実施により個人の収入と富をコントロールし、公平な分配を実現する。2010年上半期の課税総額は3兆8000億元に達し、前年同期に比べ30.8％増加した。

●**財政支出**

　財政支出は公共の需要を満たすために政府が支出する一般性支出（経常項目支出ともいう）で、購買性支出と移転性支出を含む。2010年上半期、全国の財政支出は3兆3000億元で、前年同期と比べ4908億8000万元、17％増加した。

●**国債**

　国債は、国が信用保証の原則によって財政資金を調達する方法で、同時にマクロコントロールと財政政策をも実現する重要な手段である。

　中国は、2009年に1兆6400億元の国債を発行し、償還期にあるものを除くと、国債の純増は6346億元、前年の純増分の5.12倍となった。

●**政府投資**

　政府投資とは財政の資本項目における建設関係の支出で、結果として各種の固定資産を生み出す。2009年、中国は経済発展を刺激するために積極的な財政政策を採り、4兆元の資金を基礎的産業、公共設備、ハイテク主導産業に重点投資して国内の需要を喚起し、経済の持続的成長を押し進めた。

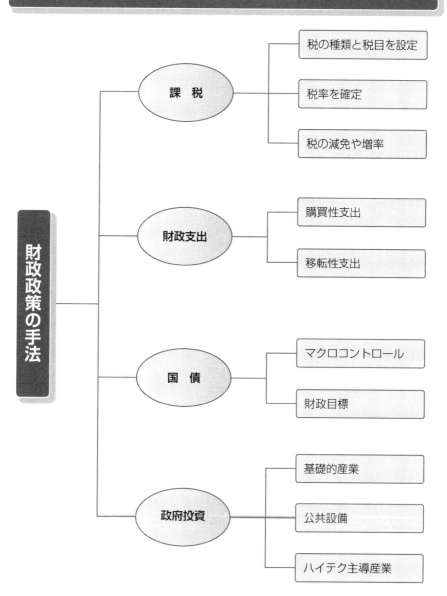

10.5　中央と地方の財政関係

●中央財政収入と地方財政収入

　中国の分税制では、財政を中央財政と地方財政とに分ける。中央帰属の収入は以下のとおりである。関税、税関が代行徴収する消費税と付加価値税、消費税、中央企業所得税、地方銀行・外資系銀行・ノンバンクの所得税、鉄道・銀行本店・保険会社本社などが集中納付する営業税・所得税・利潤・都市維持建設税、付加価値税の75％、海洋石油資源税と証券（印紙）税の50％。

　地方財政帰属の収入は以下のとおりである。営業税、地方企業所得税、個人所得税、城鎮土地使用税、固定資産投資方向調節税、都市維護建設税、不動産税、車輛船舶使用税、印紙税、屠殺税、農牧業税、農業特産税、耕地占用税、不動産取得時の契約税、付加価値税の25％、証券取引税（印紙税）の50％、海洋石油資源税を除く資源税。

●中央財政支出と地方財政支出

　財政支出は、中央と地方の職権、また政府間の職権に応じて分類する。中央の支出は以下のとおりである。国防支出、武装警察部隊支出、中央級行政管理費と各項事業費、重点建設支出、国民経済構造の調整と地域発展の調節およびマクロコントロール実施に関わる中央政府の支出。

　地方財政支出は以下のとおりである。地方行政管理と各項事業費、地方が計画するインフラ建設と技術革新の支出、農村生産支援支出、都市の保守建設経費、価格補助支出など。

●中央から地方への財政移転

　中国の財政移転支出は、税の返還、一般的移転支出、使途特定移転支出の3つを含む。

1. 税の返還は、中国の財政移転支出の主要方式で、地方にとって重要な財政収入源である。〔分税制実施前の〕地方の既得権を擁護する財政支出基数をベースに分配された。
2. 一般的移転支出は、地域格差縮小の重要手段で、財政移転支出の主要部分。
3. 特定目的移転支出は、中央財政から特定のマクロ政策や事業発展戦略目標実現のため設けられた補助資金で、民生に関わる公共サービス領域に重点給付される。地方は規定の用途どおりに資金を使わなければならない。

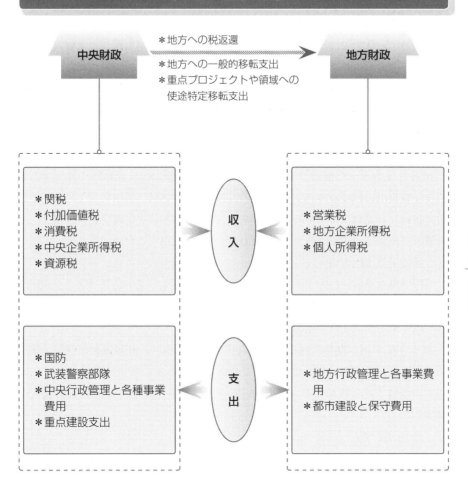

11.1　中国財政収支改革の歩み

●計画経済時代の財政収支制度

　計画経済時代の中国は、集中的「統収統支」の財政体制を採り、全収入が地方政府から中央へ上納され、全支出が計画的に中央から地方へ交付された。地方は財政収入に責任を負ったが、財政支出の裁量権は小さく、財政支出権は完全に中央に掌握されていた。支出規模の多寡と支出項目も中央が定めていた。

●改革開放以後

１．複式予算支出改革

　1992年に始まった複式予算改革は、複式予算の支出を、経常性予算支出と建設性予算支出に分ける方式である。前者は、政府の活動、国の安全保障と社会秩序の維持、各プロジェクトの遂行、また、国民生活と社会保障などに国が支出する資金。後者は、国が予算から各経済発展活動に支出する資金である。

２．部門予算支出改革

　部門予算改革は、1999年に河北省で試行された後、全国へと広がり、2000年、中央１級予算部署が各部門予算のすべてを編制した。

３．国庫集中納入交付制度改革

　2001年に中国が進めた国庫集中納入交付制度改革は、財政資金に対し、集中的納入、集中的交付を実行させる改革である。2006年、中央各部門および6100以上の基層予算部署がこの改革を行って好結果を挙げ、国の資金は4600億元に増加した。

４．政府調達改革

　1998年以降、政府は生産物の調達政策をスタート段階から進めて全面試行、前面推進へと向かわせ、秩序だった調達が実現した上、規模としても拡大が続いた。

５．政府収支分類改革

　財政部は1999年に政府収支分類改革の研究を始め、2004年には、かなり成熟した改革案を提起した。この改革は限られた省において2005年に試行され、2007年から全面的に実行された。主に「収入分類」「支出の機能的分類」「支出の経済的分類」の３方面から構成されている[注1]。

中国財政収支改革の歩み

計画経済時代	改革開放以後
財政収支	財政収支制度の全面的改革

高度に集中した
「統収統支」財政制度

1992年　複式予算

1998年　政府調達

2000年　政府予算

2001年　国庫集中支出

2007年　政府収支分類改革

第11章　財政収支

11.2　財政収支の原則と指導方針

　2008年、中国は「積極的財政政策の実施」を原則に、一層積極的な財政・税務政策措置を採用。税を適宜減免、輸出時の税還付率を再三引き上げ、公共投資と重点プロジェクトへの中央の支出を増やした。具体的な指導方針は以下のとおりである。

●中央政府公共投資の適度な増加を保持

　中央の財政赤字と国債資金を適宜減少させると同時に、中央のインフラ投資を増加させる。2008年は世界金融危機の影響に対応するため、中央政府の公共投資を1040億元増やし、〔四川大地震〕被災地の復興を加速させ、福祉的な住宅建設など、民生と農業インフラ建設を実施した。

●農業への財政投入を強化

　農業資源総合補助と優良品種補助を大幅増額、穀物購入最低価格を段階的に大きく増額、国内で逼迫している農産物や原材料の輸入を拡大、食糧や化学肥料などの輸出を厳格に制限し、重要商品の備蓄におけるコントロールを強化する。

●企業と住民の負担軽減

　企業所得税の新税法により、企業の税負担を軽減。また、給与所得者の個人所得税控除額を引き上げた。貯蓄や証券取引決済資金の利息収入にかかる個人所得税を暫時免除。低廉な賃貸住宅、低所得者向け住宅の建設と賃貸市場の発展を促進するための財政・税務優遇政策を実施。2008年、これらの税金・経費の減免政策で企業と住民の負担は約2800億元削減された。

●中小企業の発展を援助

　2008年、中小企業のイノベーションや産業のアップグレード、国際市場開拓のために、中央と省級政府は286億4000万元を支出した。中小企業の保証システムを改善するため、中小企業への貸付け保証業務に奨励と補助を行った。

●安定した輸出を支持

　中国は、世界金融危機に対応するため、紡績・アパレル・軽工業など労働集約型製品、付加価値や技術集約度の高い製品の輸出時の税還付率を引き上げた。鋼材と化学工業品の一部で輸出関税をゼロにし、食糧輸出関税も部分的に無税または税率を軽減、化学肥料およびその原料の一部でも輸出関税を引き下げ、同時に徴税方式も調整した。

中国財政収支の原則と方針

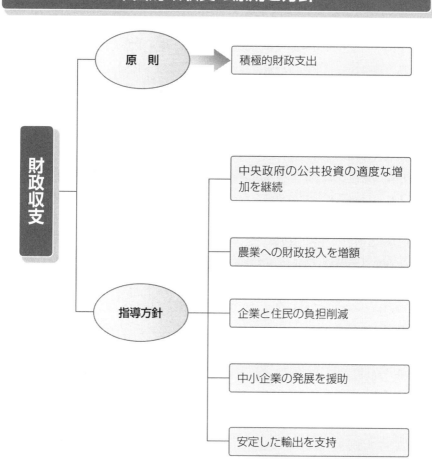

財政収支
　財政収支は、財政収入と財政支出の2方面に分かれる。財政収入は、政府が機能を果たすのに必要な資金を保証するため、税などの方法で集中的に集める公共的資金である。財政支出とは、政府の機能を執行するときに必要に応じて使用する財政資金である。

11.3　財政収入の財源と構成

●中国の財政収入

新中国成立から60年来、中国財政収入の規模は絶えず拡大してきた。ここでは、その拡大速度から以下の3段階に分ける。第1段階（1950〜1977年）は、財政収入百億元の水準で長期間推移した段階。第2段階（1978〜1998年）は、財政収入が千億元以上になった段階。第3段階（1999〜2009年）は、財政収入が兆の大台にのった段階である。2009年、中国財政総収入は6兆8000億元に達した。

●財政収入の源

分税制の財政システムを採る中国では、財政の収入源も中央財政収入と地方財政収入に分けられる。この角度から見るなら、中央と地方の収入は並行して増加して行っており、2002年から2009年では、中央の財政収入が1兆元から3兆8000万元に増加、全国財政収入に占める割合が年平均58％となったのに対し、地方財政収入は8000億元から3兆元に増加、全国財政収入に占める割合が年平均42％となった。このように、中央と地方の財政収入には大差がなく、中央と地方の財政がバランス良く発展してきたことが見て取れる。

●財政収入の構造

中国の財政収入構造は税と非税収入の2つに大別できる。2009年の国税収入は5兆9000億元で、財政収入中における税の割合は87％であった。税収のうち、国内流通税、輸出入関連税、所得税は、国の財政収入増加を牽引する三頭立ての馬車である。2009年の国内流通税（付加価値税・消費税・営業税）収入は3兆1000億元と、中国財政収入の45％を占め、輸入関連税（関税、輸入貨物に対して徴収する付加価値税、消費税）収入は9200万元と、中国財政収入の14％を占めた。所得税（企業所得税・個人所得税）からの収入は1兆5000億元で、財政収入の22％であった。

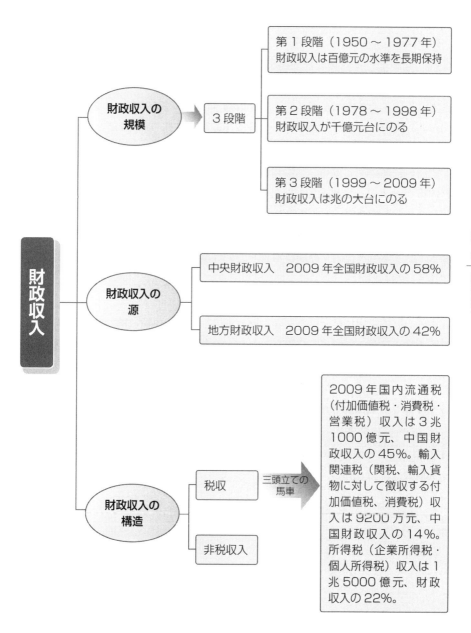

11.4 財政支出の流れと構造

●中国の財政支出

新中国成立から60年来、財政支出と財政収入は基本的に足並みを揃えて増加を続けてきた。その発展は3段階に分けられる。第1段階（1949～1977年）、全国財政支出水準は数百億元であった。第2段階（1978～1997年）、全国財政支出は千億元台の水準を保った。第3段階（1998～2009年）では、全国財政支出が兆の大台にのった。2009年の財政支出総額は7兆6000億元であった。

●財政支出の流れ

中国の経済体制の改革が進むにつれ、財政支出の流れも次第に変化しており、その重点も工業から農業・科学技術・教育などの方面へと傾斜した。特に1998年に公共財政の枠組みが確立されてからは、財政支出構造は大きく変化して、財政支出は次第に一般的・競争的な領域から離れ、「三農」・教育・科学技術・医療衛生・就業・社会保障・環境保護などの公共事業と公共サービス領域に重点を置くようになった。

●財政支出の構造

中国の財政支出は健全化を続け、財政支出は庶民の生活に関わる公共事業と公共サービスに重点を置くようになった。2009年の財政支出7兆6000億元のうち、教育への支出は1兆400億元、2008年より15.8％増加、全国財政支出の14％。科学技術への支出は2700億元、2008年より28.9％増加、全国財政支出の0.4％。社会保障と就業への支出は7600億元、2008年より11.8％増加、全国財政支出の1％。2009年医療衛生への支出は4000億元、2008年より39.7％増加、全国財政支出の0.5％。2009年環境保護への支出は1900億元、2008年より33.3％増加、全国財政支出の0.3％。

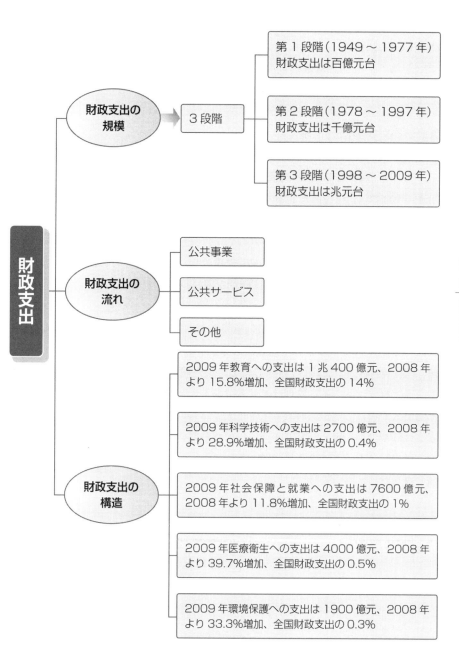

11.5　財政黒字と財政赤字

●中国の財政赤字

1998年のアジア金融危機以降、中国は7年連続で積極的財政政策を実行し、財政赤字の絶対額は、2003年・2004年に過去最高の3190億元余りに達した。財政赤字がGDPに占める比率が最高を記録したのは2002年の3.004％で、国際的警戒ラインである3％を超えていた。

●中国の財政黒字

2006年から、中国の赤字規模は年々減少した。2008年は財政赤字1110億元、GDP中の比率も0.4％にまで下がった。その後数年間の大幅な財政黒字を考慮に入れると、実際上、中国は財政黒字の時代に入った。

●新たな財政赤字

ところが2009年、中国財政の赤字規模は9500億元となり、GDPに占める比率は3％に近づいた。まさしく、国際的な警戒ラインである。

●財政赤字論争

上記の新たな赤字は、主に国債の募集によって生み出された。この9500億元規模の赤字に対しては2つの見方がある。すなわち、「経済成長8％の水準の維持[注2]や、就業の維持などの目標のため、大規模な赤字が必要である上、この程度の赤字規模は国際的な警戒ライン内である」という見方がある一方、逆に、「積極的財政政策は必然的に財政赤字を拡大するものだとはいえ、これほど大規模な赤字にはやはり一定のリスクが伴うはずだ」という見方もあった。特に、地方政府が中央に代わって支出した2000億元の資金を期限内に償還できるか否かが問題になった。

財政赤字

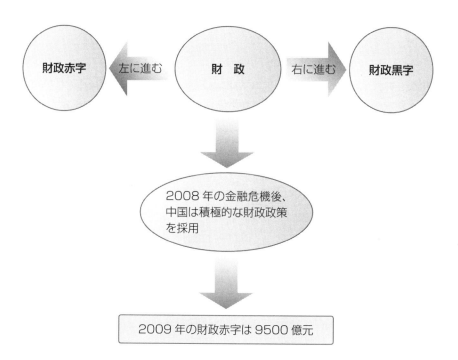

第11章　財政収支

12.1 財政政策のコントロール領域

●政府公共投資を拡大、重点建設プロジェクトを強化

　2008年10月から2010年12月の間、中央政府の公共投資は1兆1800億元前後増加、さらに地方と社会の投資も引き出し、投資総額は約4兆元となった。中央政府が上積みした1兆1800億元の投資は主として、福祉性住宅・教育・衛生・文化などの民生プロジェクト、省エネ・環境保護・エコ建設、技術のアップグレードとイノベーション、農業水利・鉄道・高速道路などの重点インフラ建設や四川大地震後の復興に利用された。

●税制改革を進め、構造面からの大幅減税を実行

　中国では、減税、税の還付、控除など多くの方式で企業と住民の負担軽減を図っている。消費型付加価値税などを全面的に実施する一方、2008年実施の給与所得者個人所得税基礎控除額引き上げを継続するなど、一連の税の減免政策を行った。

●低収入層の収入アップ、内需を拡大

　財政・税務政策の役割を十分に発揮させて、財政補助の規模を拡大、農民や都市・農村部最低生活保障対象者など、中・低収入者の所得水準を重点的に引き上げ、農村における家電と自動車の購入補助政策を全面的に実施し、重要な商品の備蓄を増やし、消費への需要を牽引した。

●財政支出の構成を見直し、民生を保障・改善

　民生改善に重点を置く社会建設を加速し、教育、医療衛生、社会保障と就業、福祉性住宅プロジェクト、文化などへの資金投入を増やし、住民の消費意欲を安定・改善させ、当座の消費を促進するとともに内需を拡大した。

●イノベーション・省エネ・排出削減の支持、経済構造調整と発展方式転換の促進

　科学技術の進歩、労働者の資質向上、管理の革新に向かって経済成長が転換するよう加速し、経済社会をより良く、より速い発展をはかった。科学技術への資金投入を増やし、自主的イノベーション力向上に資する財政・税務政策を整え、省エネと排出削減への資金投入を増やし、重要な省エネプロジェクトや企業の省エネ技術改造を支持し、旧式の生産設備を淘汰する努力を行った。

中国財政コントロール領域と受益者群

財政調節措置	具体的領域	受益者群
政府公共投資の拡大、重点建設の強化	福祉性住宅、教育、衛生、文化、省エネ環境保護とエコ建設、技術の改造とイノベーション、農業水利、鉄道、高速道路などの重点インフラ建設・地震災害からの復興	都市の低収入者、農民、学生、科学技術人員、被災者
税制改革の推進、構造面からの大幅減税を実行	減税や還付・控除および消費型付加価値税の実施	給与所得者、企業、消費者
低所得層の収入アップ、社会の消費需要の促進	財政補助の規模の拡大、農民と都市・農村部の最低生活保障対象者など中・低所得者の収入水準を重点的にアップ、農村における家電と自動車購入補助政策の実施、重要商品の備蓄増加	農民、都市低収入層
財政支出構造の見直し、民生の保障・改善	教育、医療衛生、社会保障と就業、福祉性住宅、文化などの方面への資金投入の増加	低収入層、病気に苦しむ人、学生
イノベーションと省エネ・排出削減の支持、経済構造調整と発展方式の転換の推進	科学技術への資金投入の拡大、自主イノベーション能力を向上させる財政税務政策の充実。省エネと排出削減への資金投入の増加、重要な省エネプロジェクトと企業の省エネ技術改造の支持、旧式生産設備を淘汰する努力	科学者、技術者

12.2 財政移転支出

中国の政府間移転支出制度とは、中央政府と地方政府、あるいは上級政府と下級政府の財政能力や収支の差異を踏まえ、財政資金の相互移転もしくは財政均衡を図る制度であり、各地の公共サービス水準の均等化を重点目標とする。

●財政移転の原則

財政移転支出は中央財政支出の重要な一部分であり、地方政府の財政にとっては重要な予算収入である。中国の財政移転支出が遵守する原則は、「公平・効率・法治」の原則である。

●中国における財政移転支出発展の情況

1999年以来、中央から地方に移転される財政投入資金は毎年増加している。2000年の移転支出は800億元、2001年は1000億元。2002年、中央の移転支出は4025億元を超え、2005年、中央財政から各種移転支出として補助された金額は7330億元となった。2009年、中央財政から地方への移転支出は2008年比で5860億元増加し、増加率27.5%、総額は2兆1000億元に達した。

●中国財政移転支出の流れ

近年、中央財政の移転支出は絶えず拡大し、多くの財政・税務政策が積極的に運用され、西部大開発、東北地域など旧工業基地の振興、中部地域の振興、東部地域による先駆的発展などの地域協調発展戦略が支持され、県や郷の財政難の緩和に注力、基本的公共サービス水準の均等化が促進されている。2009年、中央財政の地方税に対する返還・移転支出は2兆8621億元で、29.8%増加した。執行状況から見ると、東部地域の人口1人当たり一般予算収入を100とした場合、2009年の中部と西部におけるそれは34と38にすぎなかった。しかし、中央の地方に対する移転支出により、中部と西部の1人当たりの財力はそれぞれ54と65にアップし、1人当たり平均支出はそれぞれ67と86に向上した。

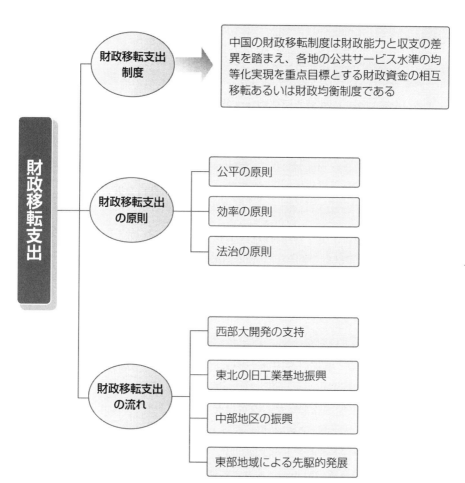

・中央の地方への移転支出は年々増加している。西部・東部・東北部・中部などの地域発展に多く利用されるとともに、公共サービスの均等化が促進されている。

12.3　財政の重点（地域・産業・対象者）

中国の財政支出は、重点地域・新興産業・社会的弱者に重点投入される。

●地域
1．西部大開発を支持。主として西部地域建設に財政資金投入を増やし、財政移転支出に力を入れ、税の優遇政策を実行、行政人員の給与水準を引き上げ、教育財政資金を引き続き西部地域へ重点的に支出する。
2．東北などの旧工業基地を支える。国は一部企業の税を減免し、旧工業基地の調整・改造および資源依存型都市からの転換を支持する。
3．中部地域振興の促進を支持。穀物生産者への直接補助制度を進め、義務教育への移転支出、財政的に困難な県や郷への移転支出を拡大する。

●産業
中国の財政は主に、国の戦略的新興産業を重点的に支持する。2010年に中国は「省エネと環境保護、新時代IT、バイオ、先端設備製造、新エネルギー、新素材、新エネルギー車」の7産業を戦略的新興産業と決定した。中央は、2020年までに戦略的新興産業の付加価値をGDPの15％前後まで伸ばすことにした。

●対象層
公共財政支出の方向と重点を、次第に社会的弱者へと振り向けていく。
1．農村・農業・農民。2010年の中央財政予算は「三農」への支出を合計8183億4000万元と計画、前年に比べ930億3000万元、12.8％増加となった。
2．教育。2010年、教育などへの重点支出を優先的に保障し、教育支出2159億9000万元を計画。これは178億5100万元増、増加率9％で、中央財政支出平均増加率2.7ポイントを上回った。
3．医療。医療資源の分布不均衡などの原因による「医者にかかるのが難しい」「医者にかかる費用が高い」という問題から、中央財政は医療衛生への資金投入を拡大し、医療衛生に支出する2010年の財政予算を1389億元とした。その増加率は8.8％で、平均増加率2.5ポイントを上回った。
4．社会保障。2010年の中央財政支出予算草案では、社会保障と就業への支出を3582億2500万元としている。285億5900万元増、増加率8.7％で、中央の平均増加率2.4％を上回った。

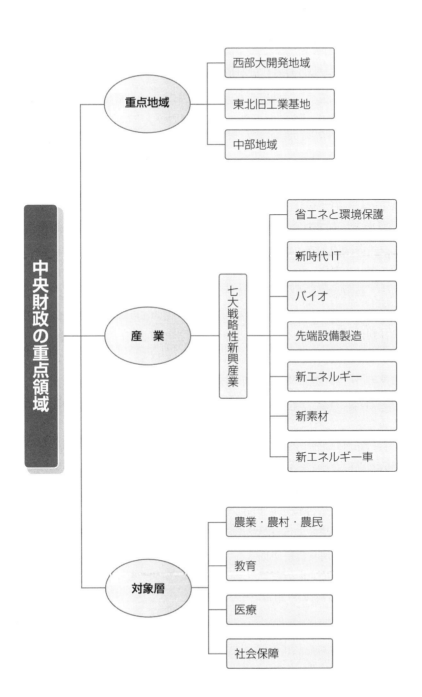

第12章　財政政策

12.4　財政モデルの変更

●中国の現行「5ランク財政」モデル

　現在中国の財政モデルは政府を5ランク（中央・省・地級市・県・郷鎮）からなる行政区に分け[注1]、「あるランクの政府には同ランクの財政」という原則の下、財政体制も5ランクに分けている。しかし、ランクが多すぎて実際の財政との間に矛盾が多いため、各ランク政府間の職権と財政区分が曖昧になって、財政権が上のランクへと集中するのに対し、事業権は下部へと移管される傾向が生じ、近年では下級行政府が厳しい財政難に陥った。このように、複雑な財政ランクと分税制の貫徹とは相容れないことから、27の税目を5ランクに合理的に分配し、各ランクで財政の主体となる税を決めることは困難であった。

●財政モデルの変化　「3ランク財政」モデルへ

　財政上、政府のランク分けが多すぎることが直接の原因になって、分税制における税目区分の難度が上がっている。そこで、財政モデルを変更して行政区政府と財政体制におけるランクを適宜簡略化することが必要になった。近年、地方政府ではすでに財政ランクを減らす試みが行われている。主に安徽省などの省で集中的に進められた"郷財県管"〔郷の財政を1級上の県が管理する〕改革テストや、浙江省に代表される"省直管県"〔省が2ランク下の県を直接管理する〕財政モデルである。

　"郷財県管"は郷級の財政を弱体化させ、下位の2ランク、郷と県が同一ランクの財政水準になったわけだが、これら2つの改革は、中央・省・県の財政3ランクの基礎となった。財政モデルの転換目標は以下のとおりであった。中国行政体制ランクの変化に合わせて上記2種の行政体制変革を推進し、「市が県を管理する」体制を取り消して「省が県を管理する」体制を推進、郷鎮体制改革を進め、地級市と郷鎮の政府を実体からはずす。その後、行政府を5ランクから3ランクに整理することで、財政モデルと行政体制のランクを一致させ、最終的には完全な「3ランク財政」の枠組みを形成する。

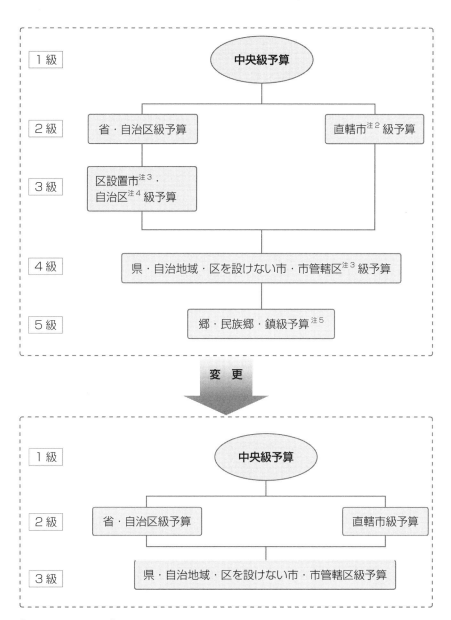

「5ランク」から「3ランク」構成に簡略化するのが、将来の中国財政モデル変更の方向。

12.5 財政政策による住民収入の分配調節措置

　中国の財政・税務政策は、住民の所得分配をコントロールする主要な手段であり、以下の具体的措置が採用されている。

●税の総合調整システムにより収入格差を縮小

　税の個人所得調整機能を強化するため、中国は、個人所得税を主体、財産税と社会保険税を両翼、その他の税を補充とする税体系を徐々に確立しつつある。個人所得は収入の分配により形成されるが、所得は消費・財産購入・遺産形成と形を変えて使用されるため、個人所得税のみのコントロールでは有効とはいえない。個人所得分配コントロールシステムに関する税目、すなわち個人収入とリンクする社会保障税、財産移転時の贈与税や相続税、不動産資産にかかる不動産税、個人の投資収益にかかる証券取引税などを確立、徴収を始めることが必要である。

●社会保障体系を整え、貧困層保護のシステムを構築

　社会保障システムは経済運営の安定剤、かつ都市の弱者層のセーフティーネットで、主に社会保険・社会救済・社会福祉を含む。中国は依然発展途上国で、国民に高水準の社会保障を提供することは不可能である。水準は低くとも多数を覆う社会保障体系を着実に造り上げることが、実現可能な目標である。

●農民の収入を向上させ、農民の消費環境を改善

　農民の増収に必要なのは、市場主導の堅持、積極的な農業生産構造の調整と最適化、農村経済の発展の加速である。また、十分に政府が役割を果たして、農民の負担を一層軽減し、食糧自給率を安定・向上させ、農業生産資材と化学肥料の価格を抑制して農民収入を増やす必要がある。さらに政府には、農村のインフラ建設を加速し、積極的に農村の消費環境を築くことも求められた。

●消費におけるコントロールを強化

　積極的財政政策は2010年も継続され、対GDP財政赤字比率は3％前後に抑制、新たな財政支出については、政府の公共投資プロジェクトの継続とともに、住民所得分配への影響を重視しつつ、2009年の水準より低く保こととなった。「家電・自動車・オートバイを農村へ」、「省エネ製品推進政策」、「自動車・家電の買い換え」優遇、大衆向け乗用車と一軒目の住宅購入時の優遇措置、福祉性住宅への資金投入拡大など、住民の収入増大のための一連の措置が継続された。

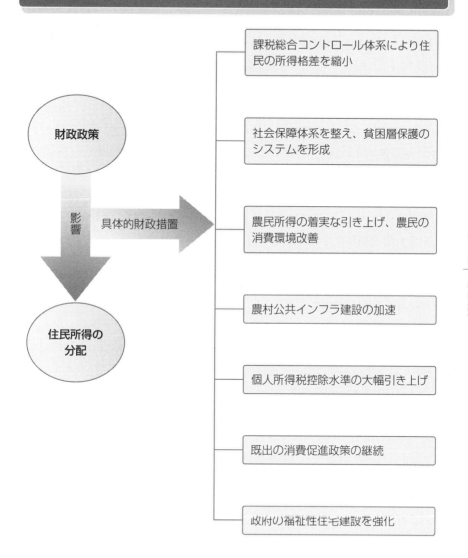

13.1 租税制度変遷の歩み

新中国成立から60年間、租税制度は以下のように発展、変化してきた。

● **1950年、全国税制の統一、新税制の確立**

新中国成立以後、中央人民政府は租税制度に明確な規定を設け、農業税のほか全国で14種の税を徴収し始めた。

● **1953年、税制の修正**

1953年1月、国は「税収保証、手続き簡素化」を原則として税制に修正を加えた。修正後も税目は減少せず、税制の体系と構成も基本的に変化しなかったが、多種の税を複数回徴収する方式には若干の変化があった。

● **1958年、営業税改革、全国農業税制の統一**

1958年9月、国は「ほぼ現行の税負担を基礎として税制を簡素化する」方針に基づき、営業税制度を改革した。改革後も税の体系と構成に大きな変化はなかったが、多種の税を複数回徴収する方式の変化は進んだ。

1958年6月、旧来の農業税制を破棄し、全国農業税制度を統一した。

● **1973年、税制の合併簡素化**

1973年、国は「ほぼ元来の税負担を保持する前提で税目を合併し、徴税方法を簡素化する」という原則で税制を簡素化。改革後、企業にかかる税目は大幅に減少、国営企業は営業税のみ、集団所有制企業は営業税と所得税のみになった。

● **1979〜1993年の税制改革**

この段階の主な改革は、主に流通税の改革であった。資源課税体系を確立、資源税・塩税の徴収を開始。収益課税システムを整備、国営企業所得税・調節税徴収を開始。外資・外国人への課税体系を確立、外資系合弁企業と中国在住の外国人に対する統一した税徴収を開始。特別行為課税体系の確立。地方税の漸次整備。

● **中国の現行税制**

1994年、税制は全面的に改革された。流通税を全面改革、所得税を統一、個人所得税を規範化し、地方税を調整・一本化し、同時に特殊な調節に関わる税目について徴収を開始した。全国の営業税の税目は31種から18種に減少した。

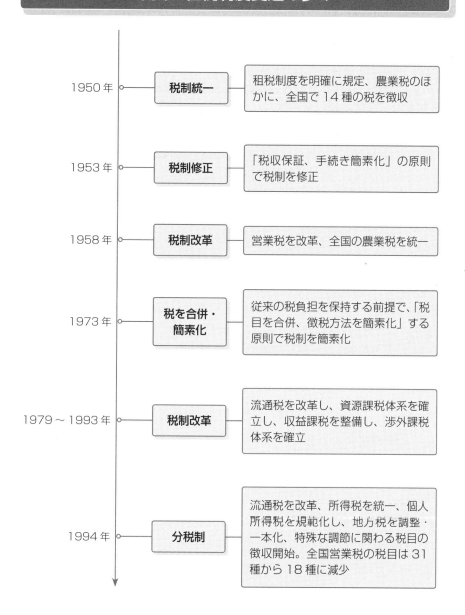

13.2 課税部門の体系

●分税制

1994年、中国は財政課税分税制改革を進め、全国で2系統の税務機関を実際に運営し始めた。国家税務局が組織され、機構・編制・経費・指導幹部管理など各方面で、原則として1ランク下の組織を管理する垂直管理の指導体制を実行した。各ランク地方政府に属する地方税務局も組織され、地方政府と国家税務総局との二重管理（地方政府の指導が主）を受ける体制となった。地方税務局の設置、管理体制などは、地方の各ランク人民政府組織法の規定に従って処理することとなった。

●国家税務局と地方税務局

分税制改革の必要に適応し、中央と地方の財政収入を確保するため、国は税目に応じて国家税務局と地方税務局を設立、それぞれ中央税、中央と地方の共通税、地方税の徴税管理業務を分担させた。これにより、国家税務局と地方税務局とは互いに独立した2系統の課税管理組織体系を形成するようになった。

国家税務総局は中国税務管理業務の最高機関で、国を代表して税務管理機能を果たす。この系統では、各省・自治区・直轄市に国家税務局が設けられている。各省・自治区・直轄市下各地区・省轄市・自治州（盟）[注1]にも国家税務局が置かれ、各地区・省轄市・自治州（盟）管轄（県）市・自治区（旗)[注2]には国家税務局（分局）が設けられた。

地方税務局は地方政府の税務管理部門で、3層を成す税務機関である。各省・自治区・直轄市が設ける地方税務局は地方人民政府に帰属、指導を受ける。各省・自治区・直轄市下各地区・省轄市・自治州（盟）にも地方税務局が設けられ、さらに、各地区・省轄市・自治州（盟）管轄（県）市・自治区（旗）にも地方税務局（分局）が設けられている。

●税務部門管理体制

国家税務局部門は国家税務総局の下に垂直管理体制を実行し、1998年以後は省以下の地方税務局もまた垂直管理を実行することとなった。

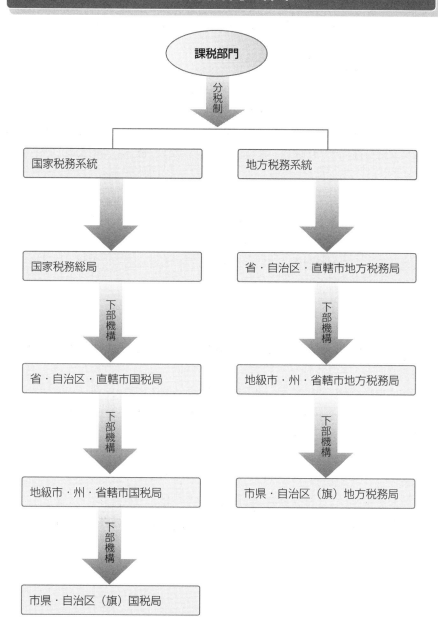

13.3　税の役割

　税の役割とは、税の分配過程における本来的な機能のことである。中国の税の役割は4つある。

●**資金調達の役割**

　税の資金調達機能とは、社会構成員から強制的に収入の一部を取り立て、公共事業を行い、公共的需要を満たすという機能である。政府が税から公共事業遂行に足る額を安定的に調達することも必要だが、税の適度で合理的な徴収は社会経済の発展にも役立つ。中国は、社会主義建設に必要な資金を主に課税によって調達している。

●**資源配置機能**

　租税の資源配置機能とは、一定の課税政策・制度を通して個人と企業の経済活動に影響を与え、社会経済資源を組み替えて再配分するという機能である。中国における税の資源配置機能は主に、生産と販売における需給の調整、経済構造の合理化、資源使用効率の向上などの方面で発揮される。

●**所得再分配機能**

　税の所得再分配機能とは、社会構成員の所得分配構造に影響を与える機能である。この機能は主に、生産要素分配の構造調整と、所得水準格差の調整において機能する。

　中国の現行税制においては、個人から直接徴収する所得税、個人から間接的に徴収する消費税、専用資金の性質を持つ社会保険税の3つが、個人収入の分配にいずれも一定の影響力を持つ。

●**マクロコントロール機能**

　租税のマクロコントロール機能とは、一定の課税政策・制度を通して社会経済の運営に影響を与え、社会経済の安定的発展を促進する機能のことである。中国においては主に、総需要量のコントロール、供給システムの調節、経済成長の促進である。

租税の機能

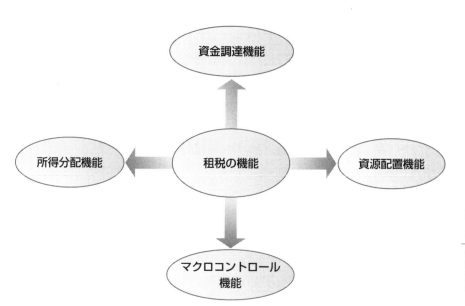

- 税は財政収入の主な財源で、財政収入の確保が基本的機能である。
- 税は経済の運営をコントロールする重要手段である。
- 税は所得再分配の重要手段である。
- 税は経済活動を監督する機能をも持つ。
- 対外交流において、税には国の権益を守る重要な機能がある。

13.4 租税の種類

中国の税の種類はさまざまな基準により以下のように分けられる。

●課税対象による分類
1．流通税。中国の税制における主要な税である。現在、付加価値税・消費税・営業税・関税などを含む。
2．所得税。これも主要な税で、現行では企業所得税と個人所得税など。
3．財産税。相続税・不動産税・不動産取得時の契約税・車輌購入税・車船使用税など。
4．行為税。都市維護建設税・屠殺税・宴席税など。
5．資源税。土地付加価値税・耕地占用税・城鎮土地使用税など。

●租税計算の根拠による分類
1．従量税。課税対象の数量（重量・面積・件数）を根拠とし、固定税額に応じて徴収する税で、例えば現行の資源税・車船使用税・土地使用税など。
2．従価税。課税対象の価格を根拠に、一定の比率で徴収する税で、現行の付加価値税・営業税・関税・各種所得税などの税目。

●課税と価格の関係による分類
1．価内税。税が商品価格に含まれる。現行の消費税と営業税など。
2．価外税。税が商品価格に含まれない。現行の付加価値税など。

●単独の課税対象をもつか、独立した徴収であるかによる分類
1．正税。現行の各種の税、例えば付加価値税・営業税・農業税など。
2．付加税。何らかの税に一定の比率で付加される税。

●課税の管理と使用権による分類
1．中央税。中央政府が徴収し管理・使用するか、地方政府が徴収して総額を中央政府に納め、中央政府に所有と支配を委ねる税。現行では、関税と消費税など。
2．地方税。地方政府が徴収し管理する税。例えば現行の個人所得税・屠殺税・宴席税など。
3．中央と地方の共通税。中央政府と地方政府の両方に課税の管理権と使用権がある税のことで、例えば現行の付加価値税・資源税など。

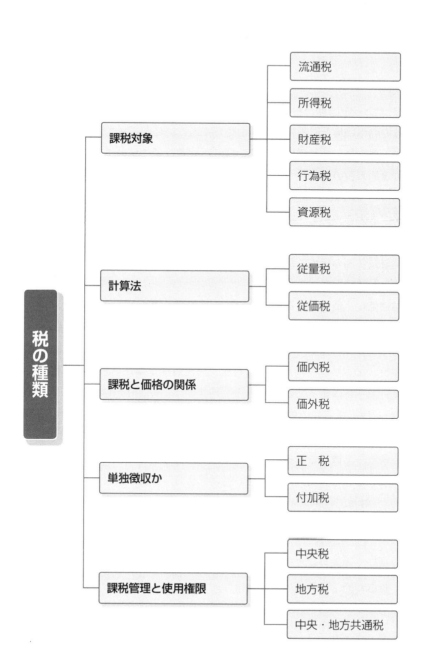

13.5　国税と地方税

中国では分税制財政制度を採っており、税務機関も国税と地方税で2系統に分かれている。

●**分税制**

1994年から中国は分税制改革を実行した。分税制とはすなわち、中央政府と地方政府間の職権と財政権を有効に処理するために課税権を分割、税目によって中央税・地方税・共通税に分けて管理する財政管理体制のことである。

●**国税と地方税の分割**

1994年、国務院は分税制財政体制の実行を決定、税務機関もそれにふさわしく改組するよう求めた。税務局は「国家税務局」と改称し、元地方税の面で業務を担っていた若干の部門と管理上の権限を、地方政府が設けた地方税務局に譲り、分税制財政体制の定める範囲内で業務を遂行することになった。

●**国税として徴収される税目**

付加価値税。消費税。車輛購入税。鉄道部門・銀行本店・保険会社本社が一括納税する営業税・所得税・都市維護建設税。中央企業が納める所得税。中央および地方所属企業・事業単位が組織する共同経営企業・株式会社が納める所得税。地方銀行・ノンバンクが納める所得税。海洋石油企業が納める所得税・資源税。外資系企業・外国企業の所得税。証券取引税（以前は証券取引の際に印紙税として徴収）。個人所得税の中で貯蓄預金利息所得にかかる部分。中央税の滞納金・補税、罰金。

●**地方税として徴収される税目**

営業税・都市維護建設税（上述の国家税務局の系統が徴収管理を受け持つ部分を除く）。地方国有企業・集団所有制企業・私営企業が納める所得税・個人所得税（銀行貯蓄預金利息所得にかかる部分を除く）。資源税。城鎮土地使用税。耕地占用税。[不動産譲渡取引における]土地付加価値税。不動産税。都市不動産税。車船使用税。車船プレート使用税。印紙税。不動産取得税。屠殺税。宴席税。農業税。牧業税およびその地方付加税。地方税滞納金・補税・罰金。

中国税制体系および中央と地方の税目分割

税の種類	税　目	中央税	地方税	共通税	備　考
流通税類	付加価値税			○	中央75%、地方25%
	消費税	○			
	営業税		○		部分的に分割
	関税（船舶トン税）	○			税関で徴収する営業税を含む
所得税類	企業所得税		○		
	個人所得税		○		
資源税類	資源税		○		海洋石油資源税は中央へ
財産税類	不動産税		○		
	不動産取得税		○		財政部門が受け持つ
	城鎮土地使用税		○		
	車船税		○		
	土地付加価値税		○		
	相続税と贈与税		○		
行為目的税類	証券取引税			○	未徴収
	印紙税		○		
	都市維護税		○		
	固定資産投資調節税		○		
	耕地占用税		○		財政部門が受け持つ
	宴席税		○		
	屠殺税		○		
	農業税		○		2006年1月1日廃止
	農業特産税		○		財政組織が受け持つ

14.1　個人所得税

●納税者
中国では、中国国内居住者・非居住者ともに個人所得税の納税義務を負う。

●税の類別
現行の個人所得税制度は分類徴収制度であり、課税所得に応じて11項目に分けられている。具体的には以下のとおりである。賃金給与所得。個人事業者の生産および経営所得。企業事業単位の請負経営、賃貸経営による所得。役務報酬所得。原稿料。特許権使用費所得。利息・株式配当・割増配当金などの所得。財産賃貸所得。財産譲渡所得。一時所得。国務院財政部門が課税するその他の所得など。

●税率
中国の個人所得税率には超過累進税率と比例税率の2種類がある。賃金給与所得には3％から45％まで7等級の超過累進税率が適用される。

●費用の控除
現行の個人所得税では、一定の情況において費用控除と減免が行われる。主なものは、省・部・軍級以上の単位および外国組織と国際組織が賦与する科学・教育・文化方面の奨学金。国債利息。単位と個人が規定どおり納めた住宅積立金・基本年金保険費用。同じく基本医療保険費用・失業保険料。個人が自宅用かつ唯一の住居として5年以上使用する住居の売却により取得した所得。都市部住民が国の規定によって取得した移転補償金。国務院財政部が免税としたその他の所得。

●徴税方式
中国の個人所得税には、源泉徴収と納税者の自己申告納税という2種類の徴税方式がある。賃金報酬・役務報酬・原稿料・利息・株式配当・割増配当金などの所得は、一般に所得を支給する単位または個人が所得税を源泉徴収する。しかし、年間所得12万元以上の場合や、中国国内の2か所またはそれ以上から賃金報酬を受け取っている場合、国外から所得を得ている場合、および課税所得が源泉徴収されない納税者は、主管税務機関に申告納税するよう求められる。

中国個人所得税税率表

2011年、中国は新税法を発表したが、新税法は主に4つの方面で修訂がなされている。

1つは給与所得控除基準が2000元から3500元に引き上げられたこと。

2つめは給与所得税率区分が9ランクから7ランクに調整され、税率15%と40%の区分がなくなったこと。最低税率は5%から3%に引き下げられた。

3つめは個人事業者の生産経営所得と請負契約所得税率の格差調整。生産経営所得税率表の第一級においては、1年の課税所得額5000元が15000元に調整される。ほかの各級にも相応の調整がなされる。

4つめは納税期限を7日から15日にしたことで、現行政策より8日延長され、納税代行者および納税者が納税申告をする上で利便性が向上した。

賃金給与所得に適用される個人所得税累進税率表

級数	全月納税所得額 〔個人負担方式〕	全月納税所得額 〔会社負担方式〕	税率(%)	速算控除額(元)
一	1500 元を超えない	1455 元を超えない	3	0
二	1500 元超～4500 元	1455 元超～4155 元	10	105
三	4500 元超～9000 元	4155 元超～7755 元	20	555
四	9000 元超～35000 元	7755 元超～27255 元	25	1005
五	35000 元超～55000 元	27255 元超～41255 元	30	2755
六	55000 元超～80000 元	41255 元超～57505 元	35	5505
七	80000 元超	57505 元超	45	13505

14.2　企業所得税

●納税主体
独立採算経営している中華人民共和国内の内資企業すべて、または以下の6類に属する組織。(1) 国有企業 (2) 集団所有制企業 (3) 私営企業 (4) 共同経営企業 (5) 株式会社 (6) 生産経営所得などの収入を有するその他の組織。

●徴税範囲
企業所得税の徴税対象は納税者の所得である。物品販売所得・役務提供所得・財産譲渡所得・株式配当金所得・利息所得・賃貸料所得・特許権使用料所得・受贈益所得およびその他の所得を含む。

●税率
現段階の企業所得税法では、内外資国内居住者企業の法定税率は25％に統一、非居住者企業の税率は20％。また、条件に合致する小型薄利企業は税率20％、国が重点的に援助する必要のあるハイテク企業の税率は15％に引き下げ。以前は、内外資企業の法定税率はすべて33％、内資企業にのみ18％と27％の優遇税率があった。国務院が認可したハイテク産業開発区内のハイテク企業の税率は15％に引き下げ、経営10年以上の生産性外資企業には27％の税率を適用。

●減免
企業所得税減免とは、国が課税を経済の梃子として利用し、企業または特定業種の発展を奨励・支援するためにとる、融通の利く調節措置である。企業所得税条例により、原則2種類の減免と優遇が規定されている。1. 少数民族地域や少数民族自治地域の企業が優遇を必要とする場合、省ランク人民政府の認可を経て、定期減免あるいは免税措置が得られる。2. 法律・行政法規と国務院の関連規定が減税・免税を許可する企業に、規定に従って執行する。

●企業所得税の納税年度
納税年度は毎年1月1日から12月31日までである。納税者が納税年度の途中で開業したか、合併や倒産などにより実際の経営期間が12か月に及ばない場合は、実際の経営期間を1納税年度とし、納税者の決算期間を1納税年度としてよい。

```
企業所得税
├─ 納税主体 → 国有企業・集団所有制企業・私営企業・共同経営企業・株式会社および生産経営所得やその他の所得を有する組織。
│
├─ 徴税範囲 → 物品販売所得・役務提供所得・財産譲渡所得・株式配当金所得・利息所得・賃貸料所得・特許権使用料所得・受贈益所得およびその他の所得。
│
├─ 税率 → 現在の企業所得税法では、内外資居住者企業の法定税率は25％に統一されている。非居住者企業の税率は20％。また、条件に合致する小型薄利企業は税率20％、国が重点的に援助すべきハイテク企業の税率は15％に削減。
│
├─ 減免 → 企業所得税条例は2種の減免と優遇を規定している。1．少数民族自治地域の企業で支援を必要とする企業は、省ランク人民政府の認可を経て、定期減免あるいは免税措置を得られる。2．法律・行政法規・国務院関連規定が減税・免税を許可する企業に、規定に従って執行。
│
└─ 納税年度 → 納税年度は毎年1月1日から12月31日まで。納税者が納税年度の途中で開業したか、合併や倒産などにより、実際の経営期間が12か月に及ばない場合、実際の経営期間を1納税年度とし、納税者の決算期間を1納税年度としてよい。
```

第14章　注目すべき税目

14.3　物業税と不動産税

●物業税
　物業税は、財産税あるいは地産税とも呼ばれ、主に土地・家屋などの不動産にかかり、借受人あるいは所有者が毎年納める税である。税額は不動産市場価格の値上がりに伴って増額されることがある。例えば、道路や地下鉄などが開通すれば、沿線の不動産価格も上がるので、物業税もこれに応じて上がる。

●物業税徴収の影響
　物業税の徴収が始まれば、社会にさまざまな影響が及ぶ。物業税は、不動産業界に対しては、不動産価格を押し下げる効果を持つ。地方政府に対しては、財政収入を緩やかに増加させる。消費者にとっては、物業税は違法な不動産業者による"炒楼"〔不動産投機〕や"圏地"〔土地の囲い込み〕といった投機を防ぐのに有効である。ただ、不動産業者にとっては、異常な囲い込みブームへの刺激となる可能性もある。

●不動産税
　不動産税は家屋税ともいい、国が不動産を課税対象として財産権所有者から徴収する財産税である。不動産税徴税の目的は、課税という梃子を利用して不動産への管理を強め、不動産の使用効率を高め、固定資産投資規模をコントロールし、国の不動産政策の調整に協力し、不動産所有者と経営者の収入を合理的に調節することである。

●中国の不動産税
　2010年現在、中国の不動産税は、1986年9月15日公布された『中華人民共和国不動産税暫定条例』に依拠しており、都市における賃貸用不動産の税計算上の残存価額あるいは家賃収入に対して徴収されるのみである。住民の住宅から不動産税を徴収しない限り、それは正確な意味での不動産税ではない。自宅用住宅への課税がなされて初めて、不動産税は中国の主要な税の1つとなるであろう。

　中国の不動産税収入は2010年で830億元だが、もしも住民の自宅用不動産についても納められることになれば、大幅な増大が見込まれる。2010年4月22日、北京・上海・重慶・深圳の4都市が不動産税試行都市となった[注1]。

高額マンションにおける物業税と不動産税の論争

マンション価格の高止まり

コントロール

コントロール

物業税
土地・建物など不動産にかかる税

不動産税
不動産を課税対象として財産権所有者から徴税

 支持者　"炒楼"など投機行為を抑制できる

 反対者　不動産税と経費の規範化に役立つだけで、マンション価格を抑えることはできない

 支持者　家屋の需給構造を調整でき、不動産バブルを抑制

 反対者　根本的にはマンション価格を抑制できない

- マンション価格の抑制は、財政・税務制度改革のカギである。地方政府は財力が限られ、特に公共サービスを提供するための能力と財力が不足している。そこで、そうした財政問題を土地を売ることで解決しようとするのである。これこそマンション価格高止まりの主因である。

第14章　注目すべき税目

14.4 たばこ税・酒税と奢侈品税

●消費税

消費税は、資源を浪費し生態環境を破壊する商品（ガソリン・ディーゼルオイル・自動車・タイヤ）、過度の使用が健康を損なう商品（たばこ・酒）、少数の富裕層のみが消費できる商品（貴金属装身具など）にかかる税。2009年、中国の消費税収入は課税総額の4.7％を占め、GDP中に占める比率は0.8％である。

●たばこ税

たばこ税はタバコの葉の加工品にかかる。下位課税項目として巻きたばこ・葉巻・刻みたばこの3種がある。紙巻きたばこは生産段階と卸段階で、葉巻と刻みたばこは生産段階でのみ課税される。甲類紙巻きたばこ（出荷価格70元/本以上）は税率56％＋0.003元/本、乙類紙巻きたばこ（出荷価格70元/本未満）は税率36％＋0.003元/本である。葉巻の税率は36％、刻みたばこの税率は30％。さらに、紙巻きたばこには卸段階であらかじめ税率5％を課す。

●酒およびアルコール

酒類とアルコール類には、白酒、黄酒、ビール、その他の酒およびアルコールという5項目の下位課税項目がある。白酒は20％の比例税率＋0.5元/500グラム（または500ミリリットル）の定額税率。黄酒は240元/トンの定額税率。ビールは2類に分け、甲類は250元/トン、乙類は220元/トンの定額税率。その他の酒の税率は10％、アルコールの税率は5％である。

●奢侈品税

現在、中国の奢侈品税は下記にかかる。

1. 貴金属装身具および宝石や玉石。金銀プラチナの装身具、ダイヤモンドとその装身具は税率5％。ほかの貴金属装身具と宝石や玉製品は税率10％。
2. ゴルフボールおよび用具。ゴルフボール、ゴルフクラブ、ゴルフバッグの税率は10％。
3. 高級腕時計。販売価格（付加価値税を含まない）1個10000元以上の各種腕時計は税率20％。
4. ボート。艇身8メートル以上90メートル以下の、水上スポーツと娯楽など非商業的目的で使われる各種モーターボート。税率は10％。

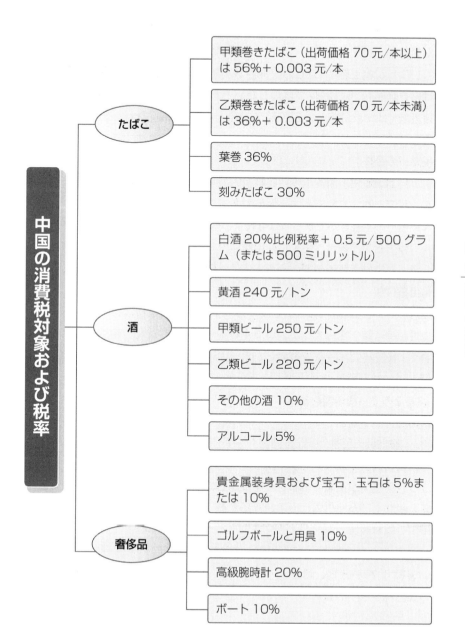

14.5 輸出税還付

　輸出税還付とは、実際に輸出商品の中国国内における生産と流通段階で徴収された製品税・付加価値税・営業税・特別消費税の還付である。中国では1994年1月1日から輸出還付税制度が実施され、納税者が商品を輸出する場合の付加価値税率を0とし、輸出段階で課税しないとともに、その商品が中国国内での生産・流通段階ですでに負担した税を税務機関が還付し、商品を税を含まない価格で国際市場に流通させている。

● 税還付の条件
1. 付加価値税・消費税の徴収範囲内の商品であること。
2. 税関を通して輸出される商品であること。
3. 還付の手続きができるのは財務上の販売処理が済んだもののみであること。
4. 輸出企業が還付（免税）輸出商品の申請をする商品は、すでに外貨収入を得、かつ外貨管理部門の審査を受けた商品であること。

● 輸出還付額

　還付額＝(付加価値税領収書金額)/(1＋付加価値税率)×還付税率。

　還付税率は毎年変化するが、いつ変わるかは不定なので、輸出企業は税務部門で調べて商品の還付税率を確定し、自己の還付税額を計算する。

　例えば、輸出商品の価値が100万元とすると、付加価値税率は17％、還付率は13％なので、税の還付額は1000000/1.17 × 0.13 ＝ 111111.11人民元。

● 輸出還付の手続き
1. 「輸出企業税還付登記申請書」を受け取る
2. 税務機関で還付登記を申請して受理される
3. 税務機関が企業の申請材料を確認し、企業に「輸出税還付登記証」を発行
4. 税務部門が輸出還付の手続きをする

● 中国の還付政策

　1994年の税制改革後、中国の還付税政策には12回にわたる大幅な調整があった。2010年7月15日、鋼材・アルコール・農薬・化学工業産品など、一部の商品の還付税を取り消した。

中国の輸出還付政策の調整

回数	時期	内容
1	1995年・1996年	輸出商品に0税率を実行、還付率を3%・6%・9%の3段階に調整。
2	1998年	還付税率を5%・13%・15%・17%の4段階とする。
3	2004年	還付税率を5%・8%・11%・13%・17%の5段階にする。
4	2005年	一部の「エネルギーを消費し、高汚染で資源性のある」商品の輸出還付率」を低く調整、あるいは取り消し、同時に繊維製品の還付税率を適宜引き下げ、重要技術設備・IT商品・バイオ医薬商品の還付税率を引き上げ。
5	2007年	還付税率を5%・9%・11%・13%・17%の5段階に変更。
6	2008年 8月1日	繊維・アパレル製品の一部で還付税率を11%から13%に引き上げ、一部の竹製品の輸出還付税率を11%に引き上げ。
7	2008年11月1日	還付税率を5%・9%・11%・13%・14%・17%の6段階とする。
8	2008年12月1日	ゴム製品・竹製品・水産物・化学工業・機械電気製品などの還付率を引き上げ。
9	2009年 1月1日	技術集約的で付加価値の高い一部の機械電気製品の還付率を引き上げ。
10	2009年 2月1日	繊維製品・アパレル製品の還付税率を15%に引き上げ。
11	2009年 4月1日	機械電気部品・繊維製品・化学工業製品・セラミックの還付税率を引き上げ、繊維企業の輸出還付を15%から16%に引き上げ。
12	2010年7月15日	一部の鋼材、非鉄金属加工材、コーンスターチ、一部のプラスチック製品・ゴム・ガラスとその製品、アルコール、農薬、医療、化学工業製品などの商品輸出還付を、部分的に取り消す。

第3編　訳注

第10章
注1　地方や国有企業の収入を統一的に国に納め、地方の支出や国有企業の投資資金は国から統一的に支給すること。
注2　「級別」とは、ここでは中国の行政制度にいう「1級＝省級・2級＝地級・3級＝県級・4級＝郷級」という4ランクのこと。財政制度では、中央と地方の支出を分けるとともに、収入を3類に分ける。中央が毎年地方の支出を査定して一定の割合で収入項目を分け与える。

第11章
注1　2013年11月の3中全会以降、分税制の弊害に対応する制度改革がはかられ、2016年には中央と地方の財政関係を定める全国的な財政政策が発表された。
注2　当時"保八"というスローガンにもなった。2008年のリーマンショックによるダメージの中で、GDP8%成長を維持することが、社会不安を阻止する最低ラインとされた。

第12章
注1　第10章の注2と異なるが、財政的には中央を加え5ランクに分けて考えるということ。
注2　北京、上海、天津、重慶。中央が直轄する市。
注3　内部に区を持つ大都市。この、内部にある区を「市管轄区」という。
注4　内モンゴル・広西チワン族・チベット・寧夏回族・新疆ウイグルの5民族自治区。また、少数民族の自治が行われている県を自治県という。
注5　郷と鎮は最小の行政区だが、郷は農村で鎮は町である。民族郷は少数民族の自治が行われる村。

第13章
注1　盟は内モンゴルにおける行政区画単位。省における専区に相当する。
注2　旗も内モンゴルにおける行政区画単位。県に相当する。

第14章
注1　2018年7月現在、不動産税はまだ全国的には導入されていない。

第 4 編
金融・通貨制度編

- 第 15 章　通貨制度
- 第 16 章　人民元の金利
- 第 17 章　人民元為替レート
- 第 18 章　金融部門とその手法
- 第 19 章　金融リスクの回避

15.1 通貨制度の変遷

　通貨制度とは、通貨に関する事柄、通貨流通の組織、管理などを国が規定して形成した制度である。中国の通貨制度は常に、「貨幣価値の安定を保ち、経済成長を促進する」という2つの使命をめぐって変遷してきた。

● **新中国成立初期、インフレへの対応**

　新中国通貨制度の確立は、1948年12月1日の中国人民銀行設立から始まった。貨幣価値を安定させるため、人民元発行銀行を一元化するとともに、現金を集中的に使用、臨機応変に融通し、国は人民元発行庫システムを打ち立てた。新中国成立初期の通貨管理制度は、中国の通貨管理制度の基礎となった。

● **1960年代から70年代**

　通貨制度に大きな変化はなく、特に「文化大革命」期間は通貨制度の発展がほぼ停滞した。

● **1980年代の金融・通貨制度改革**

　1984年1月1日から、中国人民銀行が単独で中央銀行の役割を担うと同時に、多くの金融機関が設立されて経済発展を促進するようになった。中国工商銀行が設立され、次いで各地に都市信用社や株式制の商業銀行などが設立された。

● **1994年、金融市場の整頓と人民元為替制度改革**

　この時期における通貨制度の確立とは、むやみな資金集め、金融機関設立に絡む野放図な認可、非正規金融業者の乱立といった"三乱"を沈静化し、金融秩序を整えることが主であった。

　1994年1月1日、中国人民銀行が『外国為替体制改革を深化させる決定』を発表し、正式に人民元為替レートを一本化[注1]したことで、外貨は正式に通貨制度に影響する因子の1つと数えられるようになった。

● **2002年以降の通貨制度改革**

　2002年以降、中国の通貨制度改革は4つの問題をめぐって推移した。1. 四大国有商業銀行の株式制への移行 2. 農村金融改革 3. 為替レート制度改革 4. 金融への監督管理である。2010年の時点でも、これらの通貨制度改革は深化と進行を続けた。

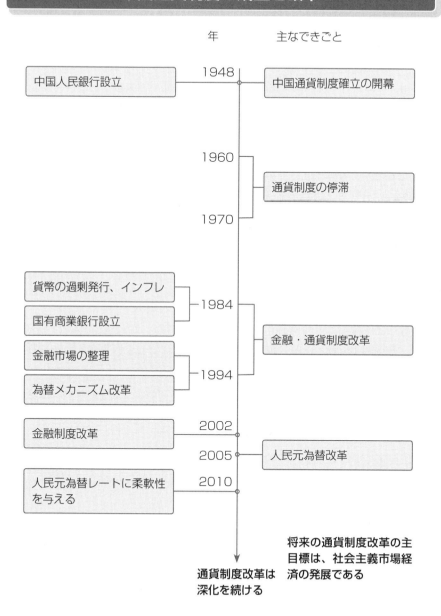

15.2 通貨制度体系

通貨制度体系は、通貨部門と政策とが織りなす複雑なシステムである。

●銀行部門

1．中国人民銀行

中国人民銀行は中国の中央銀行。国務院の指導下で金融政策の制定と執行を行い、全国の金融業を監督管理する特殊な金融機関である。

2．商業銀行

中国の主な商業銀行は、国有商業銀行・株式制商業銀行・都市商業銀行である。中でも実力のあるのは国有四大商業銀行、すなわち中国工商銀行・中国農業銀行・中国銀行・中国建設銀行である。2010年の4行総資産額は全商業銀行資産の半分以上を占めた。

3．特殊な性格を持つ専業銀行

中国において、特殊な性格を時つ専業銀行とは、政策性銀行・農村信用社・農村商業銀行・外資系銀行拠点・郵便貯金機構などである。

●金融政策

中国の金融政策は主に以下の4方面に及ぶ。

1. 金融政策目標。中国人民銀行の金融政策目標は主に以下の4つである。物価の安定、就業促進、経済成長、国際収支バランス。
2. 金融政策の手法。中国人民銀行は、この手法により既定の金融政策目標を実現する。手法には4つあり、一般性政策手法・選択性政策手法・直接信用管理・間接信用管理と呼ばれる。
3. 金融政策効果の波及メカニズム。中国人民銀行が金融政策目標を定めると、何らかの政策手法が選択・実施されて、金融政策効果の波及メカニズムを通して最終目標が実現される。
4. 金融政策の効果。金融政策の目標を達成するために中国人民銀行が何らかの具体的手法を採ると、各商業銀行および金融部門が金融の波及メカニズムを利用し、これを通して金融政策の効果がマクロ経済の動きに表れる。

中国の通貨制度体系

金融部門

- 金融政策機関
  - 商業銀行
    - 中国銀行
    - 中国工商銀行
    - 中国建設銀行
    - 中国農業銀行
  - 中国人民銀行
  - 特殊な性格を持つ専業銀行
    - 政策性銀行
    - 農村信用社
    - 郵便貯金機構
    - 外国銀行

金融政策

- 政策目標
  - 物価の安定
  - 就業促進
  - 経済成長
  - 国際収支バランス
- 政策手法
  - 一般性政策手法
  - 選択性政策手法
  - 直接信用管理
  - 間接信用管理
- （使用）→ 波及メカニズム
- 政策の効果

実現 / 到達

第15章　通貨制度

15.3　金融政策の目標

　中国の金融政策目標は単なる数値目標ではなく、操作目標・中間目標・最終目標の緊密な組み合わせである。

●**操作目標**

　中央銀行が有する明確な金融政策操作目標は、主に短期金利・準備預金・マネタリーベースである。短期金利は価格型操作目標で、準備預金とマネタリーベースは数量型操作目標に属する。

1. 短期金利。通常は市場金利を指す。短期金利は市場の資金需給状況を即座に反映しうる。これは、社会の貨幣需給、銀行のクレジット総量に影響する重要な指標である。
2. 準備預金。銀行システムにおける引当金とは、中央銀行が作る債務の一部であり、中央銀行は準備預金の多寡を調整することで、社会に流通する貨幣の量を調節する。
3. マネタリーベース。流通中の現金と商業銀行が中央銀行に預けている当座預金の総和。マネタリーベースの変動は通貨供給量の変化に直接影響する。

●**中間目標**

　金融政策の中間目標とは、金融政策手法を金融政策の最終目標へとつなげる金融上の中間変数であり、主に金利・通貨供給量・その他を含む。

1. 金利。中国人民銀行は、まず経済金融環境と金融市場の状況に基づいて、基準となる理想の金利を予定する。それから市場金利と基準金利を比較し、最終的に両者が一致に近づくようにする。
2. 通貨供給量。中央銀行は金融政策手法を応用し、社会に流通する貨幣量を意図した水準に保つ。
3. その他の中間目標。金融政策におけるその他の中間目標とは、銀行のクレジットの規模、レートおよびインフレ目標などである。

●**最終目標**

　中国金融政策の最終目標は4つある。1．経済成長　2．物価の安定　3．就業促進　4．国際収支バランス

中国の金融政策目標体系

金融政策の手法
・預金準備率政策　・公開市場操作
・手形再割引政策

中間目標
・金利　　・その他の中間目標
・通貨供給量

操作目標
・短期金利　・マネタリーベース
・準備預金

最終目標
・物価の安定　・経済成長
・就業促進　　・国際収支バランス

中国金融政策の動向
2011年、中国財政政策全体の基調は、積極的財政政策と穏健な金融政策である。

15.4 金融政策機関

　中国人民銀行は中国の中央銀行であり、金融政策機関でもある。中国人民銀行は国務院の指導の下に金融政策の策定と執行を行い、金融リスクを回避・解消し、金融の安定を維持する。

● 中央銀行の機能
1．発券銀行。中国人民銀行は銀行券発行権を独占的に保有しており、全国唯一の通貨発行機関である。
2．銀行の銀行。中国人民銀行は商業銀行やノンバンクなどと取引するが、企業や個人との間には直接取引関係を持たない。
3．国家の銀行。中国人民銀行は国庫を経営するとともに、国に各種の金融サービスを提供し、国を代表して通貨・金融政策を制定・執行する。

● 中国人民銀行の主要な職責
　『中華人民共和国中国人民銀行法』では、中国人民銀行の主要職務として以下のように規定されている。
1．関連する法律と行政法規の起草。関連する金融機関の運営規則の整備。職務に関する命令と定款の発表・履行。
2．法に基づいた金融政策の制定・執行。
3．銀行間コール市場と銀行間債券市場・外国為替市場・金市場の監督。
4．金融のシステミック・リスクを防止・解消して、国の金融を安定させる。
5．人民元為替政策の確定。人民元為替レートを合理的な水準に保ち、外貨管理を実施、国の外貨準備と金備蓄を保有し、その管理と経営にあたる。
6．人民元を発行、人民元の流通を管理する。
7．国庫を経営する。
8．関連部門とともに支払決済規則を制定、支払いと清算のシステムを正常に保つ。
9．金融業総合統計制度の制定と組織を行い、実施する。数値をまとめる役割とともに、マクロ経済分析と予測にあたる。
10．国の反マネーロンダリング活動の組織と調整にあたり、金融界の反マネーロンダリングを指導・手配する。反マネーロンダリング資金を監督する。

```
中国人民銀行
├─ 機能
│   ├─ 発券銀行
│   ├─ 銀行の銀行
│   └─ 国家の銀行
│
└─ 職責
    ├─ 1. 関連する法律と行政法規を起草、関連する金融機関運行規則を整備、職責に関する命令と定款を発表・履行する。
    ├─ 2. 法により金融政策を制定・執行する。
    ├─ 3. 銀行間コール市場、銀行間債券市場、外国為替市場、金市場を監督管理する。
    ├─ 4. 金融のシステミック・リスクを防止・解消し、国の金融の安定を守る。
    ├─ 5. 人民元為替レートの確定。合理的な人民元為替レートを守り、外貨管理を実施。国の外貨準備と金備蓄を保有・管理・経営する。
    ├─ 6. 人民元を発行、人民元流通を管理する。
    ├─ 7. 国庫を経営する。
    ├─ 8. 関連部門とともに支払決済規則を制定し、支払いと清算のシステムの正常な進行を守る。
    ├─ 9. 金融業総合統計制度の制定と組織を行い、実施する。数値のまとめ、マクロ経済分析、予測を行う。
    └─ 10. 国の反マネーロンダリング活動の組織と調整にあたり、金融界の反マネーロンダリングを指導・手配する。反マネーロンダリング資金を監督する。
```

15.5 金融政策の手法

　金融政策の手法とは、中央銀行が金融政策目標実現のために採る、有効な措置と手法である。使用頻度と効果により、金融政策手法は4類に分けられる。

●一般性政策手法

　一般性政策手法とは、通貨市場全体を見、通貨の総供給量を用いて通貨と信用に調節を加える手法である。中国人民銀行が使用する手法は、法定預金準備率の操作、再割引金利、公開市場操作の3つである。これらの金融政策手法は伝統的な手法でもあり、中国人民銀行金融政策の「3つの切り札」と呼ばれている。

●選択性政策手法

　中央銀行の選択性政策手法は、中央銀行が、ある特殊な金融または特殊な経済領域に対して行う手法であり、必要に応じて通常の金融政策手法を補う。中国人民銀行がしばしば行う選択性政策手法は主に以下のとおりである。信用緩和や信用収縮により消費者市場・証券市場・不動産市場を制御。金利優遇策。輸入保証金の予定納入。その他。

●直接的信用管理

　中国人民銀行は通常、特定の金融政策目標に基づき商業銀行に対して各種の制限を行い、信用に関与する強制的措置を採るが、多くは行政手段を採用する。しばしば見られる直接信用取引管理措置は主に、貸出最高限度額の割当、最高基準利率の決定・流動性比率の規定、直接干渉などである。

●間接的な信用への指導

　間接的な指導とは、中央銀行が金融体制における特別な地位を利用し、金融機関における協議・広報などを通じて信用管理を指導、信用の規模をコントロールすることである。行政管理上、中国人民銀行が採る主な措置は、道義上の勧告、金融広報などである。

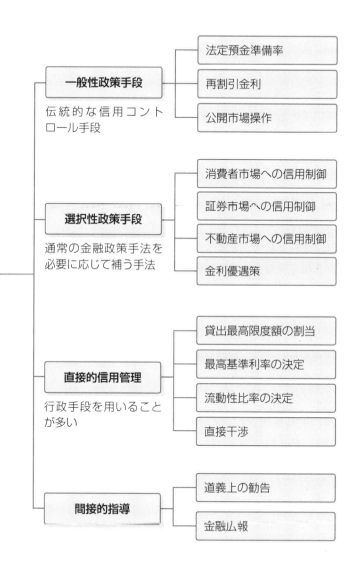

第15章　通貨制度

16.1　中国の金利政策

　中国の金融市場における金利は中国人民銀行が定め、大商業銀行と金融機関が実行するが、このような金利政策は金融市場の動き全体から見ると、市場原理によって資金を振り分けるのに比べて不利であり、相対的に資金の非効率な配置を招きやすい。

● **金利市場化とは何か**

　中国人民銀行では、従来の金利政策が不十分だったことから、人民元金利市場化改革を進めた。金利の市場化とは、金融機関が市場の需給によって融資の金利を決定することで、金利決定・金利伝達・金利構成・金利管理を市場化することである。つまり、実際上の金利決定権が金融機関に与えられ、金融機関は資金状況と金融市場の動向から判断して自主的に金利を調節する。最終的には、中央銀行の基準金利を基礎、金融市場金利を仲立ちとし、市場需給を基に金融機関の貸借金利を決定する、市場金利体系と金利形成メカニズムが成立する。

● **金利市場化改革**

　2000年、金利市場化改革に大きな前進があった。9月21日から、外貨金利管理体制改革が国務院の認可を得て始められ、まず中国人民銀行が外貨建てローン金利決定権を手放し、金融機関は国際金融市場の利率変動の状況および資金コストやリスクなどに基づき、自主的に各種外貨建てローン金利と利息決算方式を確定するようになったのである。

　中国の金利市場化改革の全体的な考えかたは以下のとおりである。金融市場から始め、二級市場〔流通市場〕を一級市場〔発行市場〕より先に、外貨を人民元より先に、借入を預金より先に、長期を短期より先に改革する。中でも、ローン金利についてはまず変動幅を拡大し、その後全面的に自由化する。預金金利では、先に高額の長期預金金利決定権を、後に少額の当座預金金利を自由化する。

　中国人民銀行は金利手法の運用を強化しており、金利調整は年々頻繁になっている。金利コントロール方式もさらに機動的になり、調整メカニズムは日増しに整備されてきた。金利市場化改革の推進に伴い、金融政策手段としての金利政策は、金利を直接コントロールする方式から間接的なコントロールへと、次第に転換している。

人民元金利市場化改革の道のり

1995年	金利市場化政策の提案
1996年6月1日	中国人民銀行、銀行間コール金利の決定権を自由化
1997年6月	中国人民銀行、債券のレポ取引と現物取引の金利を自由化
1998年	中小企業貸付金利の変動幅を10%から20%に拡大、農業信用社の貸付金利、最高（40〜50%）まで上がる
1998年3月	再割引金利・割引金利生成メカニズムの改革
1999年10月	保険会社の高額定期預金に協議金利を実行
1999年	県以下の金融機関の貸付金利、最高30%までの上昇を認可
2000年9月21日	外貨預金金利を自由化
2002年	農業信用社の金利上げ幅をさらに拡大
2002年3月	内資企業と外資企業の外貨金利政策に公平な待遇を実現
2004年1月1日	再び金融機関貸付金利変動幅を拡大
2004年3月25日	〔中国人民銀行の金融機関に対する〕手形再割引に変動利率制度を実行
2004年10月29日	商業銀行の融資に対し、「貸付では最低金利の管理、預金では最高金利の管理」を実現
2005年1月31日	中央銀行が金融政策手法を用いて金融市場の金利を直接コントロール
2005年3月16日	金融機関間コール金利を完全に自由化
2005年7月21日	人民元レート形成メカニズム改革

16.2　金利調整に影響する因子

　国の金利水準はさまざまな社会経済条件に制約される。その主な因子は以下のとおりである。

●**平均的利潤**

　利息は国のマクロ経済コントロールの重要手段であり、中国人民銀行はミクロな企業主体を通して利息を調整する。企業経営において利息は利潤の一部なので、金利は平均利潤率に制約される。制約とは、総体的な金利水準を大多数の企業の負担能力に合わせるべきことである。すなわち、総体的金利は高すぎてはならない。それでは多くの企業で利潤率が低下しすぎる。同様に、低すぎてもよくない。それでは金利の、経済の梃子としての作用が発揮できないからである。

●**資金の供給状況**

　平均利潤率が既定であれば、金利は融資の需給双方のせめぎ合いによって決まる。融資市場では、資金供給側であれ資金需要側であれ、自己に有利な金利を求める。双方は金利の高低を巡って対立し、そのせめぎ合いの結果が金利に表れる。たとえるなら、金融市場における商品価格にあたるものが金利であり、ほかの商品の価格同様、需要と供給のシステムで動くのである。

●**物価変動の幅**

　物価水準が全体的に上昇すれば、人々の保有する貨幣の価値は低下する。物価水準が全体的に低下すれば、逆に上昇する。名目金利水準と物価水準は足並みを揃えて推移し、したがって、名目金利水準は物価変動の幅に制約される。

●**国際的経済環境**

　世界経済において中国のシェアが大きくなればなるほど、中国の金利調整は国際経済環境の変化の影響を強く受ける。例えば、資金が流出すれば中国の資金供給量は減少するので、資金の変動、特に通貨流出を防ごうとするなら、国はぜひ金利を上げなければならない。その他、中国の金利水準は、国の外貨準備高や外資導入政策の影響をも受ける。

中国の金利調整に影響する因子

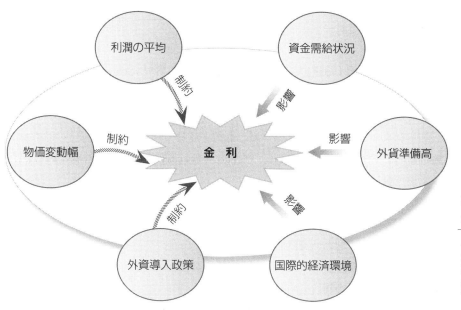

金利調整は、経済成長、住民の消費、住民の貯蓄、投資動向に影響する。しかし、中国の金利政策の効果は現在のところ不明瞭で、経済発展と市場投資にやや影響があるとはいえ、国民の貯蓄や消費への影響は薄い。

16.3　金利の分類

　金利とは、一般に利息と元金との比率であるが、金利管理体制・金利計算法・記載方法の違いにより、中国の通貨市場では、金利を以下の数種類に分け得る。

●**市場金利と公定レート**

　金利管理制度の違いにより、金利は市場金利と公定レートに分けられる。市場金利は資本を貸借する市場の需給双方が市場原理の支配下で自由に確定する金利である。公定レートとは中央銀行が確定する金利のことである。

●**名目金利と実質金利**

　利息収入の実際の購買力によって、金利は名目金利と実質金利に分けられる。名目金利はインフレ率を考慮しない額面金利で、実質金利は名目利率からインフレ率を控除した金利である。

●**固定金利と変動金利**

　貸借期間内に利率の変更を許すか否かにより、金利は固定金利と変動金利に分けられる。固定金利とは貸借期間全体を通して一定の利率をとることで、変動金利とは双方の約定により貸借期間内の利率を調整し、変動させることである。

●**預金金利と借入金利**

　双方の貸借関係により、利率は預金金利と借入金利に分かれる。

●**一般金利と優遇金利**

　融資対象によって、金利は一般金利と優遇金利に分かれる。一般金利は正常かつ基準となる金利である。優遇金利とは、重点的に援助すべき対象やプロジェクトが借り手である場合に、基準よりも低い利率を用いることである。

●**短期金利と長期金利**

　貸借や金融商品の期限の長さにより、金利は短期金利と長期金利に分けられる。通常、短期金利とは1年未満の、長期金利とは1年以上の金利をいう。

●**単利と複利**

　利息の計算法により、金利は単利と複利に分けられる。単利計算は元金に応じて計算する利息、複利は貸借期間を何段階かに分け、段階ごとに利息を元金に上乗せし、次の段階ではその合計から新たに計算し直す利息である。

第16章 人民元の金利

16.4　金利の機能と役割

　金利は国の金融政策において重要な役割を果たしており、その変動はマクロ経済全体の動きに影響を与える。

●中国のマクロ経済調節における金利調節の主な機能
1. 国・企業・個人と連係し、金融市場や商品市場とコミュニケートしつつ、マクロ経済とミクロ経済の仲立ちとなる機能。
2. 国民の収入に分配と再分配を行う分配機能。
3. 社会と経済の発展を推進する動力としての機能。
4. 国・企業・人という三者の利益を調和させる調節機能。
5. 重大な経済活動を、バランス・調和・発展の三者が成り立つ範囲内でコントロールする機能。

●中国の金利が発揮する「経済の梃子」としての働き
1. マクロ経済においては、貯蓄収益に影響を与えることで社会資本の供給を調節し得る。例えば金利を上げて住民の貯蓄を増加させることができる。
2. 投資原価に影響を与えることで、社会の投資総量と投資構造を調節することができる。例えば金利を上げれば社会の投資総量は減少するし、金利に差を付けることで社会投資の構造を調節できる。総貯蓄と総投資の変動は社会の総需給に影響を与える。
3. ミクロ経済においては、金利は企業の生産コストや収益に影響し、企業における経営管理の改善を促進する作用を発揮する。
4. 貯蓄収益の変更は、住民の貯蓄傾向や貯蓄方法の選択に作用し、個人の経済行為にも影響を与える。

　しかし、金利が経済調節の役割を果たすには一定の条件が必要である。金利は一方では金利管理、与信限度額、市場の開放度、利率の柔軟性など環境的要因に影響を受けるが、別の側面では、整備された金利システムを備えることが必要である。そのシステムには、市場化された金利決定システム、機動的な金利連動システム、適当な金利水準、合理的な金利構造などが含まれる。

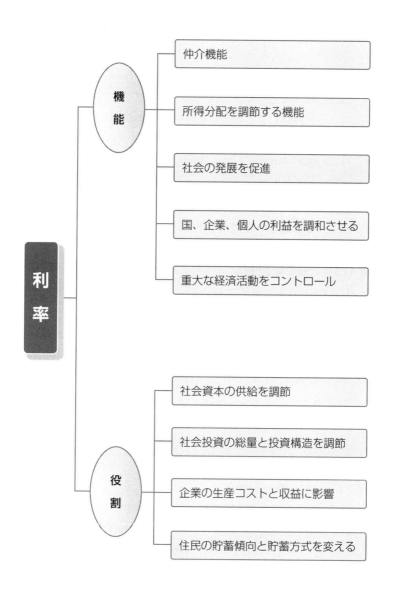

16.5 「マイナス金利」とは何か

　「マイナス金利」とは、1年定期の預金金利が同期の消費者物価指数（CPI）の上昇率より小さいこと。このとき銀行預金の人民元としての実質購買力は時とともに下がって、「縮んだ」ように見えるので、「マイナス金利」という。

　「マイナス金利」時代において、お金は銀行に預けておいても増えないばかりか、物価上昇に随って目減りしてしまう。それがいわゆるマイナス金利であり、預金の実効利回りが「負」になってしまう現象である。

　金融界には、「劉翔[注1]より遅くても構わない。だが、絶対に消費者物価指数より速く走らねばならない」というジョークがある。それは、多くの一般庶民にしてみると、お金を銀行に預ける以上に有効な投資をする力がない場合、自分の預金の価値が下がってしまうのを黙って見ているほかないということである。

　3つの「マイナス金利」時代を下に列挙する。

● 2003年11月～2004年12月

　2003年11月から2004年末まで14か月にわたり、中国では1年定期預金が実際上「マイナス金利」であった。この期間、仮に100万元の定期預金をしたとすると、1年の最高損失は3万3200元以上、最低でも1500元であった。

● 2007年2月～2008年10月

　2007年2月～2008年10月、中国の消費者物価指数は前年同期比で最高8.7％に達した（2008年2月）。しかし同期間の金利は4.14％にすぎず、「マイナス金利」水準は4.14％－8.7％＝－4.56％で、100万元を預金した場合、1年間の実質的損失は4万5600元だった。2008年10月の消費者物価指数は依然、前年同期比4％で、同時期の1年定期預金利率3.87％と3.6％を上回っていた。

● 2010年3月～2011年12月現在

　2010年3月、中国の消費者物価指数は2.4％に達し、1年定期預金利率である2.25％を初めて超えた。以来「マイナス金利」が続いた。2010年5月に3.1％だった消費者物価指数の上昇と合算すると、金利は2.25％－3.1％＝－0.85％で、100万元を銀行に預けた場合、1年間の損失は8500元である。

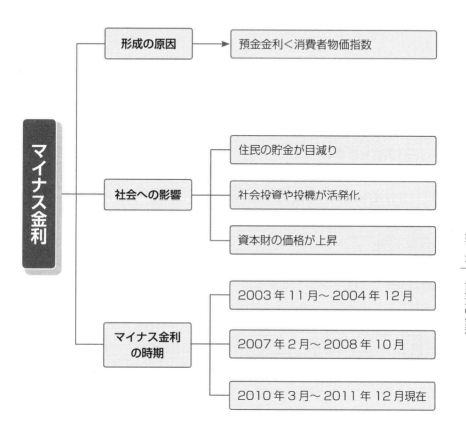

第16章　人民元の金利

17.1　中国の為替管理制度

　2005年7月21日、中国は新たな人民元為替管理制度を打ち出し、市場の需給を基礎とし、通貨バスケットを参考にする、管理された変動相場制を実行した。この新たな為替管理制度により、人民元のレート形成メカニズムはある程度整備され、人民元為替レートの変動は正常範囲に保たれ、金融市場を安定させるため、一定の役割を果たすようになった。

　人民元為替管理制度の特徴は以下のとおりである。

●市場の需給を基礎とするレート

　新たな制度では、人民元対外貨の価値基準として市場レートのみを用い、外国為替市場の需給状況が人民元為替レート決定の主要根拠となった。

●管理されたレート

　中国の外貨管理とは、主に国の外国為替市場への監督ならびに人民元為替レートへのマクロ調整であり、必要な市場への管理は中国人民銀行が行っている。

●管理変動相場制

　管理変動相場制とは、適度な柔軟性を持つ為替制度である。中国人民銀行は、当日の銀行間為替市場における米ドルなどの取引通貨対人民元為替レートの終値を営業日取引終了時ごとに発表し、翌営業日における基準値とする。現段階では、翌営業日の銀行間為替市場における米ドル対人民元のレート変動を、公表基準値の上下0.3%まで許容する。米ドル以外の通貨と人民元とのレート変動は、当該通貨対人民元基準値の上下3%まで許容する。

●通貨バスケットを参考に調節

　中国は、世界の主要通貨から数種類を選び、相応の比重付けをして通貨バスケットとして組み合わせた。バスケット内の通貨は、貿易、外債、外資系企業の直接投資など、中国にとって経済上重要な国家・地域の通貨である。通貨バスケット制を採用すれば、外貨レートの変動が人民元為替レートに影響することになる。とはいえ、通貨バスケットを参考にするとは、決してバスケット内の通貨だけに左右されることではなく、市場需給関係をも重要な根拠としており、管理変動相場制はこの2つに基づいて形成されるのである。

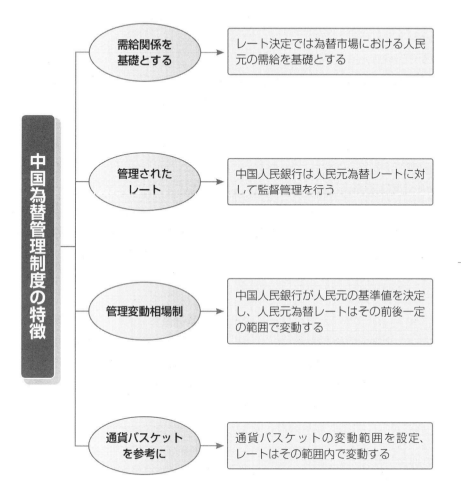

通貨バスケット
　一般的に、人民元為替レートの調整において参考にする外貨の組み合わせをいう。かつて中国は米ドルの変動のみに注目するドルペッグ制を取っていたが、現在は米ドル・日本円・ユーロなど世界の主要通貨を基にレートを調整している。

17.2 人民元為替改革の道のり

　新中国成立以来、人民元為替レートは一連の改革を経て、現在の管理された変動相場制を形成してきた。

●新中国成立から改革開放以前

　伝統的な計画経済体制下では、国が厳格に人民元為替レートを管理、コントロールしていた。改革開放前の中国のレート管理体制は、新中国成立初期（1949～1952年）の単一変動相場制、50～60年代（1953～1972年）の単一固定相場制、ブレトンウッズ体制後（1973～1980年）の「通貨バスケット」による単一変動相場制である。

●第11期3中全会以後

　この期間、中国の為替制度は単一相場制から二重相場制に転換していた。二重相場制期間は、公定レートと輸出企業の内部決済レートが併存した期間（1981～1984年）、公定レートと外貨調整センターレートの併存した期間（1985～1993年）の二期に分けられる。

●人民元為替改革

　1994年1月1日、人民元の公定レートと外貨調整センターレートが統一され、中国は、市場の需給を基礎とする、単一で管理された変動相場制を採った。

　1997年、アジア金融危機が起こった。周辺国家・地域の通貨価値が連鎖的に下落して危機を増幅する恐れがあったため、中国は責任ある大国として、積極的に人民元為替レートの変動範囲を狭めた。

　2005年7月21日、中央政府は人民元為替レート決定メカニズム改革を完成させた。人民元のドルペッグ制をやめ、対外経済発展の実情を元に若干の主要通貨を選び、相応の比重付けをして、通貨バスケットに組み合わせた。その当日、人民元の米ドルに対する上昇は2％、つまり1ドル8.11人民元であった。

　2010年6月19日、中国人民銀行は「人民元為替メカニズム改革推進のため、人民元為替レートの柔軟性を高める」と発表した。これは改革のさらなる前進を意味する。

人民元為替改革の道のり

国が厳格に管理していた時期（新中国成立から改革開放以前）

1949～1952年	「物価比較法」によりレートを決定
1953～1973年	固定相場制
1973～1980年	通貨バスケットにペッグ

レート決定法が変化した時期（第11期3中全会以降）

1981～1984年	二重公定レート
1985～1993年	公定レートと市場レートの併存

為替改革の時期

1994年1月1日	人民元為替改革、レートの一本化
1996年	経常項目における人民元の交換性を完全に保証
2005年7月21日	人民元為替レートメカニズム改革、「市場の需給を基礎に、通貨バスケットを参考に調節する、管理された変動相場制」
2010年6月19日	人民元為替レートの柔軟性を高める

17.3 「為替操作」をめぐる対立

　米中が「人民元の為替操作」に関して舌戦を闘わせたことは、2010年の世界における重大事件の1つに数えられた。

●アメリカ、人民元の為替操作に関する論戦に口火

　2010年3月、シューマーら数名の上院議員が対中報復関税〔アンチダンピング税〕法案をちらつかせ、人民元が過小評価されている部分に対して関税をかけると圧力をかけた。ノーベル経済学賞受賞者クルーグマンや、国際経済学者でワシントンのシンクタンク、ピーターソン経済研究所所長のバーグステンら、著名な経済学者が次々に「米中為替戦争」を叫ぶ輿論の先頭に立った。

●中国側の反応

　中国の政府と学会は為替問題に慎重な態度を押し通した。温家宝首相は2010年3月、人民元は過小評価されていない、すなわち2009年に37か国を対象に取った統計では、うち16か国で対中輸出が増加していたことを指摘した。世界経済が極めて困難な時期にも人民元は下落していないばかりか、実勢レートは14.5％上がってもいた。中国人民銀行の周小川総裁はこう述べた。「為替問題について各国は異なる見解を持っているし、互いに批判もある。それは理解できるが、我々は為替の政治問題化には反対する」。

●為替操作紛争の原因

　アメリカの議員が人民元為替レートについてたびたび言及するのには経済的原因もあるが、実は政治的思惑のほうが大きい。中国が国際貿易の主要プレイヤーになったため、中国の為替や貿易政策がアメリカに及ぼす影響力の大きさは昔日とは比較にならないが、一方、アメリカ政客の常套手段として、国内経済の苦境に際しては注意を国外に向けがちであることも確かだ。『ワシントンポスト』は人民元為替レートを、アメリカ国内政治紛争の「スケープゴート」と呼んだ。

●「為替戦争」の結末

　仮に米中間に激しい為替バトルが起こったとしても、勝つ国はないだろう。アメリカは報復関税で中国の輸出企業に打撃を与えるだろうが、中国もやはり、政治・経済政策において強力な報復能力を持っている。結末は共倒れであり、世界経済は再び苦境に陥るであろう。

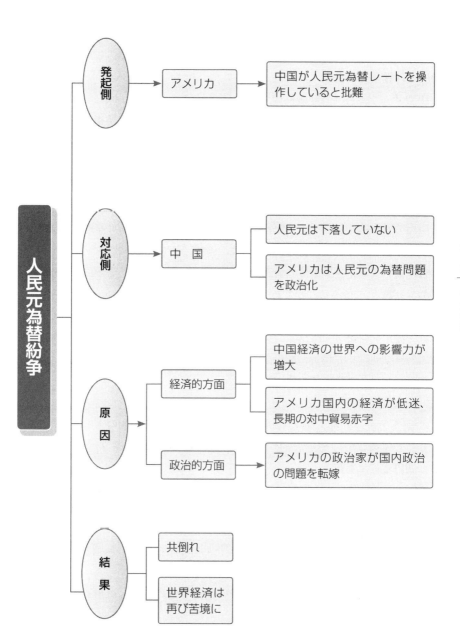

17.4　中国の外貨準備

　外貨準備とは、一国の政府が保有する国際的資産中の外貨部分であり国の通貨当局が保有し、随時外国通貨に交換することができる資産である。

●**中国外貨準備の変化**

　1978年、中国の外貨準備高はわずか1億6700万ドルであった。2000年以降急速に増加、2006年2月、日本を抜き世界一になった。外貨準備高は2006年10月に1兆ドルを突破、2009年6月末には2兆ドルを超えた。2009年12月には2兆3000億ドル、世界総額の約1/3を占めた。2010年6月外貨準備高は2兆4000億ドルで、前年同期比15.1％増である。

●**外貨準備の管理**

　中国の外貨管理目標は、「外貨管理が経済成長をサポートする働きを強め、国際資本フローの統計と監督管理を見直し、異常なフローリスクを防ぎ、外貨管理の透明性を高め、外貨準備の経営管理を整備し、外貨準備資産の安全を保障し合理的な収益[注1]を得ること」である。

　2007年9月29日、中国投資有限責任公司が成立し、外貨準備の一部を用いて株式・確定利付証券・ヘッジファンド・私募債市場・大口商品市場・不動産投資など特殊な資産への投資にあたることとなった。

●**中国における外貨準備の使用法**

1．外国国債の購入

　2010年7月、アメリカ財政部は、中国が新たに30億ドルのアメリカ国債を購入したと発表した。中国が保有するアメリカ国債は総額8467億ドルである。

2．国際組織に参加

　2009年7月20日、IMFは2500億ドルの特別引き出し権（SDR）配分草案を発表、配分された特別引き出し権は、アメリカに426億ドル、中国に90億ドルで、特別引き出し権創設以来最大の増配となった。

3．中国国家金融基金を設立して国による投資を実施

　2009年4月18日、温家宝首相はボアオフォーラム開会式において、アジアのインフラ建設のため100億ドル規模の「中国－ASEAN投資協力基金」を設立することを発表した。

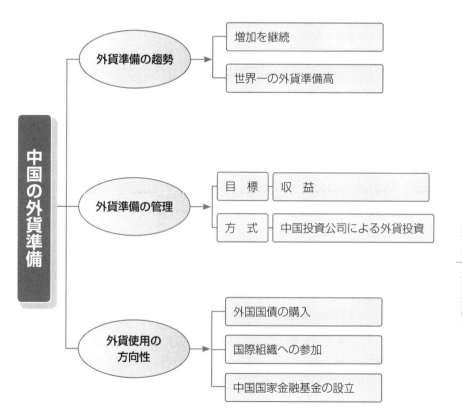

外貨準備の機能

　国際収支を調節し、対外決済を保証する。為替介入によって、通貨レートを安定させる。国際的信用を守り、対外融資能力を高め、総合的な国力とリスク回避能力を強化する。

17.5　人民元の国際化

　人民元の国際化とは、人民元が国境を越えて流通し、国際的に広く認められる計算貨幣・決済通貨・準備通貨となることである。

●人民元国際化という意味

　国外で人民元が現金として一定程度流通すること、国際的に人民元建ての金融商品が中央銀行を含む各主要金融機関の投資対象となること、貿易において一定割合の取引が人民元で決済されることの3つである。

●人民元国際化の条件

　中国は世界第2の経済大国であるから、人民元は国際的通貨となる可能性を備えている。その実現には、以下の4条件をクリアする必要がある。1．経済の持続可能な発展　2．市場経済制度の整備　3．アジア国際金融センターの設立　4．貿易および金融口座における人民元決済。

●人民元国際化の道のり

　人民元の国際化には、人民元建て貿易決済、人民元建て金融取引、人民元が世界の準備通貨の1つになる、以上の3段階を経ることが必要である。

1．起点　人民元建て国際貿易決済

　2008年12月、国務院常務会議は、広東・長江デルタ地区と香港マカオ地区、広西チワン族自治区と雲南省で、ASEANの物品貿易において人民元決済を試行することを決定した。これら特定地域における決済の試行を通して、人民元は国際化の第一歩を記した。

2．前進　通貨の互換

　2007年12月以来、中国人民銀行は、香港・韓国・マレーシア・ロシア・インドネシア・アルゼンチンなどの国や地域との総額6500億元の通貨スワップ協定に署名した。このことは、人民元の国際化が、アジアから東欧、ラテンアメリカまで広がっていることを示している。

3．目標　世界の準備通貨に

　最後の一歩は、世界の準備通貨となることだ。世界各国が、外貨準備に人民元を組み入れると同時に、国際貿易の決済にも次第に人民元を使用するようになる。この最終目標を実現してこそ、人民元は真の国際通貨となることができる。

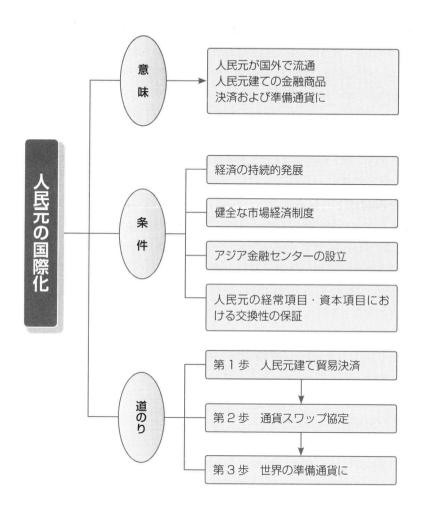

18.1　中国の金融市場

　中国の金融市場は1980年代から20年以上かけ、それなりの規模と整理されたレベル、明確な分業化を備えた金融市場体系を発展させ、コール市場・債券市場・CP市場・株式市場・保険市場などの金融市場体系をほぼ形成した。

● 金融商品とツールの多様化

　中国の金融市場ではCP・債券・株式・投資信託・先物・金などの商品シリーズを相応に完備していると同時に、レポ取引、長期債券取引、金利スワップ、外国為替先物取引、通貨スワップ、新株予約権などの新たな金融商品や金融派生商品も登場している。

● 金融市場の規模の拡大

　1998年以来、金融機関の間で行われるコール取引金額は年平均〔以下同じ〕30.4％増、債権のレポ取引額は39.8％増加した。債券の現物取引額は26％増。上海・深圳両株式市場の時価総額は1993年末の3531億元から2006年末の8兆9400億元に増加、年平均増加率は43.5％。金・先物市場の取引額は数年間で、平均で45％以上増加している。

● 金融センター

　現在すでに、9都市が全国的金融センターと地域的金融センターとなっている。上海・北京・深圳が全国的金融センター、天津・重慶・大連・武漢・西安・杭州が地域的金融センターである。

● 高まるプレイヤーの積極性

　2006年末、機関投資家数はコール市場で1997年末の96行から703行に増加、銀行間債券市場でも1997年末の61行から6439行に増加した。

● ますます世界に向けて開かれる中国金融市場

　中国国家開発銀行は100以上の海外金融機関と協力関係を築き、国際的業務は69か国（地域）をカバーしている。市場のプレイヤーは積極的に国際金融市場で活動、"走出去"[注1]の歩みは加速し続けている。中国国内債券市場は急成長を遂げて世界第8位となった。また、先物市場も世界でのシェアを向上させ、上海は銅先物の価格決定の中心地となった。ゴム先物の取引量は世界一、銅先物は世界第3位、大豆先物は世界第2位である。

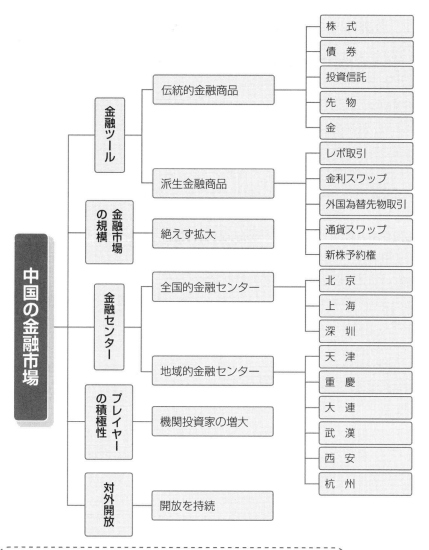

第18章　金融部門とその手法

金融豆知識

*レポ取引とは、債券を保有する人（買戻し側）が債券を購買する側（買取側）に売ると同時に、期日と買戻し価格を買取側と合意した上で、約束した日に購買側から同種の債券を同量、合意した価格で買戻す約束をするという取引行為である。

*通貨スワップとは、取引する両者が貨幣Aを一定量の貨幣Bと交換すると同時に、将来の決まった期日に、逆に貨幣Bを同量の貨幣Aと約束した価格で交換するという取引。

18.2　金融部門　銀行業・株式市場・保険業

中国の金融市場で最も重要な金融部門は、銀行・株式市場・保険業である。

●銀行業

全国には、3万以上の銀行・金融機関が存在する［2010年現在］。主なものを挙げると、3つの政策性銀行、4つの国有商業銀行、13の株式制商業銀行（渤海銀行など）、115の都市商業銀行、626の都市信用社、3万438の農村信用社、57の農村合作（商業）銀行、238の外資銀行の支店、4つの金融資産管理会社、59の信託投資会社、74の企業集団財務会社、12の金融リース会社、5つの自動車金融会社、および都市と農村に広がる郵便貯金機構である。銀行業の資産は全金融機関資産の90％以上を占め、中国の金融機関の主体をなしている。

●株式市場

中国の株式市場は波乱万丈の発展を遂げてきた。2009年11月末までに、中国国内の上場企業総数は1693、上海・深圳両株式市場の株式の時価総額は23兆9500億元に達し、すでに流通市場に入り込み流通している株式の時価総額は14兆3500億元、投資者が開いた有効な口座は1億1882万7800口座。2009年1月～11月に国内株式市場に集まった資金は累計3809億1500万元、上海・深圳株式市場の株式・投資信託の取引成立総額は48兆3871億7200万元である。

●保険業

中国の保険市場システムは一応、さまざまな形式の組織と所有制が併存し、公平な競争によりともに成長する市場を形成した。保険会社の数は初期の1企業から120企業にまで増加し、うち6企業は国内外で上場している。業界規模は急速に拡大しており、中国の保険料の増加率は年平均20％である。2008年、保険料収入は1兆元に近づき、世界ランク6位となった。中国の保険業経営管理水準と国際競争力の向上は明らかである。中国人寿社・中国平安社は世界のトップ企業500社に名を連ね、中国人寿は世界で最高時価総額を誇る生命保険企業となった。中国の保険業はすでに世界の保険業界に重要な一角を占めている。

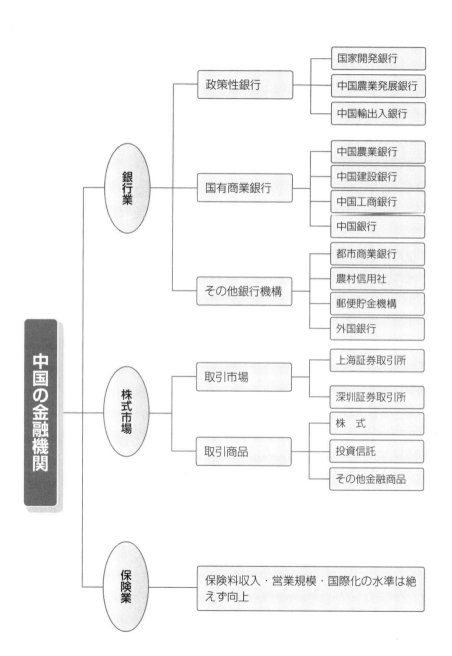

第18章　金融部門とその手法

18.3　農村金融システムの成立と発展

●**改革開放以来、農村金融システムは以下の3段階を経て成立、発展**

第1段階（1979～1993年）。この段階では中国農業銀行が復活し、農村合作社が成立、民間信用行為に対する禁止が解かれ、民間での自由な貸借や民間合作金融組織の設立が許可された。

第2段階（1994～1996年）。中国農業銀行・中国農村信用社の成立により、農業・農家に金融サービスが提供され、中国農業発展銀行の成立により、農業開発と農業技術の進歩が支えられるようになった。

第3段階（1997年～2011年現在）。東南アジア金融危機後、農村金融のリスクコントロールを重視、農村金融市場における農村信用合作社の独占が強化された。

●**中国農村金融の現状**

中国の農村金融システムにおける正規の金融機構は、四大国有商業銀行・農業発展銀行・農村信用合作社・農村商業銀行・郵便貯金である。

非正規金融組織は一般に、個人・家庭・企業の間において、民間貸借などの金融取引活動を行う。非正規金融は中国の農村、特に江蘇・浙江一帯で急速に発展している。

●**発展の傾向　「北京モデル」**

北京では数年来、重点的に農村金融システムを構築、「農業貸付＋農業保険＋農業担保」のモデルを確立、すでに20社の少額貸付会社が設立され、登録された資本は18億8500万元に達した。

北京では政策性農業再保険と低収入農家少額貸付という2つの業務が実行されているが、いずれも中国国内で初めての試みである。前者は農業災害リスクをヘッジするための保険で、農業保険のうち年間還付率160％未満のリスクは保険会社が負担、160％を超えるリスクは政府が負担する。また、低収入農家少額信用貸付のテスト地域では、零細農業ベンチャーに無抵当・無担保の少額資金貸付と技術援助を行っている。

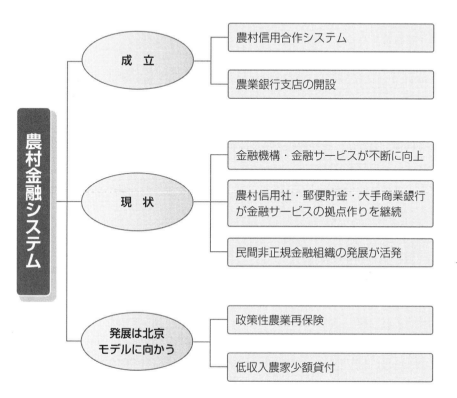

第18章 金融部門とその手法

18.4　伝統的金融商品　株式・債券・投資信託

　金融商品とは金融市場で取引できる金融資産のことで、貨幣または金融資産を用いて投資する手段である。

●株式

　株式は、株式会社（有限責任会社と無限責任会社を含む）が資金を集めるときに出資者に発行する株の証券で、その保有者（すなわち株主）の株式会社に対する所有権を意味する。この所有権は一種の総合的権利で、例えば株主総会に出席する権利、議決権、企業の重大戦略決定に参画する権利などを含む。

　株式の取引は証券取引所で行われる。中国では上海証券取引所と深圳証券取引所があり、株式の売買双方が、市場動向に対する自己の予測に基づき、取引システムを使って入札取引する。

　上海・深圳両証券取引所の株式取引は毎週月曜から金曜まで行われる。

　午前の立会を前場といい、9:15から9:25がコールオークション時間、9:30から11:30が連続オークション時間。

　午後の立会は後場といい、13:00から15:00が連続オークション時間である。

　休日は、土曜・日曜・法定の休業日。

●債券

　債券（Bonds）とは、政府・金融機関・商工企業などの機構が直接社会から資金を集めるときに投資者に発行するもので、一定の利率で利息を支払うこと、約定に順って額面の債権債務を償還することを請合う証券である。

　中国では年間の債券発行総額がGDPの15％程度にすぎず、かつ種類も、国債・中央銀行債券・政策性銀行債券などと少ない。現在出回っている債券は、深圳・上海の証券取引所で債券の現物取引と買戻しを行うことができる。

●投資信託

　中国では、投資信託とは一種の間接的証券投資方式である。運用会社が〔投資信託の〕販売会社を通じて投資家の資金を集め、保管会社（資格を持つ銀行）に〔資産の〕管理を委託する。運用会社は資金を管理・運用して株式・債券などの金融商品への投資に従事し、そのリスクと収益を投資家と分ちあう。

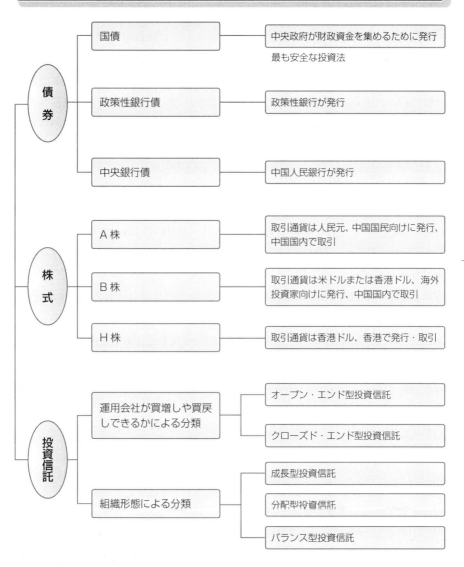

18.5　新たな金融商品　QFⅡ・ベンチャーボード・株価指数先物

　新たな金融商品は、金融派生商品ともいい、伝統的金融商品（例えば短期取引の商品契約・債券・株式・外貨など）から派生した金融取引である。

● QFⅡ（適格域外機関投資家）

　QFⅡ制度とは、資本が完全には開放されていない国や地域が、一定限度額の外貨の導入、あるいは現地通貨との交換を許すことで、外資は厳格に管理された専用口座から現地の株式市場に投資される。要するに、限度を設けて国の株式市場を外資に開放することである。

　2003年7月9日、グランドハイアット北京の浮碧ホールで、国内外のメディア40以上とスイス銀行役員が歴史の証人となり、午前10時17分、初めてのQFⅡ取引指令が出された。10時19分頃、最初の買い注文4銘柄はすべて取引成立が確認され、注目を集めるQFⅡが正式に中国株式市場という大舞台に登場した。

● ベンチャーボード

　メインボードに次ぐセカンドボードであり、中国では深圳にある。上場の障壁、監督管理制度、情報公開、取引者の条件、投資リスクなどの方面で、メインボードとは大きな違いがある。中小企業、特に高い成長を見込める企業を支えることが、その目的である。

　中国ベンチャーボードは2009年10月23日開業セレモニーを挙行、第一陣である28企業の平均株価収益率は56.7倍、宝徳株は最高の81.67倍で、全A株の収益率、中小ボードの収益率をしのいだ。2009年10月30日、正式運営開始。

● 株価指数先物

　正確には「株式価格指数先物」という。株価指数をターゲットとする標準的先物取引で、双方が将来の決まった期日に、あらかじめ確定した株価指数の差額を売買する、指数を対象とする取引である。

　2010年4月8日午後4時、株価指数先物市場開業セレモニーが上海で開かれ、4月16日には上海・深圳の300株が先物取引され、まず合意に達した2010年5月、6月、9月と12月の取引の名目指数は3399ポイントであった。2010年5月21日、初めての期日決済も無事行われた。

中国の金融派生商品

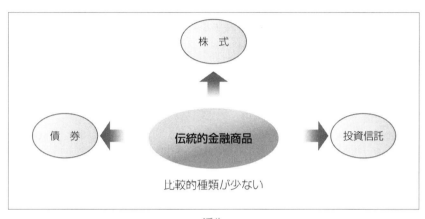

伝統的金融商品 → 株式、債券、投資信託

比較的種類が少ない

派生
新たな金融商品の登場は金融業務の発展トレンドの1つ

新たな金融商品 → QFⅡ、ベンチャーボード、株価指数先物

多目的多形式で、シリーズ化された商品構成

流れ：新たな金融商品の登場で金融業の競争が全体的に激化し、銀行資本の集中も日増しに明らかになった。また、金融管理当局は管理の緩和と管理方式の革新を迫られ、同時に各国の金融政策も新たな試練に直面した。

19.1　中国の金融管理システム

●中国の金融監督管理方法の発展

　中国の金融監督管理体制は概ね2段階を経て成立した。第1段階は1997年までで、中国人民銀行が金融管理を統一的に行っていた時代。第2段階は1998年から2003年。中国証監会・中国保監会・中国銀監会が成立、"一行三会"〔上記三会と中国人民銀行〕が分担して金融の監督管理を行う体制が定まった。

●中国の金融監督管理組織のモデル

　これまででは、"一行三会"による分担モデルを採ってきた。中国人民銀行は金融政策を制定・執行し、中央銀行としてマクロコントロールと金融リスクの回避・解消策を行うとともに、中央銀行としての支払や清算など、金融サービスも行う。中国銀監会・中国証監会・中国保監会はそれぞれ銀行・証券（先物取引・投資信託）と保険業を監督管理してきた。

●中国金融監督管理体制が直面する困難

　中国の金融業にアップグレードが続き、銀行と証券との連携、業務方式の変化、新たな金融商品の登場、外資系金融機関の参入、グローバルな資金の流れなどが起こって、複数の管理機構が1つの金融機関を重複管理したり、管理に穴があいたりするほか、管理コストの上昇や浪費も起こる。これらが中国の金融監督管理システム改革が直面する困難となってきた。

●中国金融監督管理体制の改革

　管理体制改革の最終的な選択は、統一的・総合的な監督管理モデルである。

1. 管理のための共通のプラットフォームを造る。中央銀行の「リード」をより強化し、特にほかの管理機構との連携を密接にして、監督管理業務の「盲点」をなくす。
2. マクロ・プルーデンスな枠組みを作り、グローバルな視点から着実に世界の金融制度に歩調を合わせ、国際通貨システム改革に協力する。
3. 種々のマクロ・プルーデンスの手法を確立する。金融政策においては、物価と金融バランスという2つの視点を持ち、俯瞰的に経済状況全体を評価することが必要である。
4. 中央銀行と金融監督管理機構の情報共有メカニズムを打ち立てる。

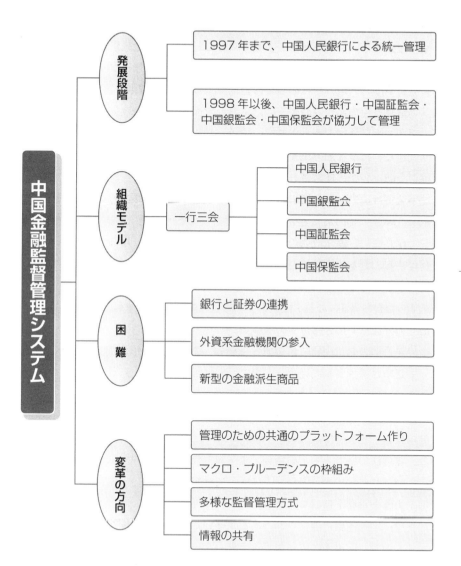

19.2　地下金融を監督下に入れる

●地下金融の勃興

　地下金融とは、特殊な非合法金融機関のことである。金融管理システムから逸脱し、少なくとも部分的には金融機関の資金決済ネットワークを利用し、違法な外貨売買や国外（境外）への資金移動、あるいは貯蓄や貸借など金融業務を行う。地下金融は誕生当初から毀誉褒貶にまみれてきた。一方では、マネーロンダリングの温床で金融秩序を攪乱する悪の根源だとみなされ、また一方では、民間経済を活発化し、富豪を生み出す揺りかごだともみなされている。

●地下金融はいかに運営されているか

　地下金融は通常、非合法の金融サービスとして、中国国内の客から人民元を受け取り、境外の協力者に連絡し、客の指定した海外口座に外貨を振り込ませる。現在ではすでに、違法収入のマネーロンダリングの方法になっており、沿海地域に蔓延する、資本の海外流出の重要ルートともなっている。

●地下金融の分布と運営形態

　広東・福建・浙江・江蘇・山東の各省のように経済が発達した沿海地域に多い。各地での「経営」形態は以下の3種類。

1. 非合法の外貨売買。広東省・福建省・山東省など沿海地域に多く、広東・福建では香港ドルの売買、山東などでは韓国ウォンや米ドルの売買が主である。
2. 非合法な預貯金集め、融資。大多数の省にあるが、特に浙江省・江蘇省・福建省・雲南省などに多い。地域により、標会・台会・互助会などと名乗る。
3. 非合法の抵当設定・高利貸。湖南省・江西省など内陸にあり、すでに国に一掃されたはずの業者が地下に潜って経営を続けている場合もある。

●地下金融を管理下に置くには

　地下金融は隠密裏に運営されることが多いため、国の機関が働きを強化してその蔓延を防ぎ、監視下に置かなければならない。具体的措置は以下のとおりである。銀行のサービス水準向上により地下金融の市場を奪う。人民元為替レートの安定。地方政府の外資・貿易企業に対する奨励制度の廃止。民営企業の資金需要に最大限応える。定価による取引や資金移動を強く奨励。外貨両替店の試行範囲を広げ、両替限度額を引き上げる。

中国地下金融の運営と分布

非合法の預貯金、融資。どの省にも存在。浙江省・江蘇省・福建省・雲南省に突出して多い。
現在中国の地下金融は総じて経済の発達した沿海地域に多く分布している。中でも浙江省は民営経済の成長が最も急速な省であり、高利息に誘惑されてほとんど誰もが金貸しに関わっている。

非合法外貨売買

非合法の質屋業、非合法の高利貸

第19章　金融リスクの回避

地下金融の未来

専門家は、地下金融のはびこる原因を2つ指摘している。1つは経済の過熱を抑えようと国が政策的に合法的貸付額を減らしたため。もう1つは地下金融の収益が比較的高いことである。地下金融の非合法的活動を取り締まると同時に、できるだけ早く民間金融市場を開放して地下金融が「白日の下」に出られるようにすべきだと呼びかける人もいる。

19.3 「熱銭」による経済秩序の混乱を防ぐ

　「熱銭」とは、英語の Hot Money の直訳で、特定使途のない短期流動資金のことである。国の金融管理の抜け穴を突き、利益を求め国際金融市場を移動する。

● 「ホットマネー」はどのように流入するか
  1．資本としての流入。例えば、ある地域における外資誘致の優遇政策を利用して虚偽の投資をする。この実体のない産業用投資資金を、不動産や証券など利潤の高い方面に投入する。
  2．貿易による流入。例えば、境外の関連会社と虚偽の物品貿易契約を結ぶ。あるいは、「輸入価格は低く申告、輸出価格は高く申告」することで、外貨支払いを少なく、外貨収入を多くすることにより、境外の資金を中国に流入させる。
  3．個人による流入。「熱銭」は個人の貿易活動を経由して流入するほか、偽の賃金報酬や扶養手当の名目でも流入し、改めて高利潤の業種に投資される。
  4．地下金融からの流入。隠蔽度が高く、管理が極めて困難な上、金額も大きい。しかも、外貨統計に組み入れられないため、金融市場の秩序を直撃する。

● ホットマネーはマクロ経済の安定に悪影響
　「ホットマネー」が中国市場に大量流入するのは、国際的投資家が中国経済の先行きを明るく見ていることの表れだが、一方、多くのリスクが潜んでいるのも疑いのない事実である。中国経済にもたらされる以下5つの悪影響を防ぐために努力しなくてはならない。
  1．「ホットマネー」の大量流入が中国国内市場の過剰流動性をさらに進め、インフレをもたらす。
  2．資産の市場価格暴騰を助長、バブル経済を招き、株式市場と不動産市場の乱高下を招く可能性がある。
  3．人民元切り上げ圧力が一層強くなる。
  4．「ホットマネー」が利益をもたらした後、次には資本が大規模に流出し、中国金融の安全を脅かす。
  5．「ホットマネー」の流動性と隠蔽性が強いため、金融管理が一層困難になる。

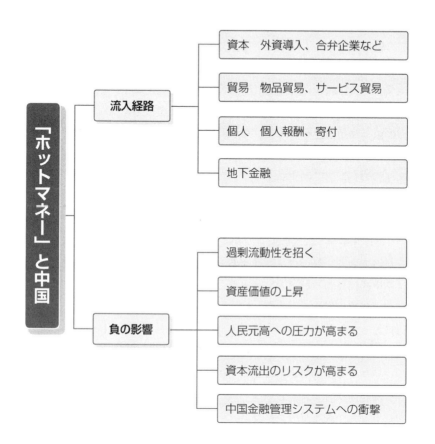

いかにして「ホットマネー」を防ぐか？

「ホットマネー」が中国に大量流入する主因は、人民元為替レートの上昇、すなわち中国に入った投機性の資金がノーリスクでレート差益を獲得できる状態である。したがって、「ホットマネー」の貿易ルートからの流入を防ぎ、地下金融を取り締まることが必要なだけでなく、人民元為替レートの均衡の取れた水準への引き上げを加速し、「ホットマネー」の投機的動機を低減させることも必要なのである。

19.4　不動産価格高騰下での、「不動産による銀行人質化」に警報

不動産価格の過熱は中国国民の「一番の悩み」であり、人々の愛憎に深く関わる住宅の価格は、今や中国人の幸福指数における最重要項目である。

●**不動産価格「大躍進」**

2002年の住宅改革以来、建売住宅は消費物資兼投機対象に変わり、急速に都市部の家庭に普及した。市場経済下、住居は不動産とも投機対象ともなり、長期的投資価値と利殖機能を備える。だが、極度の急過熱により、不動産バブルが猛烈に膨らみ、住宅は「短期投資」か過度な投機の手段となってしまった。

不動産投機経験者の故意の勧誘か、はたまたその姿が投資モデルと映ったか、一般家庭も収入を「貨幣性収入」から「財産性収入」に切り替えようとし、銀行がそれを「住宅ローン」で支え、大学を卒業したての若者や中・低収入の借家人までが「住宅争奪戦」に加わった。かくして「発見」されたことは、家は早く買ったほうが得であり、銀行ローンさえあれば資金は問題ない、一生かけても返せない分は子や孫に負わせればよいということであった。

●**高い住宅価格が銀行を「人質」に**

銀行にとって、住宅価格の上昇と下降はどちらも「人質」にされることに等しく不愉快だ。なぜなら、不動産価格の上昇が続けば、必然的に金融リスクも累積するし、いかなる市場も永久に膨張し続けないことは、不動産市場とて例外ではない。不動産業が「しくじ」らない限り、不動産ローンは銀行の貸付資産の優等生だが、もしも不動産ローンにリスクが生じれば、銀行業全体の利潤に影響が及ぶのは当然である。

銀行が不動産の「人質になる」主因は、不動産企業の銀行融資に対する依存度が高すぎることである。中国の不動産開発においては、企業の自己資金30.3%に対し、銀行融資は18.4%というが、実は「頭金・予約金」収入や不動産開発企業の自己資金にも銀行融資が多く含まれ、実際の銀行資金比率は55%以上に達するのである。換言すれば、不動産企業が成金よろしく運用する資金は、銀行融資と建設中住宅の予約販売代金で水増しされているのであり、開発業者の中には濡れ手に粟の儲けを得ている企業もある。不動産業者は、「不動産価格が下がったら、一番に倒産するのは銀行だ」と吹聴した。

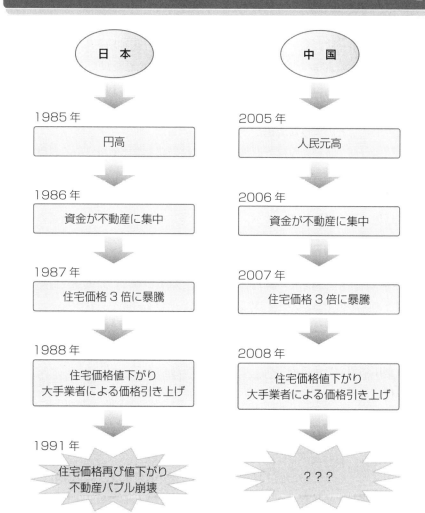

19.5　個人信用情報システムの成立と改善

●中国個人信用情報システムの構築

中国人民銀行は2005年7月1日、個人信用情報システムを北京市・浙江省・広東省・重慶市・陝西省・広西チワン族自治区・四川省・湖南省の8つの省・直轄市へと広げた。2005年末、中国の全商業銀行と、条件を満たす一部の農業信用社も連携し、個人信用情報の共有を実現した。これは、中国の個人信用情報システムの成立、さらに中国社会の信用社会へ向かう大きな一歩の表れである。

●庶民の生活にどのような変化が？

個人信用情報システムが個人の経済的生活に影響を与え始めているのは、とある人民銀行行員の言葉で総括するならば、「個人が信用という富を蓄積することを助け、個人への融資を利便化する」ということである。

個人信用情報の基礎的データバンク成立後は、それが個人の信用調書の作成に相当し、水・電気・ガス・電話代の滞りない支払や銀行への期日通りの元利返済の履歴が個人単位での信用を積み上げてくれるのである。

個人信用記録は商業銀行の融資決済の根拠となる情報で、一度悪い信用記録が付けばその人の信用は傷つき、次に銀行融資を申請する際やクレジットカードを作る際、あるいは限度額を増やしてもらう際に困難が生じる。個人情報システムが集める情報は何年も長期保存され、本人が自ら書き改めることはできない。

●個人信用情報システムの情報

個人信用情報には3類がある。1つは個人識別情報で、姓名・身分証番号・住所・勤め先など。2つめはローンの履歴で、融資を受けた銀行名・金額・返済期限・返済方法・実際の返済記録など。3つめはクレジットカード情報で、カード発行銀行・限度額・返済記録など。データバンクが完備されてくると、電話・水道・電気・ガスなど公共料金の個人情報から、裁判所の民事判決、税の未払いなどの公的記録までが集められ、個人の信用状況が全面的に反映されるようになる。

●情報システム時代のプライバシー

個人信用情報は個人のプライバシーに属するので、銀行は個人への融資、クレジットカードの申請、保証人など個人信用に関わる業務を行うとき、当事者の書面での了解を得なければ、個人信用情報データベースを閲覧できない。

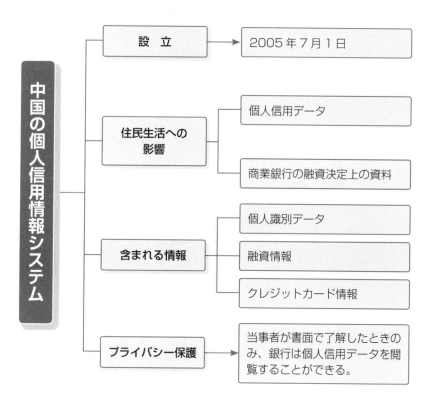

第19章　金融リスクの回避

第 4 編　訳注

第 15 章
注 1　これ以前は、外貨と交換できる兌換券が発行されており、二重レートが行われていた。

第 16 章
注 1　中国、上海出身の元陸上競技選手（障害走）。2004 年アテネオリンピック男子 110 m ハードルの金メダリスト。

第 17 章
注 1　2010 年初に中国の国家外貨管理局が発表した方針。

第 18 章
注 1　「海外に打って出る」戦略のことで、1990 年代末に提起され、現在まで重要戦略と位置付けられている。

- 第20章　中国における貿易発展の歩み
- 第21章　貿易の現状
- 第22章　貿易が直面する困難
- 第23章　中国における外資導入の歴史と現状
- 第24章　外資導入における重要ポイント

20.1　改革開放以前の対外貿易

　1949〜1978年は、新中国が社会と経済の秩序を整え、その経済の基礎を確立した重要な時期であるとともに、ソ連に影響を受けつつ、計画経済体制にふさわしい、高度に集中・統一された対外貿易経営管理態勢を着実に形成していった時期である。この段階には、対外貿易発展の里程標となる重要事件が5つあった。

●対外貿易管制

　1949年9月採択の『中国人民政治協商会議共同綱領』の、「対外貿易をコントロールし、保護貿易政策を採用する」という規定により、「自主独立・集中統一」を原則ならびに方針とする対外貿易業務が行われた。

●基礎を築く

　1950年12月、政務院が『対外貿易管理暫定条例』を公布、貿易部も『対外貿易管理暫定条例実施細則』を公布して、中国の社会主義に則った対外貿易の基礎を築いた。

●国営独占

　1957年、私営輸出入企業の社会主義改造が基本的に完成し、中国の輸出入業務のすべてが国営対外貿易専業公司に独占経営され、異なる所有制の企業が併存する対外貿易の枠組に終止符が打たれ、高度に集中・統一された、政府と企業が一体となった対外貿易体制が打ち立てられた。

●雪どけ

　1972年アメリカのニクソン大統領が訪中し、正式な外交関係樹立に先んじて貿易関係が回復された。その後、西側諸国は次々に中国と外交関係を結ぶか、外交関係を緊密化させた。中日国交が正常化され、中国とECが正式な関係を結び、中国は西側諸国と緊密な貿易関係をスタートさせ、対外貿易額も急速に増加した。

●新時代

　1976年に「四人組」が粉砕され、10年間の動乱は終わった。中国国内経済発展の秩序が回復し、中国の対外貿易も全面的に回復、持続的で急速な発展が始まった。

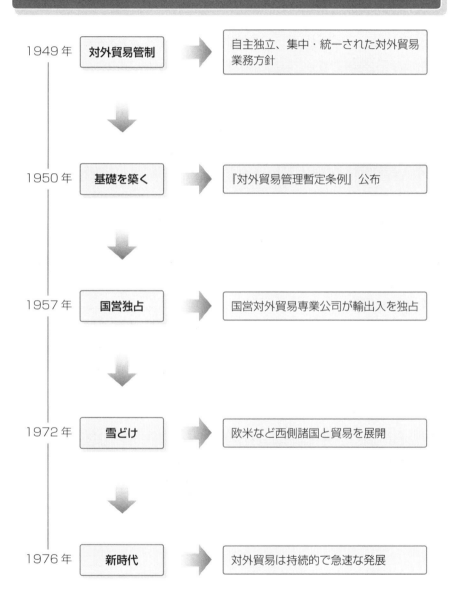

20.2　全方位対外開放のスタート

　第11期3中全会後、中国は改革開放の基本方針を確立し、対外開放の歩みを継続した。中国の対外開放は沿海地域から始まり、逐次内陸へと進められ、開放範囲は経済特区から沿海、沿江〔長江沿岸〕、沿辺〔国境沿い〕地域へと拡大、さらに内陸の省や市へと広がり、最終的に全方位対外開放構造をほぼ形成した。

●経済特区の設立

　1979年7月、党中央・国務院は、広東・福建両省における対外経済活動に特殊な政策と優遇措置を行うと決定した。また、1980年5月、深圳・珠海・汕頭・厦門に経済特別区を設置することを決定した。

●沿海都市の開放

　1984年5月、大連・秦皇島・天津・煙台・青島・連雲港・南通・上海・寧波・温州・福州・広州・湛江・北海の14沿海港湾都市を開放した。1985年2月、長江デルタ、珠江デルタ、閩南の厦門・漳州・泉州デルタ、遼東半島、胶東半島を二段階を踏んで開放すると決定した。

●全面的対外開放

　1988年に海南省が成立、海南経済特区が設立された。1990年、上海浦東の開発と開放を決定。1991年、満洲里・丹東・綏芬河・琿春の4つの北部都市を対外窓口として開放。1992年8月、上海浦東を手始めに、重慶・岳陽・武漢・九江・蕪湖の5沿江都市を開放、同時にハルピン・長春・フフホト・石家荘4か所の沿辺・臨海一般行政区政府所在地域を開放、さらに太原・合肥・南昌・鄭州・長沙・成都・貴陽・西安・蘭州・西寧・銀川など、11か所の内陸の一般行政区政府所在地を開放した。さらに、その後数年かけて、条件を満たす多くの内陸市・県を次々と開放した。こうして、中国の全方位対外開放構造がほぼ形成された。

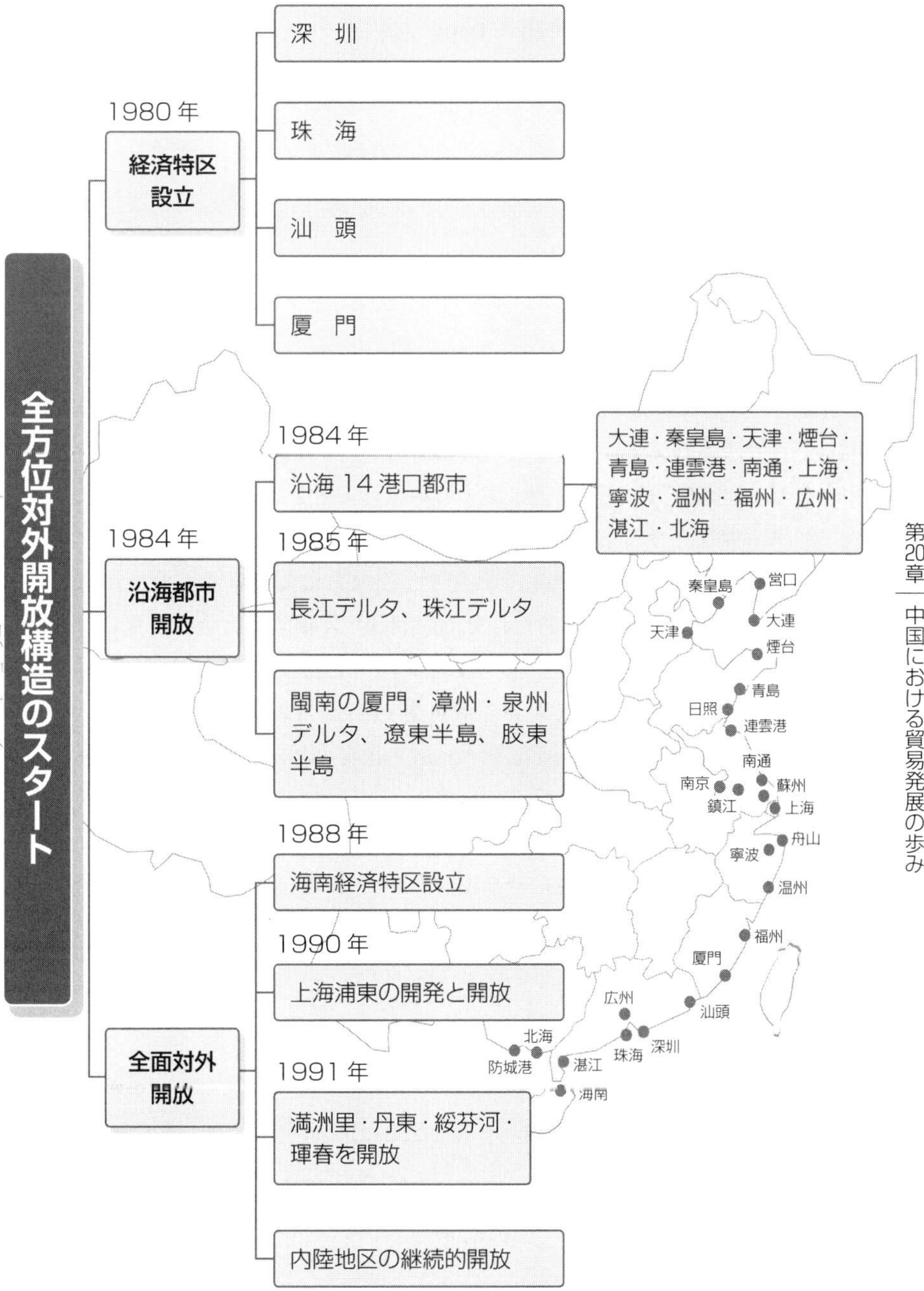
全方位対外開放構造のスタート
1980年
経済特区設立
深　圳
珠　海
汕　頭
厦　門
1984年
沿海都市開放
1984年
沿海14港口都市
大連・秦皇島・天津・煙台・青島・連雲港・南通・上海・寧波・温州・福州・広州・湛江・北海
1985年
長江デルタ、珠江デルタ
閩南の厦門・漳州・泉州デルタ、遼東半島、膠東半島
全面対外開放
1988年
海南経済特区設立
1990年
上海浦東の開発と開放
1991年
満洲里・丹東・綏芬河・琿春を開放
内陸地区の継続的開放
秦皇島
営口
大連
天津
煙台
青島
日照
連雲港
南通
南京
蘇州
鎮江
上海
舟山
寧波
温州
福州
厦門
汕頭
広州
深圳
珠海
北海
防城港
湛江
海南

20.3 大規模経済貿易構造の形成

●全方位対外開放構造の形成

1978年の第11期3中全会以降、中国は改革開放の基本方針を確立し、対外開放の歩みを継続的に進めた。中国の対外開放は沿海から始まり、次第に内陸部へ進展、開放の範囲は経済特区から沿海・沿江・沿辺地域、さらに内陸の省や市に拡大し、最終的には全方位対外開放構造をほぼ形成した。

●全方位対外貿易構造の形成

1978年からの対外開放政策において、中国は全方位対外貿易構造の形成を力強く進めた。改革開放以来、多層的で多様なチャンネルを持つ経営体制を逐次形成、そこでは各ランクにおける各類の公有対外貿易専業企業と、貿易権を有する生産企業・研究機関・商業物資企業・外国投資企業など共同経営企業、また、国有・私営・中外合資・株式制・株式合作制・従業員持株制などさまざまな所有制の企業が競争した。1999年6月の段階で、全国には対外経済貿易経営権を有する企業が全部で2万5000社あり、その内訳は、貨物輸出入会社が9000社以上、生産企業と研究機関が1万2000か所以上、対外労務請負関係企業が900社以上、国境貿易会社が3200社以上、私営生産企業142社、中外合弁外貿企業5社であった。対外経済貿易・生産・科学研究・金融・税務などの部門が共同で参画し、協力して「大規模経済貿易」構造をほぼ形成した。政府の直接的行政指導機能は大幅に弱まり、経済・法律など間接的コントロール手段が大いに増強され、対外経済貿易のマクロ的管理はまさに社会主義市場経済の流れにふさわしく、国際的な経済ルールに適合する方向へと転換している。

```
                    ┌─────────────────────────┐
                    │ 大規模経済貿易構造の形成 │
                    └─────────────────────────┘
                         │              │
            ┌────────────┘              └────────────┐
            ▼                                        ▼
  ┌──────────────────────┐              ┌──────────────────────┐
  │ 全方位対外貿易構造の形成 │              │ 全方位対外開放構造の形成 │
  └──────────────────────┘              └──────────────────────┘
       │       │       │                      │              │
       ▼       ▼       ▼                      ▼              ▼
   ┌──────┐┌──────┐┌──────┐            ┌──────────┐  ┌──────────┐
   │経済特区││沿海・││全方位 │            │各類企業と│  │各種所有制│
   │の設立 ││長江沿││経済貿易│            │組織の共同│  │の併存   │
   │      ││岸地域││構造の │            │経営     │  │         │
   │      ││の開放││形成   │            │         │  │         │
   └──────┘└──────┘└──────┘            └──────────┘  └──────────┘
```

第20章　中国における貿易発展の歩み

20.4 WTO加盟

　WTOは国連から独立した常設の国際組織で、1995年1月1日、GATTに代わって始動した。世界経済と貿易秩序の管理を担当し、その範囲は物品貿易とサービス貿易、および知的所有権貿易を含む。WTOは世界における自由貿易の推進者であり、世界の多角貿易における最も洗練された形態である。

● WTO加盟

　中国は1986年にGATT復帰を申請、以来GATT復帰とWTO加盟のために15年もの努力を続け、ついに2001年12月11日、WTOの143番目の加盟国となった。

● 中国対外開放の里程標

　中国対外開放の歩みにおいて、WTO加盟は1つの里程標であり、中国の対外開放がまったく新たな発展段階に入ったことを示している。全方位対外開放はさらに深く実質的推進段階に進み、開放領域が旧来の物品貿易からサービス貿易に広がり、市場参入度も一層進んだ。市場経済に関する法律法規も、一層公開性・透明性・規範性の高いものとなった。最恵国待遇・内国民待遇などのWTO基本原則は、中国が対外貿易政策においてぜひ遵守すべき基本要件となった。要するに、中国にとってWTO加盟は、世界の分業システムへの全面的参加であり、比較優位を実現し先進国に追いつき追い越すための、大きなプラットフォームの実現であった。

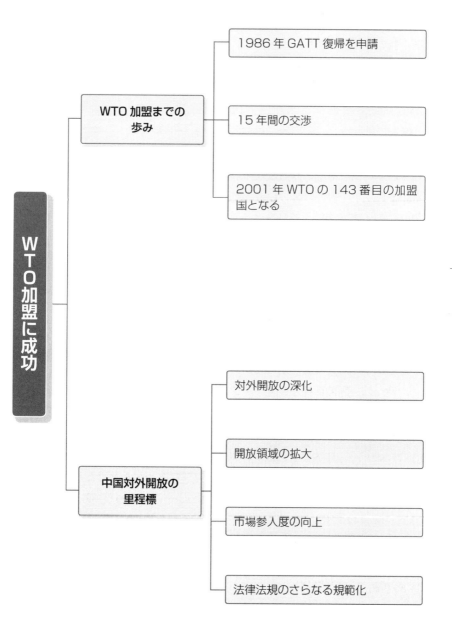

20.5 貿易体制と貿易法規の変遷

　新中国成立以来、対外貿易体制は計画から市場へ、独占から多元競争へと、5段階を経て絶えず発展した。

●**高度に集中した対外貿易体制**（1949～1978年）

　この時期の中国は、高度に集中・統一された対外貿易体制にあり、貿易の形態はかなり単一的であった。輸出入は国の計画に従って進められ、輸出は商品買付制、輸入は割当制で、国が統一的に経営し、収益損失もすべて負うというように、対外貿易は完全に国家に独占されていた。

●**改革開放以後、権限下放の過渡期**（1979～1987年）

　この時期は主に対外貿易港の増設と対外貿易経営権の下放を通し、指令性計画・指導性計画・市場調節を結合させる管理体制を実行、工業と貿易の結合を進め、対外貿易管理を整え、対外貿易の損失・利益の配分制度、地域ごとに外貨を傾斜配分する制度、輸出税還付などを行った。

●**対外貿易請負責任制改革**（1988～1993年）

　この時期には主に、全業種で経営請負責任制が実行されたが、それにも2段階があった。1988～1990年は対外貿易請負責任制、1991～1993年は全業種で収益損失を企業自身に負担させる改革が行われた。

●**市場経済下の対外貿易体制確立期**（1994～2000年）

　この時期は、国際市場とのマッチングをめざし対外貿易体制に本格的改革を行い、安定的に発展した時期である。GATT復帰とWTO加盟という目標をめぐり、二重相場制廃止を中心とする新たな改革が行われた。

●**WTOのルールによる全面改革、改革完成期**（2001年～2011年現在）

　2001年に中国がWTOに加盟して以来、WTOのルールをめぐり、また約束履行のため多方面の改革が行われた。1. WTOのルールに合わない政策法規の修訂、立法の公開性や透明度の向上。2. 対外貿易主体の多元化、特に私営対外貿易企業の発展の加速。3. 対外経済貿易の主管部門の役割を変更、行政指導からサービス中心に転換。この時期に生まれた対外貿易法規は、2002年の『中華人民共和国貨物輸出入管理条例』、2004年の『中華人民共和国対外貿易法』などである。

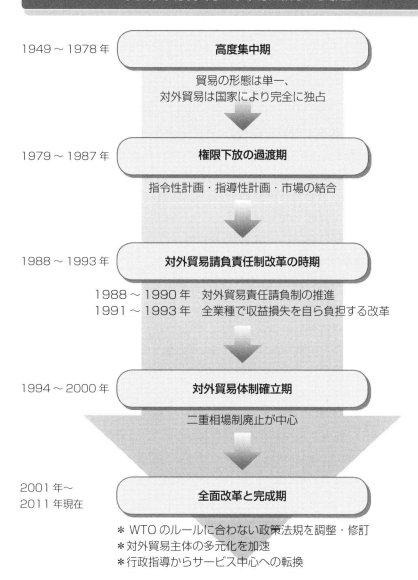

21.1 貿易の全体的規模

●貿易大国

改革開放は中国の対外貿易への門戸を開き、社会主義市場経済体制の確立が貿易発展の基礎を充実させ、WTO加盟が中国の貿易を新たな発展段階に押し上げた。1978～2009年、中国の物品貿易総額は206億ドルから2兆2072億ドルと107倍にまで増加し、年平均増加率は17%と、世界の物品貿易の8.9%を占めており、すでにアメリカに次ぐ世界第2の物品貿易国となった。うち輸出は世界第1位、輸入は世界第3位、貿易黒字も世界第1位であった。

●貿易黒字の絶えざる増加

貿易黒字は中国対外貿易の特徴の1つである。1994年以降、中国は対外貿易において連年黒字を保持し、中でも2005年から2008年の間では10倍に増加した。貿易黒字は1978年の－11.4億ドルから2009年の1961億ドルに増加。その累積により中国の外貨準備も増加し、2006年2月、中国は日本を抜いて世界一の外貨準備国となった。特に2009年には中国の外貨準備高がG8の総外貨準備高をしのぎ、全世界の外貨準備の30.7%にのぼった。

●大規模だが脆弱性が残る

中国はすでに名実ともに世界の工場、貿易大国となったが、貿易強国との間にはやはり差がある。例えば、貿易の拡大が依然として数量上の拡大であり、中国企業自身が持つ輸出品の主要技術、知的所有権、ブランド、国際的販売ルートの掌握とコントロールについては、まだ不十分である。輸出商品の技術集約度と付加価値も高くない。国際市場における輸出企業の競争力、企業管理水準、国際的協力関係への参画能力、国際市場のリスクに対処する能力が不足しており、輸出企業あるいはその組合が外国のアンチダンピング攻勢に対抗する力も、まだまだ強化しなくてはならない。

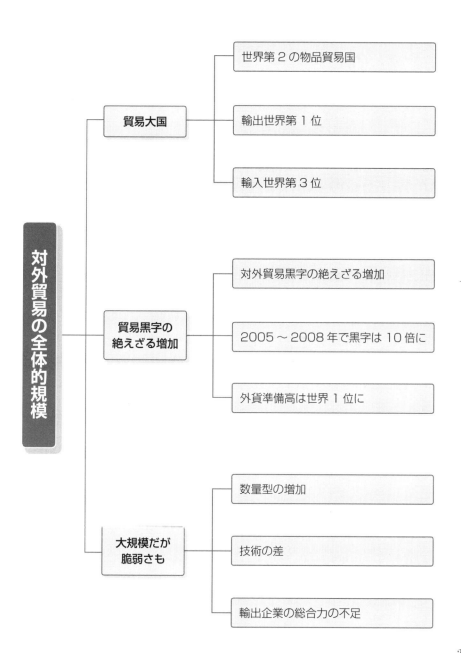

21.2　輸出品の構成

●絶えず最適化に向かう輸出品構成

改革の深まりと対外開放の加速に伴い、中国の輸出品構成は年々向上した。一次産品への輸出依存度が減少し、代わって工業製品の割合が上昇して、完全に主導的地位を占めるまでになった。輸出に一次産品が占める割合は、1980年の段階では50%以上だったが、2008年にはわずか5%に減少。一方、輸出に工業製品の占める割合は、1980年の49.7%から2008年の94.6%に上昇した。

●機械・電気製品とハイテク製品が主要な商品に

中国政府が教育に大規模な投資を行った結果、労働力が豊富だという旧来の優位性から、人的資本の方向へと次第に転換が進み、対外貿易における商品構成も画期的な発展を遂げ、労働力を技術や資本の要素と一層深く結び付けたため、機械・電気製品やハイテク製品といった技術集約度の高い商品が主要な貿易製品となった。2009年の輸出全体に占める機械・電気製品の割合は59.3%、ハイテク製品31.4%、輸入品では、機械・電気製品48.9%、ハイテク製品30.8%であった。

●多くの製品で輸出世界一に

2008年、中国はドイツを抜いて世界一の工業製品輸出国となった。ハイテク製品輸出では2007年からすでに世界一であり、輸出における工業製品の割合は30%に達したアパレル製品など、百種以上の製品で中国は輸出世界一になっている。

●輸出品の「独自の核心的競争力」が不足、低利潤に

中国は世界一の輸出国となったが、その輸出品は付加価値が低い。原因は、中国の自主的イノベーション能力が不足し、独自の知的所有権や独自のブランド、重要技術の製品化が少ないことである。そのため、多くの資源と労働力を比較的少額の利潤と外貨に換える結果となり、利潤率は欧米先進国に比べ極めて低い。中国が輸出するハイテク製品中、独自の知的所有権、独自のブランドを持つ製品は2008年時点で10%程度にすぎず、90%は多国籍企業のもたらした技術に頼って生産したものだった。

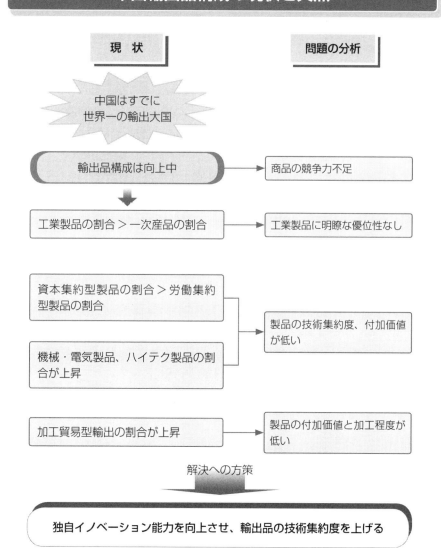

21.3　対外貿易における地域構造

●大陸間貿易

中国の貿易相手はアジアがトップであり、それに次ぐのがヨーロッパと北米である。2008年、中国-アジア間における貿易額は、中国の貿易総額の53.3%、ヨーロッパ・北米との貿易額はそれぞれ20%と14.4%であった。これら3大陸との貿易額は、中国の貿易総額の87.6%にのぼる。中国の貿易は、経済的実力の強いこの3大陸に集中しており、大陸間貿易への集中度が高い。

●経済グループとの貿易構造

経済集団の中では、EUとNAFTAが中国の主要な貿易相手である。2008年の1～10月における中国-EU間の貿易総額は3593億ドル、中国の貿易総額の16.4%にあたる。中国と北米自由貿易区との貿易総額は約3000億ドル、同時期の中国の貿易総額の14%に近い。

●国や地域との貿易構造

中国の貿易において、最重要貿易相手国はアメリカ・日本・中国香港・韓国である。2008年、この4か国(地域)と中国との貿易額は、中国の貿易総額の13%・10.4%・7.9%・7.3%で、中国の貿易総額に占める割合は合計38.6%。中でもアメリカは中国にとって最大の輸出市場で、2008年の輸出額は2523億8000万ドル、中国の輸出総額の17.6%。また、日本は中国にとって最大の輸入元であり、2008年における日本からの輸入額は1506億ドル、中国輸入総額の13.3%を占めた。

●中国国内の地域構造

中国国内には対外貿易活動の集中地域があり、東南の沿海地域こそ最も貿易の活発な地域である。2008年、広東省・江蘇省・上海市・浙江省・山東省が貿易の上位5位であり、全国の年間貿易総額のうちそれぞれ28%・16.9%・12.2%・9.5%・7.3%を占め、合計すれば全国貿易総額の73.9%であった。

中国対外貿易における地域的構成の分析

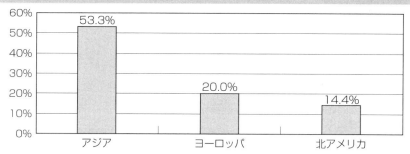
大陸別構造分析

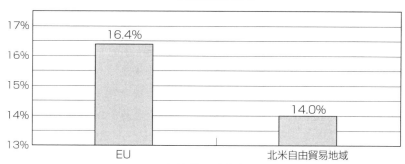
経済集団別構造分析

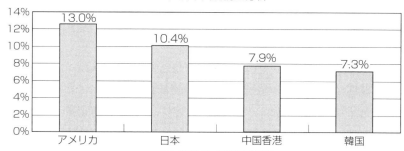
国(地域)別構造分析

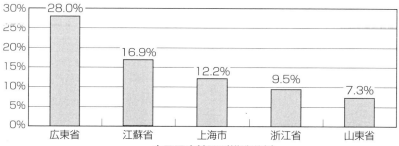
中国国内地区別構造分析

21.4　対外貿易の主体

●全体的状況

対外貿易権改革が深まるにつれて、30年来の中国対外貿易の主体にも、構造上顕著な変化が生じ、国有・民営・外資系企業の3つが鼎立する様相となった。全体的に見て中国の対外貿易は、「国有企業の割合が減少し、外資と民営企業の割合が増大し続ける」趨勢である。民営企業が対外貿易の発展に果たす役割は日増しに大きくなり、すでに貿易拡大を牽引する大きな力となっている。

●外資系企業が中国の貿易の最大の主体に

改革開放以来、特にWTO加盟以降、中国では対外開放の領域が絶えず拡大したため、中国国内経済の大部分に外資系企業が進出している。外資系企業は、中国本土の企業よりも先進的な技術と管理ノウハウを備えている場合が多く、通常、加工貿易の方式をとって中国に加工工場を建て、製品を外国に輸出している。客観的にいって、外資系企業は中国国内産業の基礎を充実させ、製品の種類を広げ、生産技術と生産能力を一定程度引き上げ、同時に国外への販路を切り拓いた。外資系企業は多年にわたり中国対外貿易のトップの座を占めている。2009年、中国の貿易に外資系企業の占める割合は55.2%（輸出55.9%、輸入54.2%）と、国有企業の21.7%よりもはるかに高い。

●民営企業が中国の貿易で重要な主体に

2006年、中国では民営企業の輸出額が初めて国有企業を超えた。中でも私営企業の貢献度は高く、その輸出額は民営企業輸出総額の80%を占めた。2009年に中国民営企業の貿易総額は5000億ドルに達し、やはり国有企業の4794億ドル（うち輸出3384億ドル）より1475億ドル多く、すでに中国の貿易で二番手の座をしっかり占めている。

2009年中国の貿易における主体の分布状況

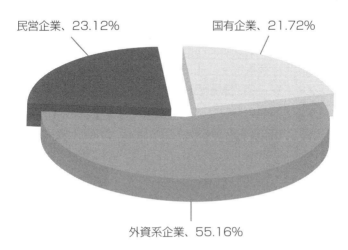

対外貿易

民営企業、23.12%
国有企業、21.72%
外資系企業、55.16%

第21章　貿易の現状

貿易の主体についての分析

* 全体的に見て中国における貿易の主体は、国有企業の割合が減り、外資と民営企業の割合が増す趨勢にある。
* 外資系企業が貿易における首位の座にある。
* 民営企業が中国の貿易で二番手の位置を確保。

21.5 貿易方式の構造

● 貿易方式、全体として最適化に向かう

　改革開放以前、新中国の貿易方式は比較的単一的で、主に政府間で協定を結んで記帳・清算を行うバーター貿易および現金取引貿易であった。改革開放以降の貿易発展につれ、一般貿易〔輸入関税・輸入付加価値税を払って輸入する貿易〕の大規模な展開を基礎に、中国は来料加工[注1]・来様加工[注2]・来件装配[注3]・補償貿易[注4]・進料加工[注5]・技術供与、コンサルティング、技術サービス、共同生産、およびカウンタートレード、国境貿易など、柔軟で多様な貿易方式を採った。最も速かったのが加工貿易の発展で、その割合は1981年の6％から、1998年には53.4％という最高値を記録した。その後、中国の科学技術と経済的実力の増強につれ、付加価値が低く資源や環境への負担が大きい加工貿易は次第に減少し、逆に、技術集約度が高く付加価値の大きい製品が増加、一般貿易方式が次第に増加した。全体的に見て、中国の貿易方式と経済発展の水準は一致し、より良い方向へと進み続けている。

● 一般貿易が次第に貿易方式の中心に

　加工貿易は1996年に初めて50％を超えて以来、常に中国貿易の中心であったが、貿易方式の転換推進に伴い、2008年には一般貿易が加工貿易を上回って第1位を占め、さらに増加を続ける勢いをみせた。最近、一般貿易において技術的要素が増大していることは、中国の科学技術とイノベーション力の表れである。2009年、中国の貿易に一般貿易の占める割合は48.2％で、加工貿易方式の41.2％より高く、貿易の中心としての位置を占めている。

● 加工貿易に対する依存度は依然高い

　加工貿易とは、一国がさまざまな方式によって、原料・材料やパーツを輸入し、国内の生産能力と技術を利用しつつ加工して完成品として再輸出、その付加価値を外貨として獲得することである。2011年現在、中国の加工貿易は依然、比較的低レベルの労働集約的段階にあり、わずかな工賃しか得られず、付加価値も決して大きくなく、国内の購買力やマッチング率も低いため、産業を牽引する力が不十分である。加工貿易の占める割合は、依然中国の貿易の40％以上、輸出だけ見るなら48.8％に達しており、主要な輸出方式の1つである。

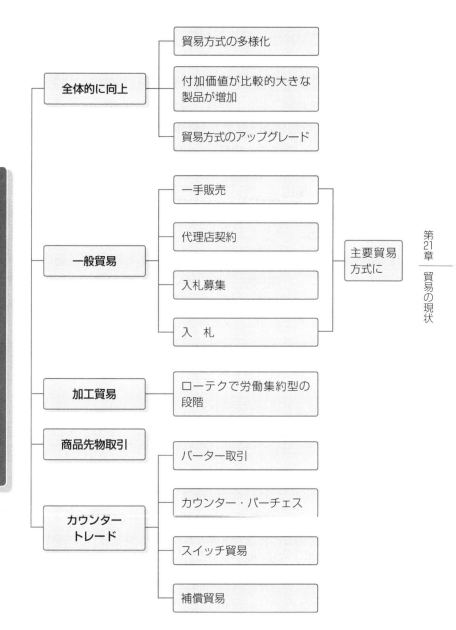

22.1　中国、貿易摩擦の経験が最も多い国に

●貿易摩擦に遭遇しがちな中国

　WTO加盟以来、対外貿易の急速な発展に伴い、中国が直面する貿易摩擦も急激に増加した。2002年から2009年4月までに中国が遭遇した"両反両保"[注1]事案は556件、金額にして合計約271億ドルである。2008年、全世界のアンチダンピング調査208件中、中国は73件、総数の35％に関わった。すなわち連続14年間、アンチダンピング調査を受けた経験の最も多い国だったわけである。2009年1～8月の間に、17か国（地域）が中国に対して79件の貿易救済調査を発議したが、そのうち50件がアンチダンピングに関するものであった。

●貿易摩擦が多い原因

　1. 根本原因は、中国経済の急発展と外向型の特徴が際立って、世界経済と貿易秩序に強い衝撃となり、一部の国の既得利益を侵したこと　2. 輸出商品構造が単一的であり、労働集約型で低レベルの製品が主であるため、低価格以外に国際競争力がないこと　3. 輸出額が急速に増大、貿易黒字も膨らみ、かなり輸出超過になっていること　4. 中国の市場経済体制が不完全なため、中国を非市場経済国とみなす国々がいわゆる「第三国代替価格」を用い、ダンピング認定を容易にする基準を採用、中国輸出産品に対するアンチダンピング提訴を恣意的、独断的に行う度合いが大変高くなっていることである。

●貿易摩擦への対応

　日増しに頻繁になる貿易摩擦に対し、中国企業も積極的に対抗している。2002年5月21日、中国製鋼管に対して1年近くにわたり実施されていたアメリカのアンチダンピング調査は上海埃力生の勝利でピリオドが打たれ、WTO加盟後、鉄鋼業界で外国のアンチダンピング提訴に勝った最初の例となった。2011年7月15日、中国製鉄鋼ファスナーに対するEUのアンチダンピング措置案に対し、WTOは中国の勝訴という裁定を発表した。この例は、中国がWTO加盟後の10年で初めてEUに勝訴した重大事案である。この裁定は、EUからのアンチダンピング提訴に対する中国の防御力を強める一方、EUに対しては関連法規の修訂を迫るものである。

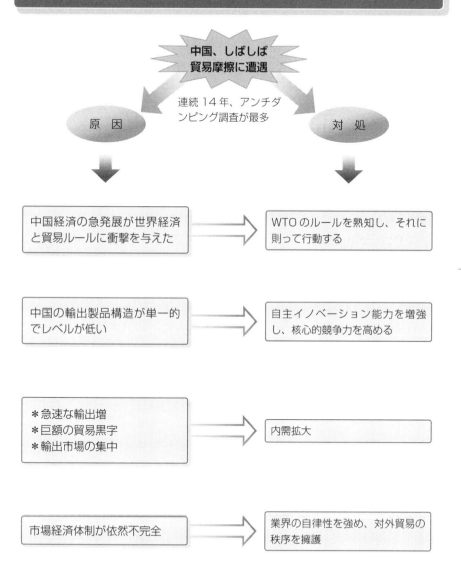

22.2　貿易摩擦に遭遇する地域関係

●大陸別の分析

　大陸という面から見ると、中国の貿易摩擦遭遇率が最も高い地域はアメリカ・アジア・ヨーロッパの三大陸である。2008年1月から2009年1月末までに、中国は22か国（地域）が提起した103件、金額にして65億ドルの貿易救済調査を受けた。うちアンチダンピング75件、禁止補助金12件、一般セーフガード12件、特別セーフガード4件であった。大陸別に数えると、アメリカ41件、金額にして約13億ドル、アジア42件、同20億4000万ドル、ヨーロッパ12件、同29億8000万ドル、オセアニア5件、同1億4000万ドル、アフリカ3件、同1051万ドルであった。

●国別の分析

　新興国や発展途上国の一部は中国と発展水準が近いため、産業上競合関係にある。そのため、中国に対して比較的多くの自国貿易救済措置を発動する。一方、一部の先進国もやはり、自国の生産コストの高い斜陽産業を保護するため、あるいは選挙民の歓心を買うなどの政治目的によって、しばしば中国の輸出製品に対して貿易救済措置を発動する。2008年の1年間および2009年1月に中国が受けた103件の貿易救済調査中、上位10番目までの国と地域は、インド（17件）、アメリカ（15件）、ブラジル（8件）、トルコ（7件）、EU（6件）、カナダ（6件）、インドネシア（6件）、オーストラリア（5件）、コロンビア（4件）、アルゼンチン（3件）であった。

中国との間で貿易摩擦が発生した地域

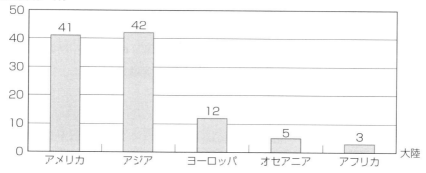

2008～2009年　中国の貿易摩擦遭遇地域、大陸別の分析

＊大陸別に見ると、アメリカ・アジア・ヨーロッパの三大陸が最も中国との貿易摩擦発生率が高い地域

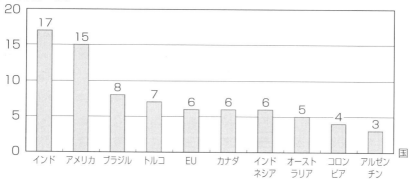

2008～2009年　中国との間で貿易摩擦が発生した地域、国別の分析

＊新興国や発展途上国の一部は中国と発展水準が近いため、産業上に競合関係がある。そのため中国に対して比較的多くの貿易救済措置を発動する。一方、一部の先進国もやはり、自国の生産コストの高い斜陽産業を保護するため、中国の輸出製品に対してしばしば貿易救済措置を発動する。

22.3　貿易障壁の種類

●貿易障壁という概念

貿易障壁（Barrier to trade）とは、国と国との商品や労務の交換に対して設けられる人為的制限のことで、その国が外国商品や労務の輸入に際して実行する各種の制限措置である。広義には、およそ正常な貿易を阻害し、市場競争メカニズムに干渉する人為的措置は、ひとしく貿易障壁の範疇に含まれる。貿易障壁は一般に関税障壁と非関税障壁に分けられる。

●関税障壁

いわゆる関税障壁とは、輸出入で商品が国境を越えるとき、政府が設置した税関で輸出入業者に課される関税のことである。徴税目的によって関税は、2種類に区分される。1つは財政関税で、その主目的は国の財政収入を増やすことである。2つめは保護関税で、主要目的は自国経済の保護であり、外国製品輸入時に高額の関税を徴収する。また、徴税時の待遇によって、普通関税・優遇関税・差別関税に分けることもできる。アンチダンピング関税と補助金相殺関税はいずれも差別関税に含まれる。

●非関税障壁

非関税障壁とは、関税以外のあらゆる輸入制限措置により形成される貿易障壁であり、直接制限と間接制限に分けられる。直接制限は、輸入国が何らかの措置を採って、直接に輸入商品の数量または金額を制限することで、輸入枠割当制・輸入許可証制・外貨統制・輸入最低価格などがある。間接制限は、輸入に対し厳格な条例や法規を設け、間接的に商品の輸入を制限することであり、例えば差別的な政府購入制度や、過酷な技術基準、衛生安全法規、検査、包装、ラベルの規定およびその他各種の強制的な技術法規である。

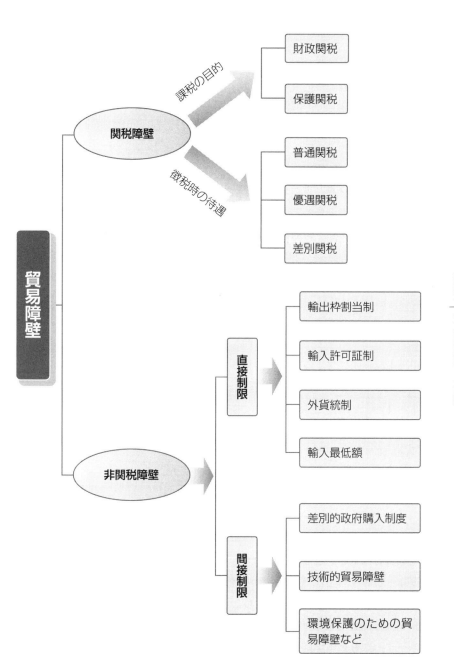

22.4　中国が貿易摩擦に遭遇する外的要因

●貿易保護主義の台頭

　近年、貿易保護主義が台頭し、各国はそれぞれアンチダンピング法規などを打ち出して自国の輸出を保護、輸入を制限している。1995年以前、アンチダンピング法を持つ国または経済体は19にすぎなかったが、2010年では120以上である。

●イデオロギーと価値観における問題

　冷戦終結後、ソ連と東欧の国々は市場経済に路線を転換し始めたが、イデオロギーや価値観は消え去ることなく経済に浸透していたため、経済や貿易の問題が政治上の焦点と化し、貿易摩擦に発展した。

●需給構造発展のアンバランス

　21世紀からは、先進国では工業製品が供給不足である反面、需要は旺盛である。同時に、発展途上国では工業の生産規模が急速に拡大した反面、国内需要は低調であり、需要と供給のアンバランスが中国の"大進大出"〔大量に輸入して大量に輸出する〕状態を固定化し、客観的にも貿易摩擦が多発しがちな状況を招いた。

●中国市場経済に対する外国の偏見

　先進国の多くが中国の経済体制改革の成果から目を背け、中国の市場経済的地位を否認していることは、WTOにおいてほかのメンバー国が、中国からの輸入製品にダンピングを申し立てる可能性を大いに増加させたばかりでなく、中国輸出製品に対するアンチダンピング濫用を容易にしている。

● WTO関連ルールの曖昧性および紛争解決メカニズムの欠陥

　貿易救済措置に関する条項や規定が曖昧なことも、これらの措置の乱用を招いている。また、WTOの紛争解決メカニズムにも手順の煩雑さなど欠陥があり、解決までの時間的コストを押し上げ、効率を下げている。

●地域貿易協定の急速な発展

　近年、世界では自由貿易協定が急速に発展し、その数は1972年の7協定から2007年3月の194協定にまで増加した。自由貿易協定の発展により、あるメンバーから発生した貿易摩擦がほかの自由貿易協定参加メンバーに伝播する連鎖反応が起きやすくなり、多国間の貿易摩擦が引き起こされ、貿易摩擦の激化が続く。

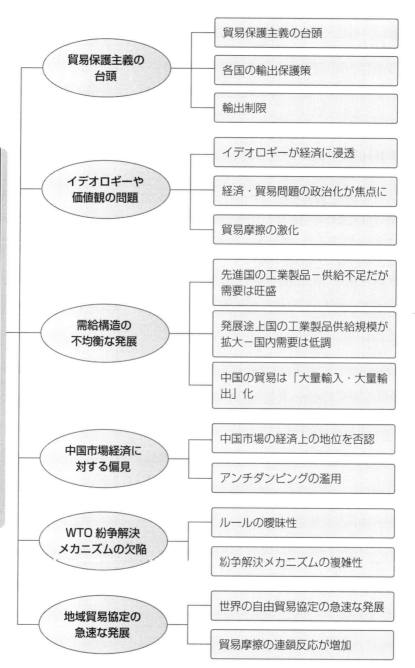

第22章 貿易が直面する困難

22.5　中国が貿易摩擦に遭遇する内的要因

●産業と外部競争における利益問題が激化
　中国の輸出製品は付加価値が低いため価格競争が主戦場となり、貿易相手に直接的な圧力を加えている。注目に値するのは、中国の産業貿易構造がアップグレードするにつれ、先進国との競争関係も絶えず激化していることである。

●貿易黒字の拡大
　中国の貿易黒字は長年、絶対的にも相対的にも低い水準にあった。しかし、構造的黒字が比較的大きく、欧米および多くの先進国に対する継続的な黒字が存在、特に対欧米の黒字が拡大し続けた。2009年、アメリカに対する中国の貿易黒字は2268億3000万ドルに達した。

●市場の集中と輸出の激増
　現段階で、中国が輸出するローエンド商品は多くの先進国で高いシェアを有している。2005年、中国のネギは日本の輸入総量の99.2％を占め、中国の靴類製品はアメリカ・EU・日本でのシェアがそれぞれ60％・20％・67％であった。中国家具のEU輸入市場におけるシェアは1999年の6％から激増して2005年には50％となった。ほかにも輸出量増加の著しい製品がある。これら以外であっても、輸出の激増や市場におけるシェアの大きな製品は、往々にして貿易摩擦の発生源となる。

●中国経済体制の不備
　多年にわたる発展で中国経済体制の改革にはすでに大きな改善があったが、依然として不備も多い。先進国は中国の経済体制上の欠陥を利用して、中国貿易の発展を妨げようとする。例えば、人民元為替レートの問題でも、アメリカや日本は根拠もなく中国が「為替操作」をしていると批難し、制裁をちらつかせて威圧する。また、「市場経済国」認定問題では、欧米諸国が中国を市場経済国家と認めようとせず、中国の生産コストが安いという事実さえ否認し、たびたびアンチダンピング提訴に踏み切るなど妨害して、中国の輸出拡大を防ごうとしている。

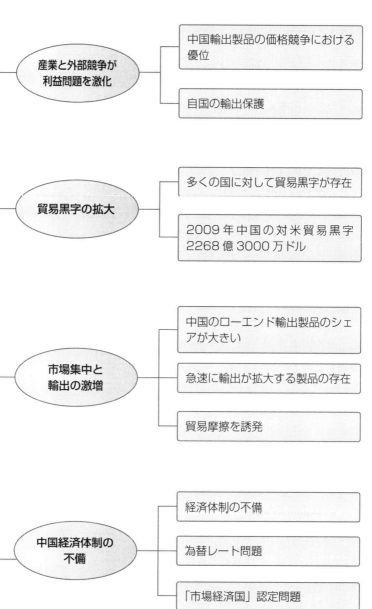

23.1　外資導入政策の歴史的変遷

　1978 年以後における中国外資導入政策の歩みは、以下の数段階に分けることができる。

● スタート段階（1979 ～ 1986 年）

　1979 年 7 月、全国人民代表大会は中国初の外国直接投資導入に関する法規、すなわち『中華人民共和国中外合弁企業法』を発表、実施した。この段階では、外資とは主に香港・マカオの 2 地域であり、労働集約型の加工業およびホテルサービスが主であった。

● 着実な発展段階（1987 ～ 1991 年）

　この段階の中国は、外国の直接投資を導入するための法律・法規の初期的体系を打ち立て、対外開放の範囲をさらに拡大するとともに、交通・エネルギーなどの基礎産業とインフラへの投資を拡大させたため、投資環境は比較的大きく改善された。

● 急速な発展段階（1992 ～ 1995 年）

　鄧小平南巡講話が 1992 年初めに発表されて中国の改革開放は新たな局面に入り、中国への直接投資も急速な発展を始めた。特に 1993 年から、連続数年間にわたり中国はアメリカに次ぐ対外直接投資受け入れ国であった。

● 調整と向上の段階（1996 ～ 2001 年）

　1996 年から、中国は直接投資受け入れ政策に相応の調整を加え、量的拡大の重視から質と収益とを重視する方向へ、より良い構造に転換し始めた。

● 成熟・安定段階（2001 年～ 2011 年現在）

　中国は 2001 年に WTO 加盟を果たし、その後の外資導入には新たな特徴が現れた。欧米先進国の多国籍企業が対中投資の主体となり、多国籍企業の投資プロジェクトが急速に増加、外資による独資経営が対中直接投資の主な形式となった。

中国外資導入の歩み

スタート段階
（1979～1986年）

外資は主に香港・マカオから導入、かつ労働集約型の加工業またはホテルサービス業に集中

着実な発展の時期
（1987～1991年）

外国直接投資導入についての法律と法規体系を打ち立てる

急速な発展段階
（1992～1995年）

連続数年間アメリカに次ぐ対外直接投資受け入れ国となる

調整と向上の段階
（1996～2001年）

直接投資受け入れ政策は量的拡大重視から質の重視に転換

2001年 WTO加盟

成熟と安定の段階
（2001年～2011年現在）

外資による独資経営が対中直接投資の主な形式となる

23.2　外資導入総額の絶えざる増加

　改革開放以来、中国は積極的に外資を導入し、実行ベース新規外資導入額は絶えず増加、外資企業は国民経済に重要な一角を占めた。

●中国における外資総額発展の歩み

　1979～2008年まで、中国の実行ベース外資導入額は総額で8526億1300万ドル、契約ベースでは総額1兆4794億100万ドル、外資導入プロジェクトは65万9800件であった。外資導入のスタート段階において、中国はいくつかの特殊な政策を実行、徐々に法整備を進め、投資環境に一応の改善を施し、積極的に外資を導入、吸収する外資の規模も絶えず拡大させた。この段階では、1年当たりの実行ベース外資導入額は20～50億ドルであったが、大部分が対外借款であり、海外からの直接投資の割合は小さかった。

　1986～1991年、発展を持続した段階における外資の年平均増加率は9.7%であった。

　1992年以降は外資が大幅に増加した段階であり、実行ベース外資導入額は年平均408億6000万ドル、年平均増加率は30%、特に外資企業の直接投資が急速に増加し、中国における外資導入の主要方式となった。開放を続ける中国は外資企業にとって非常に魅力的であった。中国の対外直接投資受け入れ額は1992年から1996年の連続4年間、アメリカに次いで第2位であり、発展途上国中では安定的に首位を占め、外資企業の投資を引き付ける国際的にホットな場所となり、発展途上国に向かう年に約1000億ドルの外国直接投資中、中国向けが40%近くを占めるに至った。

●外資導入の全体的規模が継続的に拡大

　中国が導入する外資総額は拡大を継続し、2009年、中国が新たに導入した外資は実行ベースで総額900億ドルに達し、1985年の同総額（19億5600万ドル）の約46倍、その間の年平均増加率は17%だった。契約ベースでは1937億2700万ドルを新たに導入し、1985年の契約ベース外資導入額（63億3300万ドル）に比べ約30倍、その間の年平均増加率は17.7%だった。

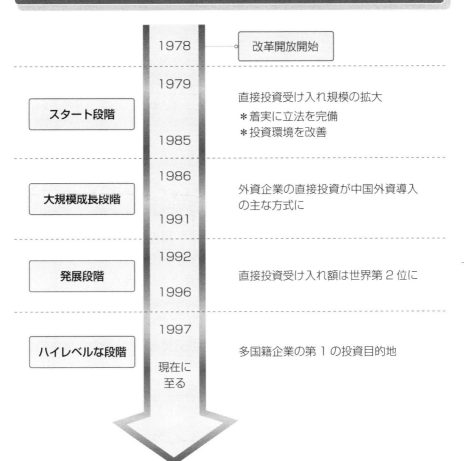

23.3　外資導入の構造は日増しに合理的に、投資元は世界中に広がる

●業種構造は日増しに合理的に

　全体的に見て、新たに中国が増加させた実行ベースの外資は第三次産業に集中する趨勢ではあるが、依然、外資企業の主な投資領域は第二次産業である。2008年、中国製造業への実行ベース新規外資導入は467億7000万ドルに達し、新たな実行ベース外資導入総額の約51.9％を占めた。このほか、不動産業では168億ドル、同総額の約18.7％である。賃貸と商業サービスにおいては60億8000万ドル、同総額の6.8％である。

●地域構成も日増しに合理化

　全体的に見て、中国の実行ベース新規外資導入は中西部地域に移動しつつあるが、依然東部地域への集中が続いている。2008年、中国東部地域の外資系企業登記資本総額は1兆ドルにのぼり、うち外資は8530億ドル。中部地域外資系企業の登記資本総額は1161億ドル、うち外資は853億ドル。西部地域の外資系企業登記資本総額は910億ドル、うち外資は662億ドルであった。

●投資元は世界中に広がる

　中国大陸に流れ込む外資の投資元は広く分布しており、世界各地をほぼ覆っている。2009年、中国大陸への実行ベース新規外資導入は六大州から集まり、その財源の6割はアジアその他の国々または地域から563億4000万ドル、うち香港からは410億3600万ドル、同総額の約44.4％を占める。ほかに、ラテンアメリカからの投資も数量・金額ともに膨大で209億ドルに達し、同総額の約23％である。国別に分析すれば、中国大陸に対する投資額上位10位までの国と地域は順に、香港・ヴァージン諸島・シンガポール・日本・ケイマン諸島・韓国・アメリカ・サモア・台湾・モーリシャスであり、実行ベース新規外資導入額はそれぞれ410億4000万ドル、159億5000万ドル、44億4000万ドル、36億5000万ドル、31億4000万ドル、31億4000万ドル、29億4000万ドル、25億5000万ドル、19億ドル、14億9000万ドルであった。

2009年、中国の実行ベース新規外資導入の業種構成および投資元の構造

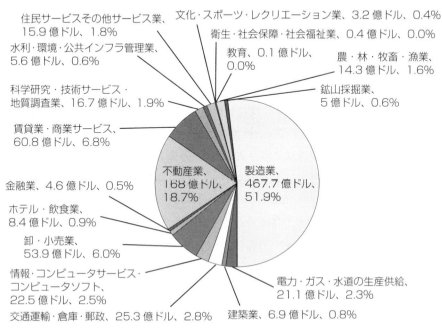

2009年中国の実行ベース新規外資導入

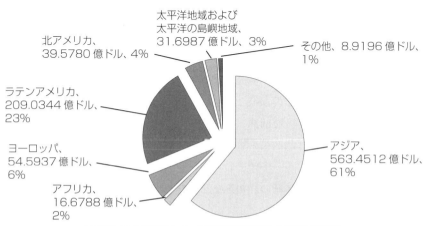

2009年中国実行ベース新規外資導入の財源の構造

23.4　中国経済に対する外資の貢献

●資金難を緩和

長期にわたり、また改革開放初期では特に、外資企業の直接投資は中国経済発展の重要資金源の1つであった。2009年、中国の非金融分野における実行ベース外資導入は900億ドルに達した。

●工業化の進行を加速

改革開放以来、中国の外資系企業数は増加を続け、外資系工業企業の地位も高まった。外資系工業が中国工業化の進展を加速したことは明らかである。2008年、外資系企業の工業総生産額は全国の29.5%であった。

●多くの就業機会を創出

2007年末までに、外資系企業が提供した就業機会は1583万人分、同時期の全国都市部における新たな就業機会に対する貢献率は9.5%。直接間接の就業機会は2600万人分に達した。

●産業構成のアップグレードを進める

全体的に見て、中国における外資系企業の技術と管理における水準は、国内企業の平均的水準を大きく上回っている。外資系企業の大量流入は、客観的にいって中国の第二次・三次産業の技術レベルを向上させ、産業構造のアップグレードを促進した。

●対外貿易の発展を進める

外資系企業は長期にわたり中国輸出の主力の一角を占めていた。2007年、外資系企業の輸出入額は1兆2549億3000万ドルで、中国の輸出入額の約57.7%を占めた。また、ハイテク製品、機械・電気製品という二大領域においても、外資系企業の輸出額が全輸出額の88%と74%を占めたことがある。

●市場経済体制改革の進行を加速

外資導入は中国経済体制改革の重要な成果であると同時に、中国経済体制改革をある程度加速もしている。多年にわたり、中国は絶えず投資環境を改善し、経済発展水準にふさわしい体制の枠組みをそれなりに打ち立てた。

```
外資の中国経済への貢献
├─ 資金難の緩和に有効
│   ├─ 外資は重要な資金源の1つ
│   └─ 発展途上国の工業製品の供給規模が拡大、国内需要は不足
├─ 工業化の進行を加速
│   ├─ 外資企業数が絶えず増加
│   └─ 中国工業化の進行を加速
├─ 多くの就業機会を創出
│   ├─ 2007年末までに、外資企業の提供による就業機会は1583万人分
│   ├─ 同時期の全国都市部における新たな就業機会に対する貢献率は9.5%
│   └─ 直接間接の就業機会は2600万人分
├─ 産業構成のアップグレードを後押し
│   ├─ 第二・第三次産業の技術レベルを向上させる
│   └─ 産業構造のアップグレードを促進
├─ 対外貿易の発展を後押し
│   ├─ 外資企業は輸出貿易の主力
│   └─ 2007年の外資企業輸出入額は中国輸出入額の約57.7%
└─ 市場経済体制改革の進行を加速
    ├─ 投資環境の改善
    └─ 経済水準にふさわしい体制の枠組みを一応打ち立てる
```

23.5　外資の独資化傾向が明瞭に

　外資の独資化とは、外資企業が大きく増資して合弁企業を持株会社化する、あるいは完全に合弁企業を買収して多国籍企業側単独出資の100％子会社とする過程である。近年、中国における外資系企業の独資化が目立っている。

●独資化する企業が新たに増加

　改革開放初期、外資企業の中国進出は 70 ～ 80％が合弁方式によっていた。2001年の WTO 加盟後は、外資企業の中国投資方式に"独資化"傾向が日増しに目立ってきている。2005 ～ 2007年の間、外資企業の82％が中国における投資拡大を続け、生産方面では投資の57％が独資企業の新設による。外資企業が独資を採用する比率は1997年の34.6％から2005年上半期の73.5％にまで上昇した。

●既存合弁企業における外資企業側の持分権拡大

　独資企業の割合が全面的に内外合弁企業を超えると同時に、合弁企業も組織再編を進め、徐々に独資企業化している。最初、外資企業は増資によって合弁企業における持分を拡大したが、2001年以降は政策的調整に伴い、外資が合弁企業の中国側持ち株式を購入することで独資企業に生まれ変わるようになった。2004年8月、北京シーメンス通信ネットワーク有限公司への改称を発表した北京国際交換システム有限公司では、シーメンスの持株比率が40％から67％に上昇、企業の性質も合弁企業から外資企業の持株会社へと変化した。

●国内企業が大量に M&A されることで独資企業化

　産業の分布から見ると、中国の国際 M&A は主に製造業に集中しており、中でも飲料・化粧品・洗剤などの業種ですでに相当程度独占が進んでいる。そして、"独資化"もゴム・医薬・ビール・家電などの業種でやはり拡大している。外資が M&A 方式での中国進出に注入した資金額は、中国全体における外資導入額のわずか5％前後であるとはいえ、M&A は外資の"独資化"過程において一層特徴を顕著にしつつある。

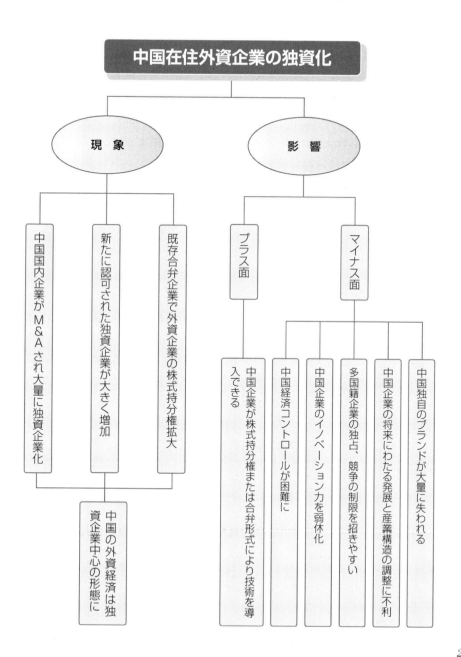

24.1　超国民待遇の終了

●外資と超国民待遇

　改革開放初期の中国は外資導入を拡大し、経済建設のための資金欠乏を補い、外国の先進技術を導入し、経済発展の質を向上させようという考えから、外資に対して"超国民待遇"を与えていた。例えば税の面では、国内企業と外資系企業の所得税に異なる税率を適用し、外資系企業は基本税率15％、実効税率11％なのに対し、国内企業は基本税率33％、実効税率23％前後としていた。国内企業には外資系企業の2倍の税率が課されていたことになる。

●超国民待遇の弊害

　中国の対外開放が進展し、経済発展水準が向上すると、資本欠乏の状態が根本的に解決され、外貨準備も急激に増加した。同時に外資の大量流入につれて、貿易摩擦がますます増加した。また、国内企業、特に民営企業は競争上不利になり、経営を強く圧迫されるようになった。

●超国民待遇の終わり

　このように、外資の"超国民待遇"は中国経済発展の実情に合致しなくなり、中国は徐々に外資導入政策を調整し始めた。2010年4月13日、国務院の『外資導入作業をさらに改善することに関する若干の意見』では、改革開放以来続いてきた外資の超国民待遇を正式に終了させることが発表された。

　超国民待遇の終了は、外資系企業が中国の産業調整政策の方向に適応し、積極的に中国市場に融け込まなくてはならないことを意味している。国内企業にとっては、一層公正公平な競争環境を獲得できたといえる。

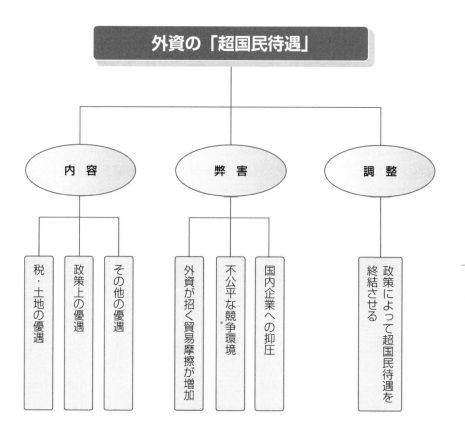

第24章 外資導入における重要ポイント

2010年、中国は外資系企業と外国企業および外国籍の個人に対して都市維護建設税と教育費付加金を徴収し始めた。これにより国内企業と外資系企業の税制はすべて統一され、外資が"超国民待遇"を享受できた時代が正式に終了した。

24.2　外資系 M&A のメリットとデメリット

　1990 年以来、中国の外資系 M&A には波があるとはいえ、全体的に見れば規模を拡大し続けている。外資系 M&A は中国の製造業とサービス業の発展においてプラスとなる推進的役割を果たしたが、また一方で、業界の独占、国有資産の流失、国の経済上の安全に対する脅威など、一連の問題ももたらしている。外資系 M&A のメリットとデメリットは、中国経済におけるホットな問題であった。

● **外資系 M&A の貢献**

　外資が M&A により業界に参入することに対する中国の政策は、流れとしては徐々に自由化に向かっている。実際の状況から見て、外資系 M&A には多くの成功例があり、中国の製造業とサービス業、特に情報産業、食品製造業、電子および通信設備製造業、卸売業、小売貿易業、金融保険業などの産業発展において、プラスの役割を果たした。

● **外資系 M&A における業界の独占**

　多国籍企業が中国企業を買収する目的の多くは、市場の支配権を手に入れることである。多国籍企業は、強力な技術的基礎と完璧なサプライチェーン、成熟した経営ノウハウによって業界を独占、中国市場をコントロールし、対応する中国の国内産業を圧迫した。

● **外資系 M&A による国有資産の流失**

　外資系 M&A の過程で国有資産流失をもたらすのは、主として国有資産管理体制および M&A の過程そのものにある欠陥による。外資系 M&A の過程で国有資産流出が起こるというのは、主として M&A の過程における透明度と公平性、譲渡価格の決定メカニズムが不完全だからである。

● **外資系 M&A と国家経済の安全**

　経済のグローバル化の下、国家経済の安全は中国にとって極めて重視すべき問題である。外資が市場を支配しようとするとき、M&A の過程で中国の産業を圧迫し、中国経済の安全に対してある程度の脅威を与える恐れがある。したがって、国がまだひ弱な産業を保護することが必要なのである。

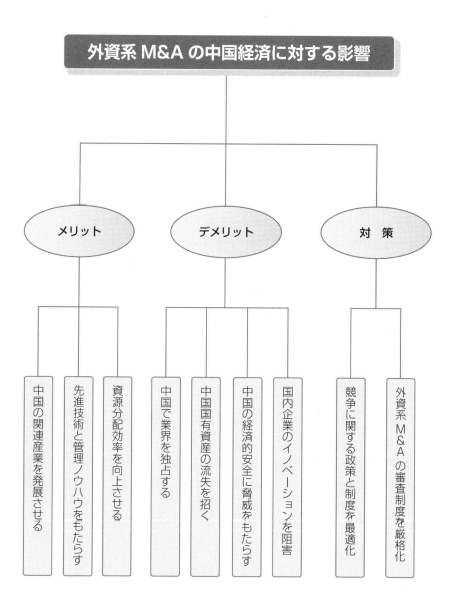

第24章 外資導入における重要ポイント

24.3　外資が中国国民経済に与える打撃

　改革開放以来、特にWTO加盟以降、外資の大規模な中国流入が始まった。外資は中国の経済発展に貢献もするが、同時に国民経済に対する打撃ともなる。

● **外資による国民経済への打撃**

　外資が中国国民経済に与える打撃は、一方では中国国民経済のコア資産に対する主導権が受ける打撃である。例えば、外資系M&Aの大波の中で、中国の優秀な国民的ブランドの多くが競争に敗れて消えた。また一方、国民経済は外資とのゲームにおいて、常に技術的イノベーション体系の底辺に置かれ、独自の有用な知的所有権を形成することができなかった。

● **外資が国民経済に打撃を与える主なパターン**

　マーケットの支配。外資が中国市場を支配する重要手段の１つはブランド支配である。外国企業との合弁において、企業の多くが申し合わせたように外国の商標を採用する。すると外国企業はM&Aもしくは看板の掛け替えにより中国側商標の力を削ぎ、徐々に中国市場を支配した。

　また、産業を圧迫する。多国籍企業は独占的優位性により、中国の産業に対し経済的支配権を掌握、それらの産業を独占する。例えば、軽工業、機械・電力設備、化学工業などの業種は、さまざまな程度で外資の支配下に置かれ、特に電子産業における独占ははなはだしく、移動通信設備製造業はほぼ外資企業の傘下に統一された。

　技術的支配。外資は中国への技術移転にしばしば条件を付けるばかりか、中国へ導入する技術のほとんどはさほど先進的ではなかった。時にはすでに淘汰された技術の場合もあり、基幹技術やコアな技術については一層厳しく秘匿する。外資系企業はこのようなやり方で技術的主導権を握って離さず、中国の国民経済の競争力を制限したのである。

外資が中国国民経済に与える衝撃

方式
- マーケットの支配
- 産業の圧迫
- 技術的支配

結果
- 国民経済が独自の知的所有権を形成するのに不利
- コアな資産に対する主導権が打撃を受ける

第24章 外資導入における重要ポイント

国民経済とは何か？
簡単に言って、国内資本が支配する経済である。
判断基準は以下のとおり。
* 株式の支配権を基準にする場合、中国資本による独資経営、あるいは中国資本が経営支配権を持っていること。
* コアな技術の掌握度を基準とする場合、中国側技術者がコアな技術を掌握し、しかも後続製品の開発能力を有すること。
* 製品の商標（ブランド）の支配権を基準にする場合、中国側に商標権があること。

以上、3つの判断基準を総合的に採用すべきである。

24.4 「市場を技術に換える」メリットとデメリット

　先進技術の導入は、中国外資導入戦略の一環として重要であった。ある時期、「市場を技術に換える」ことが外資導入の基本政策となっていたほどである。しかし実際には、その戦略は期待通りの効果をもたらさなかった。

● 「市場を技術に換える」ことの歴史的貢献

　「市場を技術に換える」方策は、中国の技術進歩にプラスの役割を果たした。1990年代までの技術導入においてはプラントの輸入が最大比率を占めていたが、21世紀になると、技術的ノウハウの使用許可や移転、技術コンサルティング、技術サービスなど、ソフト技術の導入が主導的地位につき、中国の技術進歩にプラスの役割を果たした。

● 外資技術の波及効果を後押しする技術格差

　ある研究によれば、多国籍企業がホスト国に及ぼす技術波及効果は、両国の技術格差の幅によって決まるという。差が小さければ小さいほど、技術波及効果は明確になる。多国籍企業の国際サプライチェーンにおいて、中国の産業の多くが末端に位置しており、多国籍企業が中国で行う研究開発は中国市場の変化に適応するための研究開発が主となり、企業の競争力を向上させるものでもなければ、企業の長期発展を支えるような画期的研究でもない。そのため中国企業は独自の研究開発を行うことに厳しい制約を受け、国際的分業と国際的競争において不利な立場に置かれたのである。

● 外資系企業の技術支配

　外資にとって、技術はホスト国で身を立てるための資本であるから、自然と技術に対して強い支配欲が働く。また技術、特にコアな技術の漏洩を防止するためにあらゆる対策をとる。したがって、ホスト国が外国の先進技術を手本としたり模倣したりして身に付ける困難さが、今まさに増しているのである。M&Aを通して技術を手に入れられるだろうという期待は、願ったからといってすぐ実現できるものではない。もしも外資に対しやみくもに非現実的な考えを持つなら、中国は産業発展の最良のチャンスを逃してしまうであろう。

中国が「市場を技術に換える」のは引き合わないか

✓ メリット

- ☑ 中国のプラント技術の向上
- ☑ 中国のその他の技術の向上

→ 中国技術の進歩を後押し

導入
- ☑ プラント
- ☑ ソフト技術

✗ デメリット

- ☑ 中国は国際的サプライチェーンの末端に
- ☑ 独自の研究開発に制約
- ☑ 国際的競争において不利な位置に

→ 外資企業がコアな技術を支配

↓

M&Aを通して技術を得ようという期待は、願えばすぐに実現できるというものではない

24.5　ニセ外資の危険性

●ニセ外資現象

　外資がかつて超国民待遇を享受したこと、および各地の外資導入ブームにより、多くの国内企業が利益を得ようと、本土外で会社登記して資金を投入し、その後本土に戻ってきて投資する、すなわち自己を「外資」に変える方法を採用した。特に沿海地域においては、こうしたニセ外資現象が多く見られる。ニセ外資はほとんど、香港・ヴァージン諸島・ケイマン諸島・バミューダ諸島などオフショア金融センターを足がかりとし、再度国内に流入する。

●ニセ外資の発生要因

　ニセ外資の発生は以下の要因と切り離すことができない。まず、外資への超国民待遇により競争上不利な地位に置かれた国内企業が、より良い競争環境を求めて"外資"に変身したこと。また、非合法融資もニセ外資発生原因の1つである。一部の違法分子が本土において手に入れた非合法な収入を本土外に移動させ、その後、再度"外資"の皮を着せて本土に環流させ、資金を保全しようとするのである。

●ニセ外資の危険性

　ニセ外資は中国の外資導入にさまざまに負の影響を与える。まず、国の税収に対する悪影響である。ニセ外資は本来、国内企業の基準に従って納税しなくてはならないが、"外資"に変身した後は、低い税率で納税することができる。次に、経済秩序の紊乱である。商工業・税務・銀行などの部門に対する監督管理の困難が増し、経済分野における信用を失わせる。国内企業が本土外で株式に資金を投入することは、本土内の資産所有権が本土外に流出するということであり、最終的には資本の国外流出を引き起こす。

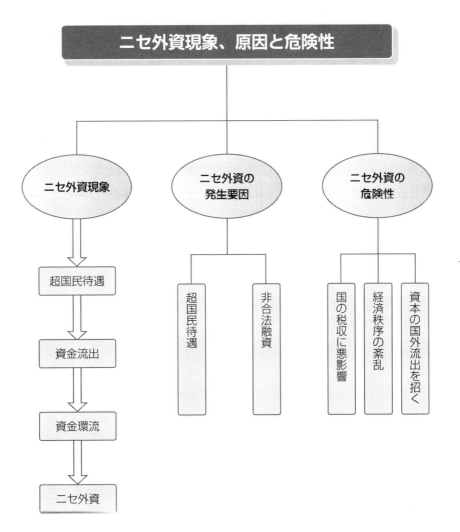

24.6 外資拠点と地域経済

　外資拠点経済とは、特有の資源によって優位にある地域が、その資源によって外資企業の拠点を招き寄せ、拠点の集中効果を生み出すとともに、連鎖的に「拠点－製造基地」機能が広がって、その所在地域の発展を牽引し、やがて各地域の分業協力、資源の最適な配置を実現するという経済のありかたである。

● **外資拠点経済の発展特徴**

　外資拠点経済の発展の特徴は、知識性・集約性・階層性・発展性・放射性・共栄性という6つの面に分けられる。知識性とは、外資拠点が非常に高密度の知識性労働を行っていること。集約性とは外資拠点の生産が集約化されていること。階層性とは外資拠点が、グローバル拠点・地域拠点・国内拠点および、マネジメントセンター・営業センター・研究開発センターなどと、多種多層をなしていること。発展性とは第二次産業から第三次産業への発展が可能なことで、知的サービス業の一般的サービス業への応用である。放射性とは周辺地域に対する外資拠点の影響力のことで、周辺地域に対する中心的都市の牽引力を増強する。共栄性とは拠点経済モデルが地域間の分業と協力を実現し、ともに発展することである。

● **上海における外資拠点経済の発展情況**

　近年、上海における外資拠点経済は発展に向けて高いパフォーマンスを発揮している。2008年、外国企業が上海に設立した拠点は83か所あった。2008年末の時点で、外資拠点は676か所、そのうち多国籍企業の地域拠点が224か所、投資会社が178か所、研究開発センターが274か所あった。商務部の判断基準に照らせば、上海の多国籍企業拠点は17か所になり、全国の半数を占めている。

● **北京における外資拠点経済の発展情況**

　北京の外資拠点経済は長期にわたり良好な発展を続けており、国内外の大型企業の拠点が集中、拠点数が著しく多い。2008年末の時点で、北京にある各種の企業拠点は784か所、そのうち外国企業の投資センターは156か所だった。空間的に捉えるなら、ビジネスセンター街区・金融街・中関村サイエンスパークなどの特色ある拠点密集地が、北京の拠点経済発展に対し重要な空間的受け皿になっている。

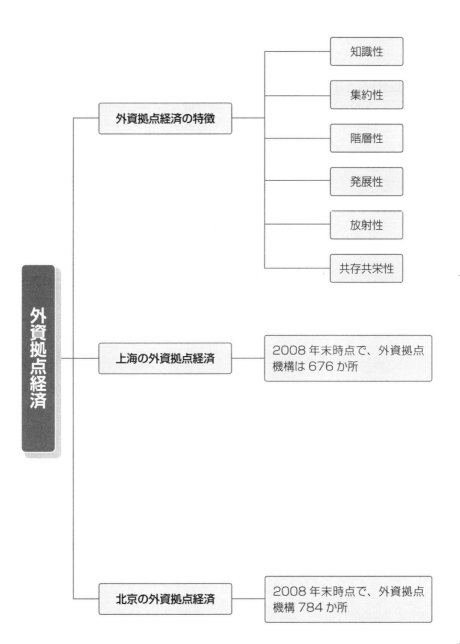

第5編　訳注

第21章
注1　部材提供と製品引取りが無償で行われる加工貿易。
注2　見本に基づく加工。
注3　外国から調達した部品・半製品を中国で組み立てる方式。
注4　外国側が設備機械と技術を提供し、中国側が製品を製造する方式。ノックダウン方式。
注5　外国側から原料の提供を受けて中国側が製品を製造する方式。

第22章
注1　アンチダンピング・禁止助成金・保障措置（一般セーフガード）・特別保障措置（特別セーフガード）。

- 第25章　経済発展全体のトレンド
- 第26章　経済発展における新たな試練
- 第27章　国内経済発展の行方
- 第28章　財政・金融の重点的トレンド
- 第29章　対外経済協力の発展トレンド

25.1　経済成長の将来と展望

●歴史と現状

　生産責任制から郷鎮企業の実験へ、二重価格制から社会主義市場経済体制の確立へ、そして改革開放によって未曾有の解放をとげ、中国は1978年から2008年にかけて、連続で平均10％を超えるGDP成長率を記録した。これほど長期かつ急速な経済成長速度を保持した例は、世界経済史上においても珍しい。その間、アジア金融危機とアメリカ発世界同時不況の時期にも、中国経済は十分な成長を続け、世界経済中の「群鶏の一鶴」であった。30年以上にわたる経済成長の果実によって、中国の国民所得レベルは大きく向上し、国民総所得も1978年の3645億2000万元から2008年の30兆2853億元にまで増加、民衆の生活水準が向上したことは明らかである。

●将来の展望

　中国経済は急成長と同時に多くの問題も抱えるようになった。比較的大きな問題は、中国経済の成長構造自体がもつ不合理と、成長の持続性がいまだ弱いことである。国内経済が貿易、特に輸出による牽引に過度に依存した結果、外部市場に依存し過ぎた経済成長が続き、内需不足になり、経済成長に対する個人消費の貢献度が低くなったため、経済成長の持続性と安定性が弱かった。貿易依存度は改革開放初期の1978年には10％にも及ばなかったが、2007年には70％に迫るまでに増大した。アメリカ金融危機により引き起こされた世界同時不況の中では、国外需要の低迷に伴って中国の貿易も非常に低調になり、経済成長および多くの輸出企業が厳しい試練に見舞われた。それゆえ、将来にわたって中国が現在の成長速度を保持するには、経済成長の構造を自ら調整し、社会保障制度改革と収入分配制度改革を通して内需、特に消費需要を拡大すると同時に、産業構造の調整と省エネ、環境保護を推進することで、経済成長の持続可能性を向上させなくてはならない。そうしなければ、中国経済は継続的に「群鶏の一鶴」として羽ばたき続けることはできない。

改革開放以来の中国 GDP 変化のトレンド
（1978 ～ 2009 年）

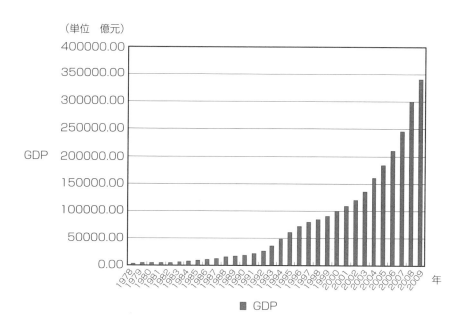

25.2　経済成長方式に対する評価と改良

● GDP 基準

　GDPとは基本的に、ある国で一定期間中に生産されたすべての最終生産物とサービスの市場価値である。中国では、1992年に国民経済計算システム（SNA）を導入して以来、国民経済を測る上でGDPが非常に重要な指標であった。中国経済の急速な拡大と30年間の改革開放が生んだ誇らしい成果から、庶民の収入は次第に増加し、GDPは当初の、ホワイトカラー・公務員・学者だけが熱心に議論する話題から、やがて一般庶民が日常生活でしばしば口にする事柄になった。

● GDP 指標の問題点および改革の展望

　GDP指標そのものに欠陥があることは余り知られていない。例えば「母親の交換」（GDPは二人の母親がそれぞれ自分の子どもを育てる場合の労働を含まないが、二人が子どもを交換して育てる労働は含む。子どもの苦痛を増大させる行為が、GDPの増加には寄与する）という批判は、GDPが抱える問題を喝破するものだ。GDPが、家庭内労働の価値、収入の分配、経済成長の社会的コスト、社会の公平と正義、人の幸福や喜びを測りえないことは我々の知るとおりである。なぜならGDPは決して生活の幸福度を表す指標ではないし、やみくもにGDPを追求したり、GDPを公務員の成績考課の基準にしたりすることから、一部の地方公務員による一面的なGDP追求が起こり、家屋や土地、立ち退きなどの領域で、民衆の利益を損うさまざまな行為が行われるからである。

　そこで、中央政府は近年、公務員の評価体系の改革を継続、グリーンGDPの概念をも導入し、GDPに対する迷信を取り除く方向へと導こうとしている。

　中国のGDP計算自体にも大きな欠陥があり、近年では、各省・市・区が算出するGDPの総和と、国家統計局が発表する全国トータルの数値に大きな差が出てしまい、社会の極めて大きな論争の種となっている。このことから、GDP計算には今後まだまだ改良する余地があるといえる。例えば、GDPの計算と発表のプロセス、算出方式が招く数値の不正確さ、GDP数値の透明度と信頼度などである。

グリーン GDP 計算フローチャート

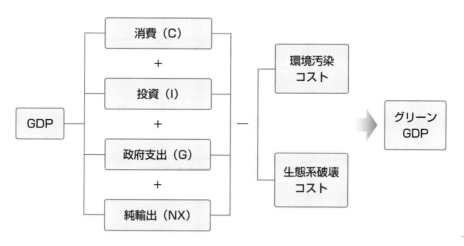

グリーン GDP とは何か

グリーン GDP とは、ある国や地域が自然資源（主として土地・森林・鉱産・水・海洋を含む）と環境因子（生態環境・自然環境・文化環境など）の影響を考慮した後の最終的な経済活動の成果、すなわち経済活動における資源消費コストと環境汚染コストを、あらかじめ GDP から差し引いた数値である。現行の国民経済計算システムに改革を加えたもので、環境資源を考慮し、現行の GDP から環境資源コストと環境資源保護サービス費用を差し引いたものであるため、これを「グリーン GDP」と呼ぶことができる。

グリーン GDP という指標は、実質的に国民経済成長の持つプラスの効果の純正値を表している。GDP 中におけるグリーン GDP の割合が高ければ高いほど、国民経済成長のプラスの効果も高くなり、マイナスの効果は低くなる。逆もまた同様である。

25.3　経済発展方式の転換と変革

●経済成長から経済発展へ

　経済成長と経済発展は同義ではない。発展の方が総合的で幅広い概念であり、成長は発展の一側面にすぎない。

　経済の成長という場合は、1人当たりの生産性の成長、GDPの向上を意味する度合いがより高い。だが発展という場合は、福祉の向上や幸福感の増大、社会の公平と正義の拡大、生活環境の改善、法治の進歩などの意味を内包する。また、発展は人の選択の自由を拡大する。郭熙保著『発展経済学』は、こう述べる。「収入水準が向上すれば、人々は選択ができる。労働か余暇か、住居購入か自動車購入か、家での休息か旅行か、農村生活か都市生活か、学習・研修か仕事か、商売か教師か行政職か。また、人々はリーダーを選び、社会貢献活動に参加し、各種の事柄について自己の意見を自由に発表し、何らかの宗教・党派・団体に入るなど、自分の好む生活方式を選ぶことができる」

●経済発展方式転換の未来

　2010年2月3日、中央党校[注1]の経済発展方式転換専門検討グループにおいて、胡錦濤総書記は50回以上「加速」という語を使用して経済発展方式転換の緊急性と重要性を形容した。現在の中国では「高汚染で高エネルギー消費」の産業が依然大きな割合を占め、それら立ち後れた産業エネルギーを淘汰する際の障碍も大きい。中国政府は「11・五」期間に単位GDP当たりのエネルギー消費を20％削減し、2020年までに単位GDP当たりのCO_2排出量を2005年比40〜50％削減すると約束した。しかし、エネルギー消費の大きい産業が急速に発展し、2010年第1四半期の単位GDP当たりエネルギー消費は3.2％上昇した。上半期ではその上昇率が0.09％である。2009年末現在、単位GDP当たりエネルギー消費は累計で14.38％減少している。改革に後退がありえないように、経済発展方式の転換は現在の中国にとって唯一の選択である。発展方式の転換と経済構造の調整なしに、我々は経済のより良くより速い成長を実現できない。民衆の所得水準を向上させ続けることも、中国経済の持続可能な発展と中華民族の偉大な復興という戦略を実現することも、それら抜きにはできないであろう。

2010年、中央によるハイレベル集中調査研究 経済発展方式の転換

2010年9月、**胡錦濤**が深圳市での調査研究において「経済発展方式転換加速の根本は自主的イノベーション、鍵は人材養成である」と指摘

2010年8月、**温家宝**が深圳調査研究において「産業構造の調整において最重要なのはサービス業、特にハイレベルなサービス業の発展である」と指摘

2010年5月、**李長春**が広東省調査研究において「自主イノベーション能力向上を経済発展方式転換の核心に」と指摘

2010年9月、**李克強**が湖北省調査研究において「湖北が経済発展方式転換を加速し、中部地域振興の重要戦略ポイントになる努力をするよう希望する」と指摘

2010年5月、**呉邦国**が四川省調査研究において「被災地区を経済発展方式転換の先行区にするよう努め、グリーン経済と低炭素経済のモデル地域とする努力を」と指摘

2010年8月、**賈慶林**が新疆ウイグル自治区調査研究において「経済発展方式の転換を加速し、高水準の出発点からハイレベルで高効率の発展を目指せ」と指摘

2010年9月、**習近平**が福建省調査研究において「実情に即した経済発展方式転換の加速の方法を積極的に探索せよ」と指摘

2010年9月、**賀国強**が黒竜江省調査研究において「転換途上であっても発展の加速、発展途上であっても転換の加速を着実になしとげよ」と指摘

第25章 経済発展全体のトレンド

25.4　経済発展の不均衡とその是正

●経済発展の不均衡

　2009年12月、中央経済工作会議は、「経済構造調整加速に注力」することを今後の経済運営の重要任務として強調したが、それは中国の経済構造不均衡問題が、解決を急ぐべき段階にまで進んでいることによる。

　中国経済構造の不均衡は、主に以下の各方面における不均衡である。投資と消費、外需と内需、経済発展速度と経済の効率・収益、市場競争における国有企業と民営企業の地位や初動条件、労働生産率の向上速度と労働報酬の増加速度。

　中国経済の不均衡は、まず投資と消費の不均衡として表れたが、消費が伸びていないわけではなく、むしろ中国住民の消費は確実に毎年増加している。ただ投資と比べたとき、消費はGDP中における割合が比較的小さく、減少することさえあったため、2006年の住民消費率は36％まで下降、史上最低を記録した。

　国内固定資産投資では、新規投資の大部分が国有企業および国有持株企業に占められているので、中国の投資需要はほぼ、民営企業ではなく国有企業に牽引されている。多くの地方政府が国有企業を利用して経済とGDPの成長を実現し、政治的成果を挙げている。これが国有企業と民営企業の市場競争上の権利と地位に不均衡をもたらし、民営企業の積極的経営を圧迫し、市場競争の基礎を損なっている。他方では不平等な競争環境により驕った国有企業が収益と効率への意識を希薄化させており、余りに多くの投資を、高汚染でエネルギー消費が大きい、低レベルの重複建設でありながらGDP成長率は高められるようなプロジェクトにつぎ込んでおり、その結果、経済成長率と経済効果・利益の間には重大な不均衡が生まれている。

●不均衡是正の仕組

　17全大会は、今後3つの重要な転換を実現すべきであることを指摘した。すなわち、投資・輸出依存の経済成長から消費・投資・輸出が協調して牽引する成長への転換へ、第二次産業の牽引に依存する経済成長から、第一・第二・第三次産業が協調的に牽引する成長への転換、物質的資源の浪費に依存する経済成長から科学技術の進歩や労働者資質の向上、および管理方式の高度化による成長への転換である。

中国経済の不均衡の最新進展情況

消費と投資の不均衡 → 2010年、中国の消費と投資の不均衡は一定程度緩和された。第1四半期、固定資産投資増加率は全体で前年同期比25.6%で、-3.2ポイント、工業投資は-3.5ポイントの下落。上半期では、固定資産投資が全体で前年同期に比べて名目増加率25%と、-15.3ポイント、同時に、第1四半期の小売総額は前年同期比+21.5%と6.5ポイント増加、上半期の小売総額は前年同期比+18.2%、3.2ポイントの増加であった。

外需と内需の不均衡 → 2010年第1〜3四半期、輸出総額+5.4%に対し輸入総額は+13.5%、9月は、1か月当たり輸出額+6%に対し輸入額は+20%、輸入の対前月比は+7.4%。その結果、9月の黒字はその5か月間で最低であった。

地域経済発展の不均衡 → 2009・2010年、中央は一連の地域経済発展計画を提起、金融危機の影響下にある経済を刺激すると同時に、これを機に地域経済発展不均衡の是正をはかった。2009年1年間に11の地域発展計画が中央の認可を得、2010年になると10地域の発展計画がすでに提出あるいは提出への取り組みが進められた。

25.5　経済のグローバル化と中国の経済発展

●経済のグローバル化

　経済のグローバル化とは、世界各国が経済において融合することで、国境を越えた生産と消費活動が行われ、物品の輸出入、国外投資、技術移転などの領域で互いに協力し、相互にサービスと需要を融通しつつ、1つの有機体に化していく過程である。

　経済のグローバル化は1980年代に始まり、加速しつつ発展してきた。特に80年代末から90年代初めには、東欧の激変やソ連の解体、中国の社会主義市場経済体制建設の提起を経て、市場経済は全世界でかつてない認知と推進を経験、経済のグローバル化は止まるところを知らない状態となった。

●経済のグローバル化と中国の経済発展

　中国は1978年の改革開放以降、国際市場への歩みを始め、特に1992年の14全大会は社会主義市場経済建設を経済体制改革の目標と位置づけた。その後、中国の経済成長は徐々に加速、貿易は一層活発になった。2009年、中国の物品貿易総額は2兆2000億ドルに迫り、アメリカに次ぐ世界第2位の物品貿易国になり、特に1兆2000億ドルの輸出総額は、世界第1位になった。

　経済のグローバル化においては、中国もその一員として世界の生産体系に組み込まれると同時に、グローバル経済の一部として、世界との相互の影響、制約もますます明確になってきた。今後も、2008年のアメリカ金融危機の衝撃のように、グローバリズム自体の不安定性が中国経済に影響をもたらすであろうが、この不安定性はグローバリズムの本来的特性であり、拭い去ることができないものなので、我々はただ、自己の対応能力を強化する以外にない。

　経済のグローバル化において、多国籍企業は国境を越えて全世界に生産拠点を配置し、先進国は技術と科学技術上のアドバンテージを利用して産業連携の上位に君臨し、世界各国間の貧富の差を拡大している。中国は緊迫感を強め、自己の産業構造調整と産業のアップグレードを加速し、国際的生産分業システムにおける地位を向上させ、先進国との格差を縮めていくべきである。

経済のグローバル化と中国経済とのバランスシート

```
           経済のグローバル化が
           中国経済にもたらす
           メリットとデメリット
          ┌──────────┴──────────┐
   経済グローバル化のメリット      経済グローバル化のデメリット
   ┌────┬────┬────┐         ┌────┬────┬────┐
```

経済グローバル化のメリット：
- 国外資本、先進的な経営管理ノウハウを導入するのに有利
- 工業化と産業構造のアップグレードを加速
- 国際的分業に参加し、自身の競争力をアップ

経済グローバル化のデメリット：
- 後発国として一層激しい競争にさらされる
- 経済的主権の独立性が試練に遭う
- 国際経済の不均衡の波及が不安定をもたらす

第25章　経済発展全体のトレンド

26.1 エネルギーの安定供給

●エネルギー需要の現状

エネルギーは人類が生きて発展を続けるための必需品であり、現代工業社会を維持する推進力かつ源泉である。『ウォール・ストリート・ジャーナル』の報道によれば、再生可能エネルギーを含め中国が 2009 年に消費したエネルギー総量は、原油にして 22 億 5200 万トンと、アメリカを 4％上回り、世界一のエネルギー消費国になったという。

統計によれば、2010 年は石油・天然ガス・マンガン・鉄・銅などの鉱産の十分な国内生産が保証できず、長期的に輸入が必要であり、クロム・コバルト・プラチナ・カリ岩塩・ダイヤモンドなどはすでに欠乏が深刻であるという。2020 年には、必要な 45 種類の鉱物資源のうち、経済発展の需要を満たせるものは 6 種類のみになるだろう。また、中国における石油の海外依存度は、1994 年の段階では 1.9％であったが、2020 年には 62％に達すると予想される。

●資源の安定供給を求めて

中国は、エネルギー開発と利用効率改善に努め、海外に、より多くの石油輸入元を開拓して国の戦略的石油備蓄を確立し、伝統的エネルギーの安定供給を保証するだけでなく、再生可能でクリーンな新エネルギーを積極的に開発しなくてはならない。この方面ではすでに行動が始まっており、彭博〔ブルームバーグ〕新エネルギー財経公司の最新研究レポートによると、2009 年の中国クリーンエネルギー投融資額は 346 億ドルと、初めてアメリカを抜いてランキング 1 位に躍り出、この問題への関心の強さを示したという。

しかし、現代中国経済の発展段階や、人口と環境の圧力、日増しに増加するエネルギー需要を考慮すると、将来のエネルギーの安全保障問題は、依然として中国の目の前に立ちはだかる関門である。現在、外国ではバイオマスエネルギーの領域における開発と研究が急速に進んでおり、その利用も新たな戦略的レベルにまで達しているが、中国はまだ十分にバイオマスを理解していない。したがって、現代の科学技術の発展に追いつき、新たなエネルギー源の開発と利用に一層力を入れ、科学技術の革新を奨励しなければ、中国経済の持続可能な発展への魔法の扉を開くことはできない。

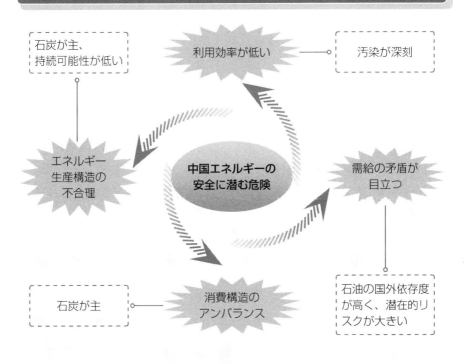

中国はエネルギー開発と利用の効率を高め、海外により多くの石油輸入元を開拓して国の戦略的石油備蓄を確立し、伝統的エネルギーの安定供給を保証するだけでなく、再生可能でクリーンな新エネルギーをも開発しなくてはならない。

26.2　地政学リスク

●地政学とは

　地政学という概念は、チェーレン[注1]が提起したもので、地理的環境がその国の政治に与える影響を指し、古くは政治・歴史・軍事の角度からの研究が多かったが、最近は、地理的な環境が国の経済に与える影響をより重視する角度が重視されている。

●中国の地政学的位置と地域の安全

　中国はユーラシア大陸の東端に位置し、周辺国が多く、さまざまなタイプの国に囲まれており、地政学的に複雑な条件下にあるといえる。

　西方の中央アジア地域は、パキスタン・アフガニスタンなどテロの多い危険地域。西南はインドで、中印間では大国間紛争が絶えない上、近年激化さえしている。長年にわたる中印国境紛争も隠れた地域リスクである。発展途上国の典型として、国際的統計やランク付けで比較されてきた中印の競争は避けられない。しかも、米ロはインドに多くの協力を与えて鼓舞し、中国を牽制している。

　東南アジアの多くの国と中国との関係は微妙だが、インドネシアとは華人を標的とした暴動[注2]によりさらに微妙になるかもしれず、マラッカ海峡という要衝を抑えるシンガポールは、中国の今後の石油輸送に不測の影響を与える。ベトナムなどとの南シナ海をめぐる紛争は、中国の"核心的利益"が提起されるにつれめまぐるしさを加え、アメリカ-ASEANが協力して中国を圧迫するという伝聞は真であれ偽であれ、中国にとって対応上の変数となる。

　北東アジアでは、中ロ両大国が互いに牽制しあっている。国際関係理論では、2国の実力差が縮小すれば安心感も減少すると考えられており、ロシアは緊張感をもって中国経済の成長を注視している。また、中日間の歴史問題も避けて通れない問題であり、尖閣諸島はついに、地域の安全に影響する変数となった。2010年の尖閣諸島中国漁船拿捕事件では双方譲らず、善後策のめどもつかない。「棚上げ」論ではすでに対応できない情況である。

　強敵に囲まれた中国経済の発展には、さまざまな地政学リスクがつきまとっており、紛争を「棚上げ」にしてひたすら経済成長に向かう中国の理想は、いま大きな困難に直面している。

中国周辺地域の情勢

西
「東トルキスタン・イスラム運動」はテロ勢力の1つで、テロを通じて中国を分裂させ、新疆に政教一致の「東トルキスタン・イスラム国」を建国しようとしている。

東
2003年、北朝鮮核問題に関する六者協議が行われて以来、中朝米日韓露の6か国は北京で6回の会談を開いた。2009年北朝鮮が脱退を宣言して以来、いまだに会談は行われず、いかに転ぶかは依然確定しない。

東
魚釣島は古来中国の領土であり、1895年の「馬関条約」で台湾と付属する島嶼を日本に割譲した。1945年の日本の敗戦とともに台湾は中国に回帰したが、魚釣島は沖縄に付属するという理由でアメリカ軍に占領され、1970年にアメリカから日本に返還された。中日の釣魚島を巡る紛争はここから新段階に進み、中日国交回復後、中国は領土問題を棚上げした。しかし、日本の一連の行動につれ、中日間の紛争は激化している。

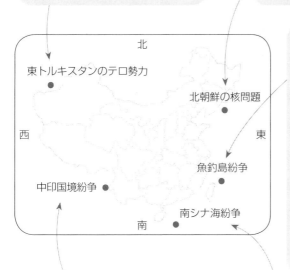

西南
中印国境線は1700キロに及び、1962年に国境紛争が勃発。国境問題はいまだに解決していない。

東南
中国は早期に南沙群島への管轄権を行使していた。1939年、日本が南シナ海の島々を占領したが、1946年、『ポツダム宣言』および『カイロ宣言』に基づき、南沙群島と西沙群島の主権は中国に帰した。長期にわたり、南シナ海に主権問題は存在しなかったが、1978年以降、マレーシア・インドネシアなどが相次いで南シナ海の島嶼の一部を自己の国境内に取り込んだ。ここから南シナ海の主権問題は発生した。

第26章　経済発展における新たな試練

26.3　環境保護

　過去30年以上、中国経済が遂げた年平均10％前後の急成長には重い代償が伴っていた。その1つが環境汚染である。

●**環境汚染が増大させる中国の発展コスト**

　日増しに悪化する環境は経済成長の成果を蝕み、中国経済という列車の前途には環境問題が立ちはだかっている。統計では、現在中国の3分の1の地域で酸性雨が降り、河川湖沼の70％にさまざまな汚染があり、都市の地下水の汚染比率は90％である。七大大河の半ばが水資源として不合格で、人口の4分の1がきれいな飲用水を得られない。都市の3分の1で住民は汚れた空気を吸わされ、ITAによれば、大気汚染による損失は中国GDPの3％から8％にのぼり、付随する健康上のリスクはさらに大きい。統計では、2003年、世界の燃料由来の二酸化炭素排出量249.8億トンのうち、アメリカ57.2億トン、中国は37.2億トン。都市ゴミの処理が環境保護に合致する割合は20％足らず、世界の十大汚染都市のうち5つが中国にある。

●**将来の展望　環境改善への路は遠い**

　中国では最近、環境汚染問題を特に重視している。中国はすでに環境保護を基本的国策として確定し、汚染した後で管理する方式から、汚染を根本的に減らす方式に転換、一部の先進国が経験したような、経済発展を優先して汚染処理が後手に回った例の二の舞を避ける。

　中央政府は、国家環境保護総局を環境保護部へと昇格させ、環境保護部門に一層多くの職権と活動範囲を与えようとしている。

　近年、北京市は巨費を投じて首都の環境と空気の質を改善、大きな成果を得たが、いまだ中国の多くの都市では、高汚染でエネルギー消費の大きい、時代遅れの生産方式が採られ、依然、雲までそびえる煙突から未処理の粉塵が排出されていた。多くの工場から化学物質を含む工業排水が垂れ流され、すでに深く傷ついた河川の汚染を深刻化させた。我々の健康は、残留農薬や遺伝子組み換えなどの不確定要素にも日々脅かされている。

　経済モデルを新たにし、環境汚染をなくし、経済成長と環境を1つに調和させるまで、まだ中国がたどるべき路は遠い。

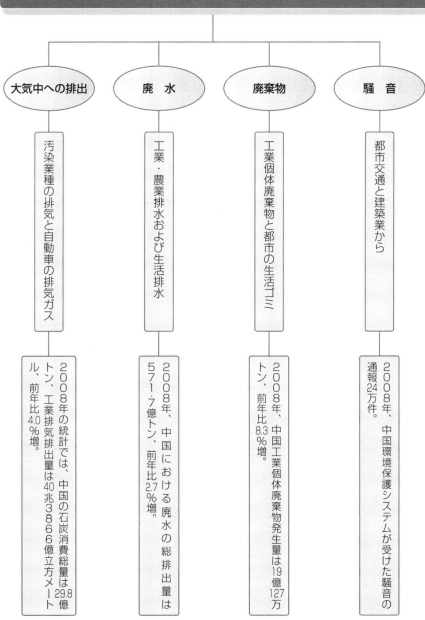

中国環境汚染の構造と現状

- **大気中への排出**
  - 汚染業種の排気と自動車の排気ガス
  - 2008年の統計では、中国の石炭消費総量は29.8億トン、工業排気排出量は40兆3866億立方メートル、前年比4.0％増。

- **廃水**
  - 工業・農業排水および生活排水
  - 2008年、中国における廃水の総排出量は571.7億トン、前年比2.7％増。

- **廃棄物**
  - 工業個体廃棄物と都市の生活ゴミ
  - 2008年、中国工業個体廃棄物発生量は19億127万トン、前年比8.3％増。

- **騒音**
  - 都市交通と建築業から
  - 2008年、中国環境保護システムが受けた騒音の通報24万件。

26.4　気候変動

●気候変動との戦い

　WMOの発表では、1998～2007年は記録上最も温暖な10年であった。地球温暖化や温室効果は、現在人々が最も気にかけている話題であり、我々一人一人が、まさに気候変動の非常に大きな影響下にある。例えば世界中で異常気象が増加したため起こる災害、氷河の消失で淡水資源が受ける脅威、海水面の上昇が沿海都市の生活や地下水系にもたらす脅威、凍土の融解が住民生活や道路工事にもたらす隠れたリスク、いずれも人類が目を背けることのできない現実である。

　工業化の重要段階にある中国は現在、アメリカに次ぐ世界第2位のCO_2排出国である。気候変動は今も将来も巨大な影響を中国に及ぼすので、いかに経済発展と気候変動とのバランスを取るかは、重大な問題である。温暖化による異常気象の被害は中国でも大きく、極端な天気が増加し、北方の高温、南方の洪水が、経済発展に大きな損失をもたらしている。

　長江と黄河はいずれも西部の高山に源流を発するため、温暖化と氷河の消失は両大河に対する隠れたリスクと化し、淡水の供給も大問題になっている。気候変動による干ばつや大雨により作物の生長と人の健康が脅かされ、食糧問題や伝染病などの問題も、我々が向き合わなければならない試練となっている。

●中国の行動

　2009年コペンハーゲンでの世界気候会議は、人類を救う最後のチャンスといわれ、「京都議定書」第1期合意期間の後続案、すなわち2012～2020年のグローバル排出削減協定などにつき激烈な論争が展開されたが、各国の排出削減の責任と義務については大きな意見の齟齬があり、最終的には法律的拘束力を持たない「コペンハーゲン合意」を出すにとどまった。

　温家宝首相はコペンハーゲン会議において以下のように発言した。「中国政府が決定した温室ガス削減目標は、中国が国情に基づいて採用する自主的行動であり、中国人民と全人類に対する責任である。いかなる条件も付けず、いかなる国の削減目標ともリンクさせない。我々は口に出したことは必ず実行し、結果を出す。今回の会議でいかなる結果に達しようと、目標の実現あるいは超過実現のために固い決意を持って努力する」。

低炭素生活とは何か

「低炭素生活」(low-carbon life) とは、生活上のエネルギー消費を可能な限り減らすことにより炭素、特にCO_2の排出を減少させて大気汚染を減らし、生態環境悪化を緩和することである。主として、節電・ガスの節約・リサイクルの3つのポイントから、生活の細部を改めることを指す。

26.5　社会保障

●社会保障の意義

　温家宝首相は、2010年の第11期全人代第3回会議の政府報告で、「我々が行うすべては、人民生活の幸福と尊厳、社会における公正と調和を向上させるためである」と、人権を尊重し、人を基本とする政策に関する重要な発言を行った。そのすべてを実現するための制度的保障は、国の健全で整った社会保障体系である。改革開放以来30年、社会保障への財政投入は増加を続けている。その財政支出は全国で、2003～2007年の5年累計が1兆9500億元と、その前の5か年比2.41倍。全国の医療衛生財政支出は累計6294億元、同2.27倍である。

　現在、中国の社会保障制度には依然多くの問題がある。まず、社会保障の行き届く範囲が狭く、年金保険でさえ加入者数は2010年現在1億6554万人にすぎない。多くの農民・郷鎮企業従業員・民営企業従業員・農民工・臨時工には年金保険がないし、その他の社会保険はなお加入者の範囲が狭い。次に、現在就業情況が良くないのに失業保険制度が不完全なため、貧しい人々や農民の社会保障問題はさらに深刻になっている。さらに、中国の社会保障管理体制にも、管理や権限が分散し不完全だという問題があり、系統的な改革が切に望まれる。

●社会保障体系を整備

　『第12次五か年計画制定に関する提案』では以下のように述べられている。「都市と農村の住民を対象とする社会保障体系の整備が指摘されている。対象範囲が広く、基本を保持し、段階的で持続可能という方針を堅持し、都市と農村の住民を対象とする社会保障体系の推進を加速する。新型農村年金保険制度を全農村に拡大、都市の企業従業員と農村住民の年金保険制度を整え、全国で基礎養老年金を統一する。機関事業部門の年金保険〔公務員年金〕制度改革を進める。さらに年金保険の個人アカウントを明確にし、省をまたいでシステムを接続する。社会保険の対象範囲を拡大し、保険の最低基準も徐々に高める。企業年金と職業年金を発展させる。商業ベースの保険が持つ補完的作用を発揮させる。都市と農村で全面的に社会扶助を行う。年金基金への投資と運営を積極的かつ妥当に進める。慈善事業発展に力を入れる。社会保障情報ネットを作り、社会保障カードを推進し、正確な管理を実現する。」

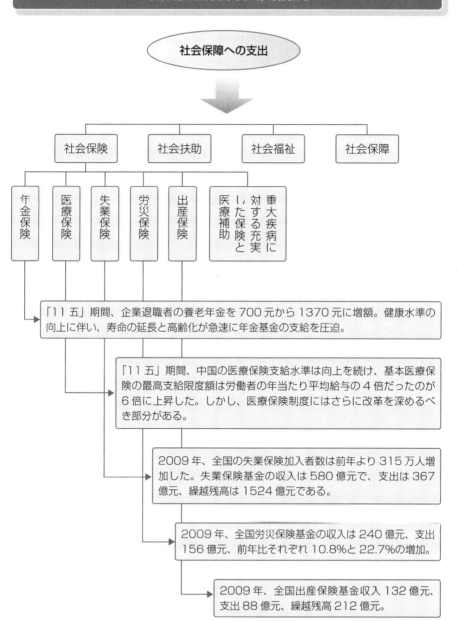

27.1　内需拡大

●**内需不足の現状**

　経済成長の国際的指標はGDPであり、この指標は算出法により4つの部分に分けられる。すなわち消費・投資・政府支出・純輸出である。

　しかし、これらがGDP成長に果たす貢献度はおのおの異なる。中国の経済成長構造の特徴として、貿易依存度（GDPに占める輸出入総額の割合）の高さが目立つ。今世紀に入り、中国の貿易依存度は加速度的に高まった。2005年にはすでに63.9%であり、2006年65%、2007年66.2%、2008年60.2%、2009年では69.5%に達した。中でも輸出依存度は1978年の4.6%から2006年の35%に増加した。欧米など先進国ではもっと小さい数字のはずである。

　過度の貿易依存、特に輸出依存とは、国の経済が過剰に外需に依存していることである。中国が安価な製品を輸出することは、外国に一層大きな消費余力を与えるのみならず、経済構造の不安定性とリスクを高める結果も招く。2008年のアメリカ金融危機以来、中国の輸出は大幅に減少、多くの輸出企業が倒産し、経済成長を阻む大きな試練が訪れた。以上のことから、中国経済の健全な成長のため、経済成長に対する内需の貢献を拡大させるような転換を達成することが必要なのである。

●**内需拡大政策の方向**

　第17期5中全会が最近承認した、『国民経済と社会発展第12次五か年計画制定に関する提案』（以下『提案』と略称）において、内需拡大は十大建設のトップに置かれ、また、「五か年計画」の歴史上初めて、内需拡大が独立した項目とされた。『提案』は、「内需拡大、特に消費拡大戦略を堅持するには、国内需要の大きな潜在能力を十分に発掘し、内需拡大を制約する体制やメカニズム上の障碍の打破に注力し、消費・投資・輸出が協調して経済成長を牽引する新局面へ向かって加速すべきである」と提起した。同時に、「マクロ経済調整の強化と改善」、「消費拡大の長期的メカニズム建設」、「投資構造の調整・向上」も提起された。

中国の内需拡大政策の進展

1998年の東南アジア金融危機下、中国の輸出は困難な局面に遭遇した。江沢民は1998年2月、第15期2中全会で、アジア金融危機への対応について、「根本は我が国国内の経済事業をしっかり行い、それによって、リスクに耐え制御する能力を強めること」であり、「内需拡大に注力し、国内市場の大きな潜在能力を発揮するべきだ」と指摘した。

1998年2月、中共中央と国務院の『「国家計画委員会の東南アジア金融危機に対応し国民経済の急速かつ健全な発展を持続させることに関する意見」発表に関する通知』は、危機に応じた指導方針と重要な政策的措置を明示し、「内需拡大を足場に、インフラ建設を強化」することを強調した。これは、党中央が初めて内需拡大を政策として提出したものである。

1998年12月7日、江沢民は中央経済工作会議における講話で、「内需を拡大し、国内市場を開拓することが我が国経済発展の基本的立脚点であり、長期的戦略方針である」と指摘した。これにより、内需拡大が1つの戦略方針となった。同年12月18日、第11期3中全会20周年大会において、江沢民は「常に自主独立・自力更生を発展の根本的出発点とし、国内に立脚した内需拡大を必ず経済発展の長期戦略方針としなくてはならない」ことを指摘した。

2002年12月、党の16全大会後の第1回中央経済工作会議において、胡錦濤は、「内需拡大を我が国経済発展の基本的立脚点と長期戦略方針とする中央の1998年の戦略的方針は、実践により完全に正しかったと証明された」、「小康社会の全面的実現と現代化建設を進める上で、我々は常にこの優位性を発揮し、内需拡大の方針を堅持するとともに不断に整備すべきである」と指摘した。

2008年下半期以来、アメリカ金融危機が引き起こした世界同時不況に応じ、金融危機の我が国経済へのマイナス影響を和らげるため、党中央は「経済成長保持のため努力し、内需拡大を成長保持の根本的な道のりにしなくてはならない」と提起した。

2010年10月18日に認可された「12五計画の提案」では、「内需拡大の長期メカニズム構築、消費・投資・輸出が協調して牽引する経済成長への転換促進」「消費需要を内需拡大戦略の重点とし、都市と農村住民の潜在的消費力の解放を進め、徐々に我が国国内市場の総体的規模を世界の先頭に位置させること」を指示した。

27.2 技術革新の加速

●技術革新の重要性

経済成長には、労働力・資本・資源など必須の生産要素を投入する必要がある。一定の生産関係において、これらの要素を組み合わせて製品を生産するとき、仮に技術水準に進歩がなく、人口が安定していれば、資本投入を拡大しても成長速度は次第に低減、最終的には一定水準で安定することが知られている。

いまだ発展途上国である中国においては、経済成長を速めて民衆の生活水準の向上を加速することが重要な責務であるから、生産要素の投入のみならず、労働者の質の向上や、技術水準の向上、特にイノベーション水準の向上に注力すべきである。それらは要素の生産効率を向上させ、発展の過渡期における限界生産性の克服につながるからである。

イノベーションは知的所有権とも関わりがある。経済のグローバル化が進む今日、すでに生産の各パートが国境を越えて世界各地に分散しているが、国際的分業は決して、生み出される価値と利潤の均等化ではない。逆に、先進国は先進的技術とイノベーションによって価値連鎖の頂点に鎮座し、最大の収益を得ているのである。中国が価値連鎖の頂点に上り、最大の収穫を得るためには、その前提条件たるイノベーションこそが重要になる。

●イノベーションに関する政策動向

中国はイノベーションを非常に重視している。17全大会において胡錦濤総書記は、「自主的イノベーション能力の向上、イノベーティブな国家建設が中国の発展戦略の核心であり、総合国力を向上させる鍵である」と指摘した。しかし、イノベーションは元来、企業自身が市場競争の中で獲得すべき基本的な生き残り戦略なので、十分な市場競争により創造的な新製品が続々生産され、加工技術の刷新が進んで初めて、高額の利潤を得られるのである。

政府は制度の確立に重点を置き、整った市場競争制度を育成し、それによって企業がレントシーキングからでなく、自らのイノベーションによって利潤を得るようにすると同時に、知的所有権保護を整備して、イノベーターが自己の発明から商業的フィードバックを得られるようにすべきである。こうして初めて、絶えざるイノベーションが中国経済の発展に持続的に燃料を補給できる。

後発国が技術に追いつくまでの3段階

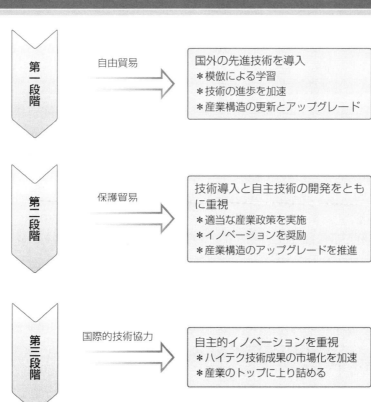

段階	貿易	内容
第一段階	自由貿易	国外の先進技術を導入 ＊模倣による学習 ＊技術の進歩を加速 ＊産業構造の更新とアップグレード
第二段階	保護貿易	技術導入と自主技術の開発をともに重視 ＊適当な産業政策を実施 ＊イノベーションを奨励 ＊産業構造のアップグレードを推進
第三段階	国際的技術協力	自主的イノベーションを重視 ＊ハイテク技術成果の市場化を加速 ＊産業のトップに上り詰める

説明 先進国は自己の先進的技術とイノベーションによって価値連鎖の頂点に鎮座し、最大の収益を得ている。中国が価値連鎖の頂点に上り、最大の収穫を得るためには、その前提条件としてイノベーションが最重要になる。

27.3　産業構造の調整

●産業構造

　産業構造とは、各産業の仕組みおよび産業間のつながりと比率のことである。それらはどの産業部門でも同じだとはいえないし、経済成長への貢献度も異なる。産業構造は、国民経済における部門ごと、または部門内部の構造である。一般に、国民経済では産業を第一次産業（農業・林業・牧畜・漁業・植林業）、第二次産業（工業・建築業）、第三次産業（流通・サービス）の3つに区分する。

●産業構造の調整

　改革開放以降、中国の産業構成には大きな変化があった。第一次産業の割合は年々減少し、第二次産業と第三次産業の割合が次第に高まっている。具体的に見ると、第二次産業の割合は一度減少したが再び上昇しており、1990年における割合が41.3％なのに対し、2008年は48.6％に上昇した。第三次産業は全体的に上昇し、1978年の約23.9％から2008年では40.1％になった。

　しかし、中国の産業構造には多くの問題があり、将来においてなお、さらなる調整という困難な作業に直面するであろう。その問題とは、(1) 産業構造における持続可能性の低さ。2010年現在、中国は工業化の中期にあり、工業と建築業が依然として国民経済の重要な位置にある。しかし、中国では人口・資源・環境の圧力が高く、産業構造の調整が必須であり、西側先進国が工業化中期に行った発展モデルを模倣することはできない。(2)産業構造と就業構造の矛盾も目立つ。第二次産業の国民経済中の割合によれば中国経済がすでに工業化中期にあることになるが、第二・第三次産業に従事する人口の比率では、まったくそうはいえない。都市に流入する大量の農民工こそ、その矛盾の表れである。(3) サービス業発展の大きな遅れ。中国サービス業のGDPにおける割合は、同等のレベルにあるほかの国に遠く及ばない。

　今後、第一次産業の大幅なレベルアップと第三次産業の発展を大きく進めると同時に、工業生産の構造を絶えず改善し、旧来の工業から現代的な工業への歩みを加速し、大きくハイテク産業を発展させる。これこそ合理的な産業構造へと進む方向である。

中国の産業三分野別付加価値の情況

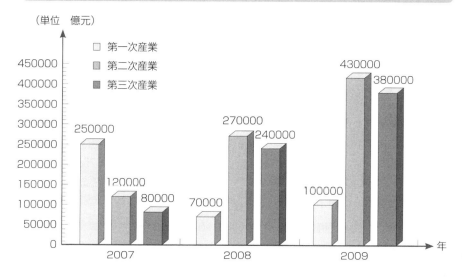

＊2009年時点で、第一次産業が生み出す付加価値は容易に増加しておらず、比率も小さい。第二次産業の付加価値が最大で、中国がまさに工業化の中期にあることを示しており、依然、工業と建築業が重要な位置を占めている。

＊この時点で第三次産業が生み出す付加価値の比率は第二次産業に及ばない。その後の中国は産業構造を調整し、第一次産業のレベルアップ、第三次産業の発展、旧来の工業から現代的工業への移行の加速をはかっている。

産業付加価値

産業の付加価値とは、当該産業の従事者が創造する新たな価値である。三分野の産業の付加価値は主に産業構造の変化を反映し、第二次産業の付加価値は工業化進展の測定器・指示器であり、工業化の発展水準を表す。第三次産業の付加価値は、第三次産業発展の程度とレベルを表している。

27.4　増大する個人・民営企業への支援

　個人企業と民営企業の未来には、明るい前途と厳しい道のりが待っている。
●**政策の選択**
　明るい面は以下のとおりである。16全大会で、「公有制を主体とすることを堅持し、非公有制経済の発展を促進し、社会主義現代化建設の過程で両者を統一するべきで、対立させてはならない」とされ、中央政府は政策的に民営企業の発展を奨励している。さらに、「いささかも動揺せず公有制経済を強固に発展」させると同時に、「いささかも動揺せず非公有制経済の発展を支持し誘導」することも報告された。次いで17全大会では、この２つの「いささかも動揺せず」に再び言及し、「物権の平等な保護を堅持し、各所有制経済が平等に競争し、相互に促進する新局面を形成すること」も提起された。
　2010年５月、中国政府ネットは『民間投資の健康な発展を奨励し誘導することに関する国務院の若干の意見』を発表し、2010年３月末の国務院常務会議の精神を重ねて言明し、法律・法規が参入を明確に禁止していない業界と領域に民間資本が参入するよう奨励・誘導し、「新36条」[注1]と称された。
●**発展上の困難**
　将来の民営経済について、全体的な政策環境は良好といえるが、個人企業・民営企業の発展過程にはやはり困難が多く、解決すべき問題も多い。例えば、過重な税負担、外資導入のリスク、地方政府の「供応・商品着服・難癖・物品の要求」、資金調達の困難である。それゆえ、多くの民営企業は発展の過程でみな多重な関係（企業と政府の関係、企業と銀行の関係、企業と社会の関係、企業内部の関係）への対応に苦慮する。また、社会で金持ちを憎む心理が湧き起こると、民営企業家の多くに厳しい心理的負担と社会的責任がのしかかる。
　今後、これらの問題を解決するには、政府、特に地方政府が制度・観念を転換し、公民と企業のためきちんと仕事をすることが必要であり、一方社会全体においても、富に対する正しい見方を育み、その結果、合法的な富の形成が社会の承認と尊重を得られるようにすべきである。同時に、民営企業も当然、発展にふさわしい社会的責任を常に担うべきで、そこから社会の調和と相互関係を実現していかなくてはならない。

中国民営経済発展の筋道

1978年、第11期3中全会の召集は、中国経済に重大な変化をもたらし、民営経済は次第に回復し始めた。

1981年、党中央と国務院は公有制経済が主体という前提を堅持するとともに、さまざまな所有制の経済、さまざまな経営方式に共通する発展策を実行、1981年末までに、全国の城鎮における個人商工業者は185万戸にのぼり、従業員数は1980年の2倍以上になった。

1987年、13全大会は、「現在、公有制以外の経済成分は非常に多いどころか大変不足しており、都市と農村の合作企業・個人企業・私営企業に対して、継続的に発展を奨励するべきである」と指摘した。

1995年、中共中央と国務院は『科学技術の進歩を強化することに関する決定』で「民営科学技術企業は我が国のハイテク技術産業の新たな力であり、継続的にその健全な発展を誘導し奨励すべきである」と指摘した。

1997年、15全大会は「個人・私営企業などの非公有制経済は社会主義市場経済の重要な組成部分であり、継続的に奨励し誘導して健全に発展させるべきである」と指摘した。

2002年、16全大会は「いささかも動揺せず公有制経済を強固に発展させ」、「いささかも動揺せず非公有制経済の発展を支持し誘導する」と指摘した。2002年、私営企業は243万戸以上に増加した。

2007年、17全大会は「いささかも動揺せず非公有制経済を強固に発展させ、平等な物権保護を堅持し、各種所有制経済の平等な競争と相互促進の新局面を形成する」と指摘した。

第27章 国内経済発展の行方

27.5　地域経済の協調的発展

●地域経済発展における格差

　中国は広大な国であり、各地域の自然環境と地理的位置の差異から、経済発展にも不均衡が生まれる。東部地域の発展は速く、経済上の各指標でも全国の先駆けであるが、中西部地域は遅れを取っている。

　地域経済発展の不均衡は、中国経済の健全な発展に障碍をもたらす可能性がある。例えば、各地域経済発展の差が現状維持または拡大した場合、一層多くの労働人口と高資質の人材が発展地域に移動し続け、発展地域の人口と社会負担がどんどん重くなり、多くの新たな社会問題をもたらすだろう。あるいは、遅れた地域が経済的に発展できない場合や、その地域に多くの社会問題が起こった場合にも、中国経済の健全な発展は妨げられるだろう。つまり、地域経済を協調させた、バランスの取れた発展こそ、長期にわたり真剣に取り組むべき経済上の大計なのである。

●地域経済発展の協調

　中央は地域経済の協調的発展を非常に重視し、20世紀末から前後して「西部大開発」、「東北の旧工業基地の振興」、「中部勃興」などの地域経済発展戦略を提起したが、その戦略が確実に実施できるよう、2010年にまた一連の具体的措置を提起した。例えば長江デルタ・珠江デルタの振興、天津浜海新区の発展、福建省海峡西岸経済区、環渤海湾経済区などである。

　しかし、中国は面積が広く、地域ごとの実情に差異が大きいため、急には地域発展のバランスが取れない。重点と目的を定め、逐次、遅れた各地域の経済発展水準を向上させるとともに、先進地域の発展も滞らせることなく、地域経済の協調的発展を重視し、合理的でバランスの取れた経済発展をめざすべきである。

　2010年6月12日、国務院常務会議は『全国主体功能区規劃〔計画〕』を基本的に認可し、184の行政審査項目を取消あるいは下放〔下級の役所に譲る〕すると決定した。『規劃』は国家レベルで国土を優良化開発・重点開発・制限開発・開発禁止の4類[注2]に区分するとともに、それぞれの範囲、発展目標、発展方向、開発の原則を明確にした。

中国地域経済計画の新たな進展

〔計画の名称は中国語に従い、漢字のみ日本の字に直した〕

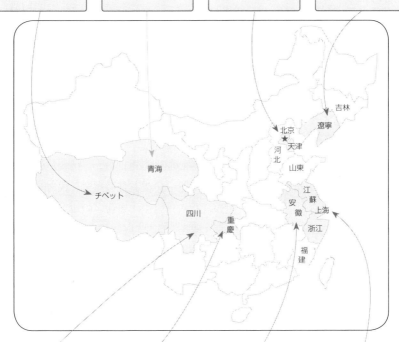

2010
「チベット地域経済発展規劃」→チベット自治区

2010.3
「柴達木循環経済試験区総体規劃」→青海省

2010
「京津冀都市圏区域規劃」→北京市　天津市　河北省

2010.4
「瀋陽経済区国家新型工業化総合配套改革試験区」→遼寧省

2010
「成渝経済区区域規劃」→四川省・重慶市

2010.5
「重慶"両江新区"総体規劃方案」→重慶市

2010.1
「皖江城市帯承接産業移転示範区規劃」→安徽省

2010.5
「長江三角州地区区域規劃」→江蘇省　上海市　浙江省

28.1　財政収入高成長の未来

●財政収入の高成長

　21世紀に入ると経済の高度成長と国家税収の増加が続き、特に税収の増加率は同時期のGDPを持続的に上回った。このため中国の国家財政収入の増加は次第に加速し、財政収入水準もしばしば新記録を更新した。国の財政収入は、2002年には1兆8904億元だったが、2003年に初めて2兆元を突破、2004年に2兆5000億元を超え、2005年に3兆元を突破、2006年には4兆元に迫り、2007年にはさらに、前年比32.4％増の5兆1304億300万元となった。2007年、輸出時の還付分を除いた付加価値税・消費税・営業税収入は税収全体の40.8％、同時に進んだ個人収入水準の向上と企業収益の改善により、企業所得税と個人所得税は税収全体の26.2％となった。全国財政総収入は、2008年は6兆1330億3500万元、2009年は6兆8477億元と前年に比べ11.7％増加、2010年は上半期だけで4兆3349億7900万元、前年の同期に比べ27.6％増加し、一年間では前年に比べ大きく増加するであろうと見込まれた。

●財政収入増加の悩み

　しかし、財政収入の向上に対し、人々の心理は複雑である。嬉しいのは、これら中国財政収入の増加は、主として経済成長、企業収益の向上、民衆の収入水準の向上などがもたらしたもので、大規模な新税目や主要税目の税率拡大にはよらないということだ。国が制度上税負担を重くはしてはいないにもかかわらず、政府は財政収入の向上により公共事業発展のため一層の財力を得、おかげでここ数年「三農」問題・義務教育問題・医療問題への投入が増加し、庶民は実質的恩恵を受けた。一方、懸念されるのは、中国の多くの企業がアメリカ金融危機に苦しんでいるさなかにも、財政収入が急速に増加し続けていることで、たとえ政府が税負担を重くしていないとしても、この困難な時期にあたり、今後は減税で負担軽減を考えるべきではないだろうか。また、国民に一層多くの富が行き渡るよう考え、もっと多くの民営企業が公共事業投資に参画するよう誘導するべきではないだろうか。一方、財政収入過多により、政府の行政管理費用も次第に増加し、国際的にみて高水準になっている。中国はさらに合理的な財政収支制度の探索を真剣に考え、改革を進めるべきである。

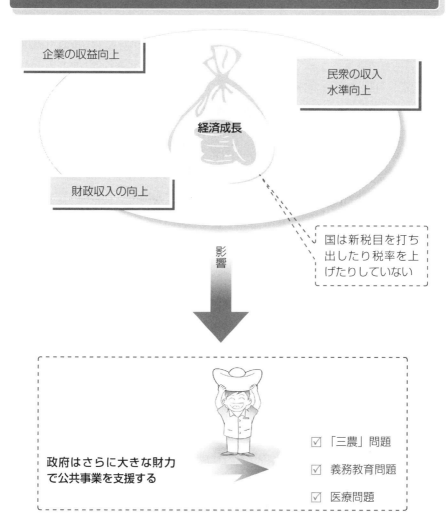

第28章 財政・金融の重点的トレンド

28.2　外貨準備増大の困惑と将来

●外貨準備

　外貨準備（Foreign Exchange Reserve）とは、政府が所有する国際準備資産における外貨部分のこと。つまり、ある国の政府が保有する外貨の形をとった債権であり、国の貨幣当局が保有して随時交換できる外国貨幣資産である。

　2009年末現在、中国の外貨準備高は2兆3992億ドルで、前年同期比23.28％増。2009年通年では4531億ドル増加した。最新のデータでは、2010年3月の中国外貨準備規模は2兆4470億8000万ドルで世界最大。しかも2009年に、この値は23％も増加している。中国の外貨準備は全世界の準備総額の30.7％であるが、G7メンバー国の外貨準備は総和でも1兆2400億ドルである。

●外貨準備増加の困惑

　かくも巨額の外貨準備は管理するだけでも難題である。一方では、巨額の外貨準備が流入するため人民元の需要が増加し、中央銀行はヘッジ操作を続けている。つまり、ドルと人民元双方に対し、両方の相場に関わり、方向が相反し、同量かつ利益と損失が相殺される取引を同時進行させている。しかし、手中の証券量は有限であるため、ここ数年の中央銀行の債権は市場において人気を博し、国債に次ぐ中国債券市場の第2位となっている。このことは中央銀行の支払手形の利息コストを増加させる一方、中央銀行は市場における中立の立場と投資者の立場との間で揺れ動き、結果的に立場上困惑を強いられかねない。

　これ以外にも、外貨準備の流動性・安全性・収益性を保証するための投資、価値の保全、価値の増加も大問題である。現在中国の外貨準備の大きな部分が米ドル資産購入に回っているが、そのこと自体が米ドル資産の流動性に一定の影響をもたらしている。

　外貨準備の管理を改善するには、外貨準備の合理的な規模を保持するよう注意し、外貨準備の通貨の種類と投資先の多元化を堅持するべきで、それにより安全性と収益性が同時に得られるということを意識しなくてはならない。

　2010年の『第12次五か年計画制定に関する提案』は、「市場の需給を基礎とする管理された変動相場制を整え、外貨準備経営管理を改善すべきである」と指摘している。

中国外貨準備の変化と構造

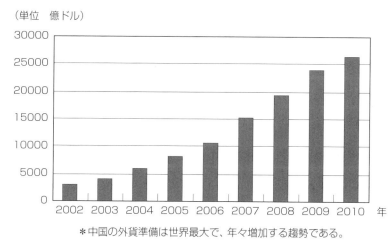

＊中国の外貨準備は世界最大で、年々増加する趨勢である。

中国外貨準備の趨勢

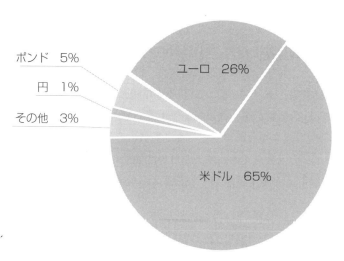

2010年中国外貨準備の通貨別内訳

第28章 財政・金融の重点的トレンド

28.3　人民元切り上げに関する論争

●人民元切り上げ問題が浮上

　中国人民銀行により2005年7月21日から始められた為替形成メカニズム改革以来、人民元レートはゆっくりと上昇し始めた。その後、西側のアメリカ・ドイツなどが繰り返し中国に圧力をかけ、人民元切り上げを要求した。

　2010年1月29日、アメリカのオバマ大統領は一般教書で人民元切り上げを要求した。アメリカ連邦議会議員130名も、ティモシー・ガイトナー財務長官とゲイリー・ロック商務長官に対し、オバマ政権の為替操作に関する定期報告書において、中国を為替操作国に認定するよう書面で要求した。3月18日、世界銀行とIMFも人民元の切り上げは当然だと表明した。この機を捉え、一部発展途上国が中国に圧力をかけ、自己の利益を確保しようとした。ブラジルとインドが人民元切り上げへの希望を公表したのは、中国と同一水準で輸出を競うためであった。シンガポールのリー・シェンロン首相は、中国が金融危機前の状態を回復すべきで、人民元為替レートを再度緩やかに上昇させるべきだと表明した。

　各方面からの人民元切り上げ圧力に対抗し、2010年上半期の中国は銃火に訴えない人民元防衛戦を戦った。

●中国はいかにして「人民元切り上げ」攻勢に対応するのか

　人民元切り上げ問題は、ある程度中国経済の成長、特に貿易の急速な成長に伴うものである。国家統計局のデータでは、2009年1年間の中国の輸出入総額は2兆2073億ドル、前年比3.9％減だが、輸出総額は世界一であった。輸出の急成長に伴って、中-米間の貿易黒字が次第に拡大した。当然、そこには中-米の経済構造問題があるが、アメリカは人民元のレートだけを問題にした。

　2010年6月、中央銀行は人民元為替レート形成メカニズム改革を一層推進し、柔軟性を高めることを発表した。

　『第12次五か年計画制定に関する提案』は、「市場の需給を基礎にした管理された変動相場制を整備し、外貨準備の経営管理を改善し、次第に人民元資本項目においても交換性を実現すべきである」と指摘した。人民元切り上げは、一定の秩序ある路線に沿ってゆっくりと進めるべきである。

人民元切り上げの外部圧力についての歴史

2002年12月	日本の黒田東彦財務副大臣と河合正弘副財務官は、イギリスの『フィナンシャル・タイムズ』に「世界はリフレーション政策に転ずるべき時」との論文を発表	

圧力開始

2003年2月	日本の塩川清十郎財務相は、G7財務相会議において人民元切り上げを迫る議案を提出し、これがG7として初めてのメンバー国以外の経済問題を討論する場となった。
2003年3月	『日本経済新聞』が、人民元切り上げ要求は中国がアジアにデフレを輸出しているからだとする記事を発表。
2003年6月	アメリカのジョン・スノー財務長官と連邦準備制度理事会のグリーンスパン議長が、人民元為替レートに一層の弾力性付与を希望するという談話を発表。
2003年9月	アメリカのスノー財務長官が「レートの旅」と呼ばれる中国訪問を行い、アメリカ側は、中国の人民元為替レートに対する過小評価がアメリカの失業問題を激化させていると述べた。

圧力の激化

2005年7月	中国人民銀行は人民元レート形成メカニズム改革を進めると宣言、人民元-米ドルのレートは即日2%上がった。
2010年1月	アメリカのオバマ大統領が一般教書において人民元切り上げを要求。
2010年3月	世界銀行とIMFが人民元為替レートを上げるべきことを表明。
2010年9月	アメリカのガイトナー財務長官が連邦議会における証言で、「人民元切り上げの速度は遅すぎる」と言明、同時にほかの国々も中国に圧力を掛けるよう求める。

28.4 「ホットマネー」問題と対応

●「ホットマネー」中国に来襲

　中国に「ホットマネー」は流入しているか？　答えはイエスである。中国の外貨準備は激増しており、純輸出からの外貨収入と外貨準備投資の利息収入とを除いてもまだ余剰がある。その大部分が「ホットマネー」である。このすべてが「ホットマネー」か、それとも「ホットマネー」の上限なのかは、学者の間でも意見に相違がある。だが、2009年中国の外貨準備は4531億ドル増、同年の貿易黒字と外資企業の対中直接投資総額は2861億ドルである。ここから外貨準備の利息収入を引き去った残りの、少なくとも一部分は「ホットマネー」である。

　中国に来る「ホットマネー」は、まるで熱くて手に負えない焼き芋のようで、表面は何らかの投資のように見える。だが、それはたぶん隠れ蓑で羊頭狗肉、儲かるところに飛びつき、常に中国金融体系に衝撃を与える可能性を持っている。「ホットマネー」は一方では為替差益を得るため人民元高を期待するが、他方、中国にいる間に株式や不動産市場への投資で利益を得ようとして、そういった短期投機行為により資本市場の正常な働きに干渉し、価格と人々の予測を乱す。

●「ホットマネー」への対応

　人民元高の予想が強い一方、中国の金融システムはなお不完全であり、貿易と外貨管理のレベルもなお低い。こうした背景から、中国は金融体系の科学性を高め、リスク対応能力をつけ、税関や外貨管理などの抜け穴を塞ぐ必要がある。それなくして、「ホットマネー」に有効な対応をすることはできない。

　2010年、アメリカ連邦準備制度理事会が新たな金融政策として量的緩和を実行することを発表したため、市場全体に、これから一層「ホットマネー」が中国に流入するという予測が広がった。そこで、中央銀行の周小川総裁は2010年11月の「財新サミット」[注1]において、中国は流入する「ホットマネー」に狙いを定めて「総量ヘッジ」の措置を採ると発表した。すなわち、短期投機性資金の流入時、この措置を通してそれを「プール」の中に収め、実体経済全体に漏らさない。そして「ホットマネー」撤退時には、「プール」からそれを放出、撤退させる。こうして資本の異常な流動が中国経済に与える衝撃を相当程度減少させることができるというのである。

「ホットマネー」は一体いくらあるのか？

- 2004年通年で貨幣の放出は6600億元で、概算1000億ドルの「ホットマネー」流入があり、中央銀行は1兆5000億元の中央銀行手形でこれをヘッジした。

- 2005年、中国の「ホットマネー」は3200億元を超えた。

- 2006年末と2007年末における中国の「ホットマネー」は4000億ドルと5000億ドル。

- 2008年、社会科学院の世界経済・政治研究所の報告によれば、中国資本市場の「ホットマネー」は1兆7500億元に達したという。

28.5　資本逃避とその抑制

●資本逃避

　資本逃避とはある国から異常に資本が流出することである。流出の規模と経路は政府に正確には把握できず、その隠蔽性は極めて強い。資本逃避は、外貨規制が厳しくて開放度の低い、資本市場が未発達の国や地域において、より普遍的に見られる。資本逃避が東南アジア金融危機の導火線となったように、資本逃避は一国の経済にとって潜在的なリスクであり、力を入れて監督し防ぐべきものである。

●資本逃避の原因とその抑制

　中国の資本逃避システムで大きな部分を占めるのが、一部の官僚や国営企業経営者である。彼らは自己の職務上の便宜と特権を利用して賄賂を取り、レントシーキングを行い、あるいは他人に便宜を図って違法収賄を行う。それらは違法あるいはグレーな収入であり、急いで海外に移され、財産の保全が図られる。こうした資金の具体的な規模は明確でないが、重大汚職事件が捜査を受けるたび、しばしば巨額の資金の流出が明るみに出る。一方、違法な商賈が密輸・詐欺・脱税などから得た違法収入を海外に移転して資金の安全を確保する場合もあるし、もちろん、合法的な商賈にも、財産権保護の観点から自己の資金を海外に移転する場合がある。最後に、例の中国に流入した「ホットマネー」が利益を得たり、前途が怪しくなったりで、そそくさと逃げ出す場合もある。

　当然、中国社会が進歩し、国が国民の私有財産を保護する力を強めるに随って、こうした財産権絡みの資本逃避はだんだん少なくなるだろう。

　したがって、やはり集中的に管理すべきは、官僚と国営企業管理者の違法所得の逃避問題である。そこで、中央は一連の政策により、この領域への管理を強化した。2010年7月11日、中共中央弁公庁・国務院弁公庁は『指導的幹部が個人に関する事項を報告することについての規定』を印刷発行、通知し、各地域・各部門での誠実な執行を要求した。この規定には官僚が自己および配偶者や子女の収入・不動産・投資状況を申告することが含まれ、すべてが執行されれば、資本逃避の抑制に一定の効果がある。しかし、この情報公開とは、たんに申告させて初めて、おそらく効果に手ごたえを確保できるだろうというにとどまらない。情報を白日の下にさらしてこそ、最高の防腐効果を得られるのであり、そうなれば「一夫関に当たれば万夫も開くなし」である。

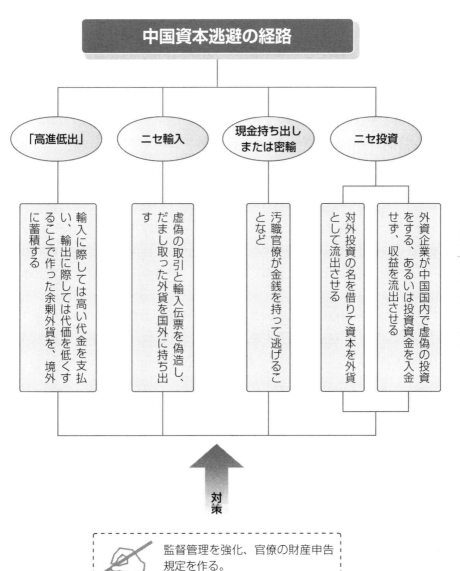

第28章 財政・金融の重点的トレンド

29.1　質の高い外資を導入する

●**外資企業誘致に地方政府が直接関与**

　改革開放初期の中国では、国内資本の不足により外資導入を非常に重視したため、自由な資金が補われ、技術・経営ノウハウ・資本の導入で経済成長が加速された。これにより、中国各地においても外資導入が非常に重視され、一般に政府自らが表に出てリードする形で外資企業と協議を行い、外資企業誘致が多くの地方政府にとって重要な経済事業となった。外資誘致のため、中国では当時、国内企業より低い所得税を含む、多くの優遇政策が打ち出された。

●**"招商選資"、外資導入の構造の改善**

　中国経済の発展と国内資本蓄積が加速する近年、中国側の外資に対する要求が高くなった。つまり「水かさが増せば船も浮かび上がる」という道理である。

　2007年、『企業所得税法』の承認により、国内外企業の所得税が一本化された。また、中国の経済発展と構造転換のニーズに基づき、外資の投資領域と投資地域にも多くの明確な規定がなされた。これにより、外資の投資構造に一定の改善が見られた。

　2008年の金融危機が過ぎ去ると、中国の外資導入は速かに回復し、2009年8月からの全国ベースの外資導入が連続9か月増加を保持し、2009年通年では2.6%の減少であったが、2010年では逆転して前5か月の増加率が14.3%となり、中国はアメリカに次ぐ世界第2位の直接投資受け入れ国になった。

　2010年、『第12次五か年計画制定に関する提案』では、「外資導入の水準向上」について、「外資導入の構造の最適化、形式の多様化、経路の開拓、質の向上が必要、投資のソフト環境の整備を重視、投資者の合法的な権益を確実に保護する。知的パワー・人材・技術を導入する事業に一層注力し、外資企業が中国において研究開発センターを設立するよう奨励、国際的な先進的経営理念・制度・ノウハウを学び、経営体制の刷新と科学技術のイノベーションを促進する。金融・物流などサービス業の対外開放を拡大、アウトソーシングを発展させ、教育・医療・スポーツなどの領域を着実に開放し、優良な資源を導入、サービス業の国際化を進める」ことが提起された。

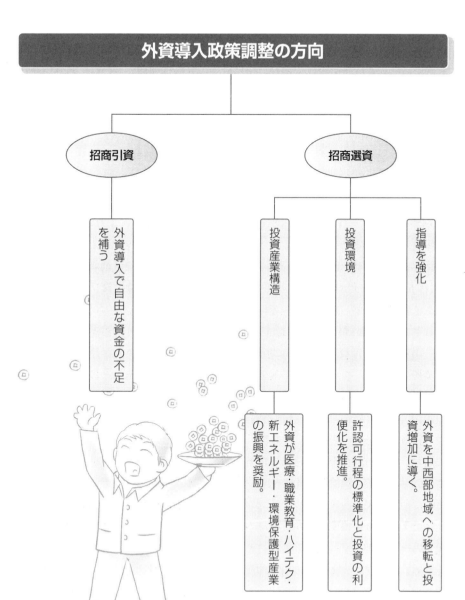

第29章 対外経済協力の発展トレンド

29.2　対外投資を強化

●対外直接投資の発展

　改革開放から30年余り、対外直接投資はゼロから徐々に発展し、規模も効果も次第に拡大と成熟を続けており、特に近年の発展は加速している。対外直接投資は、地元の資源の有効利用を進めるばかりか、企業の資金不足をも補い、中国と西側諸国の貿易摩擦削減のための良い方法にもなりうる。

　2008年、中国の対外直接純投資額は初めて500億ドルを突破、559億1000ドルに達し、2007年比で111％増え、そのうち非金融分野は前年比68.5％増で74.9％を、金融分野は前年比741％増、25.1％を占めた。国務院報道弁公室2010年11月発表の『対外投資合作発展報告2010』と『対外投資合作指南』によれば、2009年末時点で1万2000の国内投資家が、177の国と地域に1万3000もの対外直接投資企業を設立している。本土企業資産総額は1兆ドルを超え、対外直接投資純累計額は2457億5000万ドルで世界15位、発展途上国（地域）の中で第3位（1位香港・2位ロシア）である。2009年、中国対外直接投資フローは565億ドル、世界第5位、発展途上国では首位となっている。

　しかし、中国の対外直接投資はいまだ初級段階・スタート段階で、2009年末の中国対外直接投資ストックは世界の1.3％にすぎず、かつ大部分が中・低レベル業種向けであった。先進国の対外直接投資と同列に論じることはできない。

●対外直接投資の将来

　2010年、『第12次五か年計画制定に関する提案』は、こう指摘した。「"走出去〔打って出る〕"戦略を加速する。市場の動向と企業の自主的意思決定の原則に則り、各所有制企業の秩序ある境外投資協力を導く。海外アウトソーシングを発展させ、農業の国際的協力を拡大、国際エネルギー資源の互恵協力を深め、積極的に地元の民生改善に役立つ協同プロジェクトを展開する。中国の大型多国籍企業と多国籍金融機関を次第に発展させ、経営の国際化の水準を向上させる。人民元のクロスボーダー取引と投資における役割を拡大する。海外投資環境の研究を進め、投資プロジェクトの科学的評価を強化する。総合的統括能力を高め、部門を超えた協調メカニズムを整え、"走出去"戦略のマクロな指導とサービスを強化する。中国の海外収益を保護、各種のリスクを防ぐ」

中国対外直接投資の変化

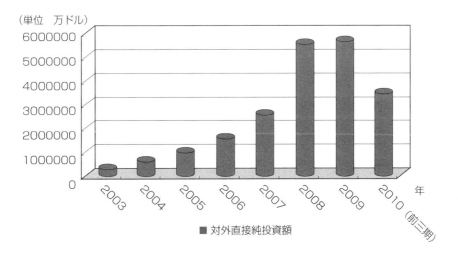

原注　2006年以前、2010年前三期の数値には金融分野企業投資額を含まない。
出典、国家統計局

29.3 貿易構造の最適化

●貿易構造

貿易構造とは一般に、ある国の貿易商品構成のことであり、当該国の一定期間における貿易総額の中に各種物品貿易額が占める比率のことで、具体的には物品貿易の商品構成とサービス貿易の商品構成に2分される。発展途上国の貿易構成では一般に、主として工業製品を輸入し単純製品を輸出するが、先進国の場合は単純製品を輸入し工業製品を輸出する。広い意味での貿易構造は、貿易の地域構成やほかの国との貿易関係、対外貿易モデル構成などをも含む。

●対外貿易構造の最適化

改革開放後30年以上の発展を経て、中国の貿易には大きな変化が生まれた。貿易規模が絶えず拡大したことで、貿易大国として大きな影響力を備えるようになり、貿易モデル、貿易の地域構成、商品構成も日増しに多元化している。ところが、一方では貿易摩擦が頻発し、貿易は依然不安定、貿易構成の調整は緩慢で、輸出上では高付加価値のハイテク製品の競争力が不足し、貿易のコントロールでは依然市場化が不十分である。

中国の貿易上に生じる貿易摩擦は、表面上中国の貿易黒字問題であるが、実質的な問題は中国の貿易構造の深層にある。物品貿易にせよサービス貿易にせよ、中国の貿易商品構造は時代遅れで不均衡である。こうした貿易構造の不均衡は、中国の貿易管理体制・貿易政策・産業構造・産業政策のすべてと、ある程度の関連を持っている。

今後、中国が貿易大国から貿易強国に変わり、国際貿易摩擦と衝突を中国の立場から減らしていくためには、ぜひ貿易構造を大幅に改善すべきである。まず、市場経済の発展のニーズに対応した、レート・金利・税率を梃子とする貿易コントロールシステムを確立すべきであるし、次には、低付加価値かつ労働集約型製品主体の輸出商品構造から徐々に脱却し、産業のアップグレードを急ぎ、産業政策によって加工貿易を逐次ステップアップさせ、政策サポートと優遇でハイテク技術産業の発展と輸出を促進、同時に資源の輸入を拡大、加工原料と中間製品の輸入を制限しなくてはならない。

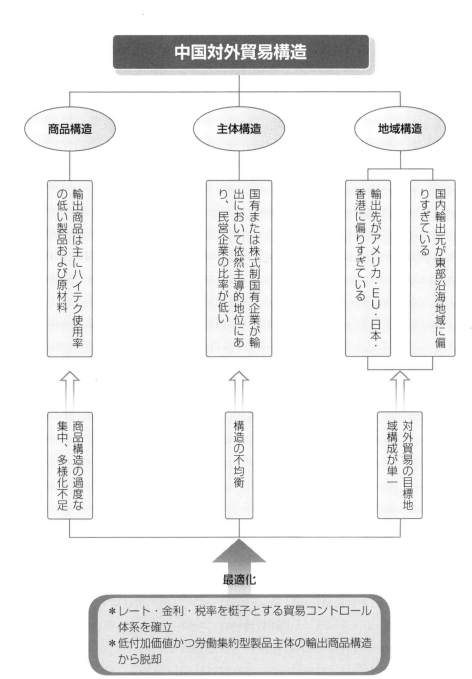

第29章 対外経済協力の発展トレンド

29.4　地域経済緊密化への協力を加速

●地域経済統合に対する中国の協力

　WTO加盟以来、中国は積極的に地域経済緊密化に協力、すでに多くの国や地域との間にFTAを結んだ。以下年代順に述べる。2003年、中国は香港・マカオと『さらに緊密な経済貿易関係を打ち立てることに関する手順』(「CEPA」と略称) 文書に署名。2007年チリと、2008年パキスタンと、2009年ニュージーランドおよびシンガポールと、2010年ペルーと、それぞれFTAを結んだ。一方でAPECの枠組み内でも、経済緊密化における二国間・多国間の各協力アジェンダに参加。また、2010年6月29日重慶において、大陸側の海峡両岸関係協会陳雲林会長と台湾側の海峡交流基金会江丙坤理事長がそれぞれ、両岸経済協力枠組協議 (ECFA) と海峡両岸知的所有権保護協力協定に署名、海峡両岸の経済協力に新たな一章を開いて、ECFAの実施は実質的な段階に踏み込んだ。

　地域経済緊密化への協力は、中国が加盟国と経済・貿易面での往来を深めるのに役立ち、自由貿易から得られる利益を一層増大させるのに有益である。しかし、地域経済緊密化への参加過程では、もっと慎重になるべきで、拙速は慎まねばならない。例えば、APEC会議において、近年アメリカはひたすらTPP設立に向かって進もうとし、それによってEUやインドなどに圧力を加え、ドーハラウンドの早期終了を求めた。しかし我々は、もしも先進国が実質的な譲歩と発展途上国への確実な優遇付与ができないのであれば、ドーハラウンドを拙速に終わらせることは不適当だと考えた。アジア太平洋地域では加盟国の発展レベルに差異が大きいので、TPP問題においては、中国は考えを研ぎ澄まし、慎重に行動すべきである。

●中国が交渉中の自由貿易協定

　現在、中国政府はまさに数か国 (地域) の政府と自由貿易協定に向けての協議を進めている。今後はさらに多くの自由貿易協定に署名するであろう。2010年現在協議中の自由貿易協定は以下のとおりである。中国-湾岸協力委員会自由貿易協定、中国-オーストラリア自由貿易協定、中国-アイスランド自由貿易協定、中国-ノルウェー自由貿易協定、中国-スイス自由貿易協定。

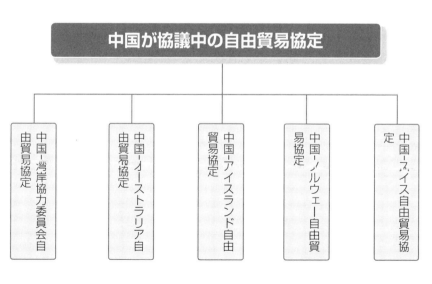

29.5　人民元地域通貨化の進展

●人民元の地域通貨化
　人民元の地域化とは、ある区域内での人民元の交換・取引・流通・貯蓄などが自由になることである。現段階でそれが意味するのは、人民元によるアジア地域の通貨の一体化ではなく、域内の他通貨との長期協力・競争を通して地域の基軸通貨となり、地域内の金融・貿易において重要な力を発揮することである。

●人民元地域通貨化の歩み
　2007年から2009年までにおける人民元地域通貨化の歩みは、右ページに図示したので参照されたい。
　2010年1月1日、中国-ASEAN自由貿易協定が成立した後、自由貿易区は人民元クロスボーダー決済における新たな戦場ともなった。同年6月22日、中国-ASEAN協力の前線である広西チワン族自治区も正式に人民元クロスボーダー決済の試行地点となった。2010年7月13日現在、この地域での人民元決済業務量はすでに10億人民元を超えている。

●人民元の地域通貨化における問題
　現在、中国に必要なのは、人民元地域通貨化への明晰で現実的な見通しである。近い将来では、中国の政治・経済・軍事的実力によって人民元がアジアあるいは世界の地域通貨たることを支えることは難しいからである。それに、人民元の地域通貨化を過度に強調すれば西側諸国の警戒を招き、中国経済の良好な発展環境作りが阻害されることにもなる。それゆえ、この問題において、最も重要なのは依然として、中国が経済をしっかりと発展させ、できるだけ早く人民元の地域通貨化にふさわしい外貨管理方法を研究・制定することであり、中国資本の企業・金融機関の国際化の歩みを速め、人民元為替レートの安定保持に努めることであり、非住民の人民元への信頼を高め、人民元の地域通貨化と国際化の基礎を築くことなのである。

人民元地域通貨化と国際化の困難な道のり

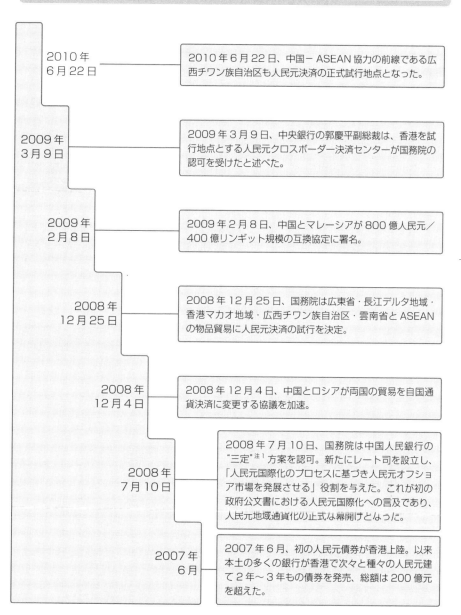

2010年6月22日	2010年6月22日、中国－ASEAN協力の前線である広西チワン族自治区も人民元決済の正式試行地点となった。
2009年3月9日	2009年3月9日、中央銀行の郭慶平副総裁は、香港を試行地点とする人民元クロスボーダー決済センターが国務院の認可を受けたと述べた。
2009年2月8日	2009年2月8日、中国とマレーシアが800億人民元／400億リンギット規模の互換協定に署名。
2008年12月25日	2008年12月25日、国務院は広東省・長江デルタ地域・香港マカオ地域・広西チワン族自治区・雲南省とASEANの物品貿易に人民元決済の試行を決定。
2008年12月4日	2008年12月4日、中国とロシアが両国の貿易を自国通貨決済に変更する協議を加速。
2008年7月10日	2008年7月10日、国務院は中国人民銀行の"三定"注1方案を認可。新たにレート司を設立し、「人民元国際化のプロセスに基づき人民元オフショア市場を発展させる」役割を与えた。これが初の政府公文書における人民元国際化への言及であり、人民元地域通貨化の正式な幕開けとなった。
2007年6月	2007年6月、初の人民元債券が香港上陸。以来本土の多くの銀行が香港で次々と種々の人民元建て2年～3年もの債券を発売、総額は200億元を超えた。

第29章　対外経済協力の発展トレンド

第6編　訳注

第25章

注1　中国共産党中央党校。中央の政策決定の参考となる問題に関する理論研究を行う研究施設。

第26章

注1　スウェーデンの学者。20世紀初期、初めて「地政学」を提唱した。
注2　1995年5月、ジャカルタで起こったスハルト大統領退陣に至る暴動。中国系住民が標的となり、死者約1000人のうち多くは中国系住民であった。

第27章

注1　2010年5月に中国国務院が発表した『民間投資の健全な発展の奨励および誘導に関する若干の意見』とその実施細則を合わせてこう称する。民間資本の市場参入を後押しする政策で、主な狙いは、インフラ建設と運営をはじめ、民間資本が参入可能な事業範囲を広げ、民営企業の自主的イノベーション能力の強化と国際競争力の向上を図ることである。
注2　四大地域発展戦略（西部開発戦略・東北振興戦略・中部勃興戦略・東部牽引戦略）を基に、国土全域を4つの主体機能区域に分け、区域別の発展方向や位置づけ、開発のガイドラインを定める。

第28章

注1　経済誌『新世紀』を発行する出版社「財新」が主催するシンポジウム。1年に1回開かれる。

第29章

注1　主要責務・内部機構・人員編制の3つを定めること。

あとがき

　本書は集団による成果であり、北京師範大学経済・工商管理学院の、趙春明教授と魏浩准教授をリーダーとする学術団体が協力して完成させた。具体的な分担は以下のとおりである。

　第一編の執筆、呂洋。第二編、陳昊。第三・四編、史紀明。第五編、解亮品。第六編、邸春雨。全体を趙春明と魏浩がまとめ、趙春明が主編者、魏浩が副主編者を務めた。執筆と原稿統一においては、陳昊がサポートして多くの作業を行った。

編者
2011 年 2 月

訳者あとがき

『図解　現代中国の軌跡　中国経済』を日本の読者にお届けでき、訳者としてこれほど嬉しいことはない。

原著は中国の一般市民向けの解説書で、中国人が中国社会に対して持つべき常識を時系列的にその政策をトレースしつつ各分野ごとにまとめた叢書の1冊である。左ページにはコンパクトにまとめた解説、右ページにはその図解という構成が貫かれている。理解を助けてくれる図はすべて原著のまま、中国語のみ日本語に訳してある。

翻訳にあたっては、以下のことに気を配ったつもりである。

ひとつは、一般の読者にも馴染みのある言葉に訳す努力をしたことである。ただし、一般的な日本語に訳すと指し示す内容がずれてしまうこともあり、そのような場合は中国語風の言い回しをとった。

もうひとつは、注を付け足したことである。日中の文化の違いから、中国では常識でも日本人にはまったくわからないことがある。そのようなことがら中心に訳者が注を付け足したが、十分親切に付けるまでの余裕はなかった。興味を覚えられた言葉があったら、ネット検索などで知識を補完していただけるよう、お願いする。

本書は、同じトピックが繰り返し、徐々に内容を深めながら取り上げられる形式をとっている。読者も、あるトピックについて調べられる場合は第1編から始めて第6編まで、順を追ってそのトピックを拾い読みなさると理解しやすいであろう。

本書の翻訳にあたっては、監訳の三潴正道氏に、大変御厄介をかけた。御礼申し上げる。科学出版社東京株式会社の向安全社長、柳文子氏、細井克臣氏にも大変お世話になった。心から感謝申し上げる。

また、中国経済とその用語について訳者自身は明るくなかったため、所属するNPO法人日中翻訳推進協会のメンバーにも大いに助けていただいた。この場を借りてお礼申し上げたい。

高崎由理
2018年6月

編集者・監訳者・翻訳者略歴

編著者
趙春明（チャオ・チュンミン）
男性、1964年生、北京師範大学経済・商工管理学院副院長、二級教授、博士課程教授。主要研究領域は世界経済、国際貿易、国際投資、中外経済の比較、戦略管理など。学術上の著書と教材（共著を含む）26作、翻訳書5作、中文・英文での学術論文200篇余。国家社会科学基金重点プロジェクトなど各種のテーマ26項目、その成果により受けた賞は、「中国図書賞」、「教育部人文社会科学優秀成果賞」、「北京市哲学社会科学優秀成果賞」、「国家級精品課程」、「北京市教学名師賞」、「宝鋼基金優秀教師賞」など。

監訳者
三潴正道（みつま　まさみち）
麗澤大学客員教授。NPO法人『日中翻訳活動推進協会（而立会）』理事長。上海財経大学商務漢語基地専門家。日中学院講師。主な業績：著書『必読！いま中国が面白い』（日本僑報社）、『時事中国語の教科書』（朝日出版社）、『論説体中国語読解力養成講座』（東方書店）、『ビジネスリテラシーを鍛える中国語Ⅰ、Ⅱ』（朝日新聞社）など。ネットコラム『現代中国放大鏡』（グローヴァ）、『中国「津津有味」』（北京日本商会）、『日中面白異文化考』（チャイナネット）、『日中ビジネス「和睦相処」』（東海日中貿易センター）、『日中異文化「どっちもどっち」』（JST）。

翻訳者
高崎由理（たかさき　ゆり）
1960年生、立教大学文学研究科日本文学専攻博士後期課程満期退学。日中翻訳推進協会（而立会）認定翻訳士。訳書に『諸葛孔明　人間力を伸ばす7つの教え』（共訳、日本能率協会マネジメントセンター）、『必読！　いま中国が面白い』シリーズ（共訳、日本僑報社）。

図解　現代中国の軌跡
中国経済

2018年9月8日　初版第1刷発行

編 著 者	趙春明　他
監 訳 者	三潴正道
翻 訳 者	高崎由理
発 行 者	向安全
発　　行	科学出版社東京株式会社

〒113-0034　東京都文京区湯島2丁目9-10　石川ビル1階
TEL 03-6803-2978　FAX 03-6803-2928
http://www.sptokyo.co.jp

組版・装丁　越郷拓也
印刷・製本　モリモト印刷株式会社

ISBN 978-4-907051-45-7　C0033

『図解中国経済』© Zhao Chunming, 2011.
Japanese copyright © 2018 by Science Press Tokyo Co., Ltd.
All rights reserved original Chinese edition published by People's Publishing House.
Japanese translation rights arranged with People's Publishing House.

定価はカバーに表示しております。
乱丁・落丁本は小社までお送りください。送料小社負担にてお取り換えいたします。
本書の無断転載・模写は、著作権法上での例外を除き禁じられています。